高职院校传统美德及其教育研究

文　豪◎著

线装書局

图书在版编目（CIP）数据

高职院校传统美德及其教育研究/文豪著. --北京：
线装书局，2024.1
ISBN 978-7-5120-5836-1

Ⅰ.①高… Ⅱ.①文… Ⅲ.①德育－教学研究－高等
职业教育 Ⅳ.①G711

中国国家版本馆 CIP 数据核字(2024)第 032839 号

高职院校传统美德及其教育研究
GAOZHI YUANXIAO CHUANTONG MEIDE JIQI JIAOYU YANJIU

作　　者：文　豪
责任编辑：林　菲
出版发行：线装書局
　　　　　地　　址：北京市丰台区方庄日月天地大厦 B 座 17 层（100078）
　　　　　电　　话：010-58077126（发行部）010-58076938（总编室）
　　　　　网　　址：www.zgxzsj.com
经　　销：新华书店
印　　制：北京四海锦诚印刷技术有限公司
开　　本：787mm×1092mm　1/16
印　　张：12.5
字　　数：240千字
版　　次：2024年1月第1版第1次印刷
定　　价：88.00元

线装书局官方微信

前　言

高职院校作为我国教育体系中的重要组成部分，肩负着培养复合型高技能人才的使命，旨在为社会发展和国家复兴提供坚实的支撑力量。然而，随着社会的不断进步和发展，传统的道德价值观念也面临着新的挑战和考验。在这个快速变化的时代，如何在高职院校中传承和弘扬传统美德，成为一项至关重要的任务。此外，传统美德作为中华文化的瑰宝，承载着几千年的历史积淀，包括了诚实守信、孝顺敬老、友善待人等一系列道德规范，在塑造个体品格、维护社会和谐以及传递文化传统方面发挥着不可或缺的作用。因此，高职院校作为年轻一代的摇篮，有责任将传统美德融入教育体系，培养学生的道德情感和行为习惯，以更好地适应社会的发展需求。

笔者写作了《高职院校传统美德及其教育研究》一书，划分为三个篇章，主要包括传统美德及其教育基础、高职院校教育及其质量评价、高职院校传统美德与教育的融合研究。

本书具有以下特点：

第一，全面系统性：本书全面探讨了传统美德的起源、核心思想、在高职院校中的实施意义，以及传统美德与教育的融合实践等多个方面，呈现了一个系统而完整的研究框架，帮助读者深入理解传统美德在高职院校教育中的重要性。

第二，理论与实践相结合：在讨论传统美德的基本理论和概念的同时，着重强调了如何将这些理论应用于高职院校教育的实际操作中。通过丰富的案例研究和实践经验分享，提供了可行的教育方法和策略，使理论研究与实践相辅相成。

第三，关注现代性与传统性的融合：全书不仅强调了传统美德的重要性，还深入研究了如何在现代高职院校教育中有效传承和弘扬这些传统价值观。它提供了适应当代社会和时代发展需要的方法，以确保传统美德在现代背景下的生命力和可持续性。

本书在写作过程中参考了许多学术著作与论文，在此向其著作者表示由衷的感谢，同时，由于时间精力等种种原因的限制，本书还存在许多缺陷与不足，对此希望各位读者能够予以谅解，并提出宝贵的意见。

目　录

绪　论

一、美德的起源与形成

美德的起源与形成是一个复杂而多维的主题，涉及文化、哲学、社会发展等方面的因素。美德通常被定义为道德品质或优良的品德特质，如正直、慷慨、勇敢、宽容等。美德的起源与形成主要受下列因素影响：

第一，社会互动：美德的概念可能起源于人类社会的形成。在原始社会中，合作、互助和共同生存是至关重要的。人们逐渐认识到，某些品德特质（如诚实、友善）有助于社会的和谐与稳定。

第二，文化传承：不同文化对于美德的定义和重要性有不同的看法。文化价值观、习俗和传统可以影响人们对美德的认知和培养。某些美德在特定文化中可能更受重视。

第三，社会规范与法律：社会规范和法律制度对于塑造美德有一定影响。法律和规定可以强制人们遵守道德标准，从而促使人们在行为中表现出某些美德。

第四，个人选择与发展：每个人都可以通过自己的选择和努力来培养美德。个人内在的道德感和意愿也是美德形成的重要因素。人们可以通过反思、自我提升和实践来不断发展自己的美德。

二、传统美德的核心思想

传统美德通常涵盖了一系列核心思想和价值观，这些思想在不同文化传统中可能有所不同。

第一，诚实与正直：诚实是一种重要的美德，强调说真话，不欺骗他人，保持真实和透明。正直则涉及言行一致，秉持正确的道德标准。

第二，慈悲与仁爱：慈悲和仁爱强调关怀和同情他人，愿意帮助那些需要帮助的人，表现出同情心和宽容。

第三，勇气与毅力：勇气是克服困难、面对恐惧的勇敢行为。毅力是坚持不懈地追求目标，即使面临困难也不轻易放弃。

第四，节制与自律：节制是对欲望和冲动的控制，避免过度的消费或放纵。自律是对自己行为和情感的管理，保持平衡和内在的掌控。

第五，谦逊与谦虚：谦逊强调不自大、不自负，愿意倾听他人的意见和反馈。谦虚是对自己成就的正确评估，不夸大自己的价值。

第六，责任与义务：责任意味着承担自己的行为后果，尽力履行自己的义务，这可能包括对家庭、社会和环境的责任。

第七，友情与忠诚：友情是基于互相尊重和支持的关系，忠诚是在困难时期和逆境中坚定地支持朋友和亲人。

第八，公正与平等：公正涉及平等地对待每个人，不偏袒、不歧视。它强调在社会和法律中实现平等和公平。

第九，孝道与尊重：孝道强调对父母的尊重和照顾，尊重则是对他人的尊严和权利的尊重。

第十，谨慎与智慧：谨慎是谨慎行事，避免冲动或轻率的决定。智慧是基于经验和知识做出明智的决策。

三、高职院校中实施传统美德教育的意义

在高职院校中实施传统美德教育具有重要的意义，这有助于培养学生全面发展、具有良好品德和社会责任感的人才。

第一，道德引领和人格培养：传统美德教育可以引导学生形成正确的价值观和道德观念，培养正直、诚实、宽容等美德，从而塑造他们积极向上的人格。

第二，社会责任感：传统美德强调对社会的责任和贡献，培养学生关心社会问题、乐于助人的意识，这有助于培养学生成为有社会责任感的公民，为社会发展作出贡献。

第三，职业道德与职业素养：高职院校培养的是未来的职业人才，传统美德教育可以帮助学生树立正确的职业道德观念，培养职业操守和素养，使他们在职场中表现出诚信、责任和尊重等美德。

第四，人际关系与团队合作：传统美德强调尊重、宽容和合作，这对于学生在人际交往和团队合作中非常重要。通过培养这些美德，学生能够建立良好的人际关系，更好地融入团队。

第五，品德建设与心理健康：传统美德教育可以促进学生的品德建设，使他们在面对生活压力和挫折时能够保持积极的心态，增强心理健康。

第六，社会和谐与文明风尚：传统美德有助于培养学生尊重他人、遵守社会规范的意识，推动社会和谐发展，营造文明、健康的校园文化。

第七，文化传承与创新：传统美德是文化的重要组成部分，它们蕴含着丰富的历史和智慧。通过传统美德教育，可以促进文化传承，同时在创新和变革中发现它们的新意义。

第八，全面发展与综合素质教育：高职教育不仅仅是技术培训，也包括全面的人才培养。传统美德教育有助于学生在品德、智力、体质、美感等多方面实现全面发展，形成综合素质。

总而言之，高职院校中实施传统美德教育有助于培养具有良好道德品质、职业操守和社会责任感的学生，使他们成为既有专业技能又具备良好人格的优秀人才，为社会和国家的发展作出贡献。

第一篇
传统美德及其教育基础

第一章　传统美德的基本理论

第一节　中华传统美德的解读

一、中华传统美德的内涵界定

"中华传统美德是中华优秀传统文化的重要组成，是践行社会主义核心价值观、落实立德树人根本任务的重要思想资源"①，它们在中国社会中有着悠久的历史，深刻地影响了中国人的生活方式和行为准则。中华传统美德的内涵体现在以下方面：

第一，孝顺：孝顺是中华文化中最为重要的美德之一。它强调儿女对父母的尊敬和关爱，以及对家庭的责任和承担。孝顺被视为道德和社会责任的表现，体现在照顾年迈的父母和尊敬祖先的行为上。

第二，诚信：诚信是中华文化中非常重要的价值观，它强调个人言行一致，言出必行，保守承诺，以及建立可信赖的人际关系。

第三，谦虚：谦虚是指在言行中保持谦逊和谦卑的态度。它强调不自大、不自夸，尊重他人，容易接受批评和反馈，以及愿意学习和进步。

第四，礼仪：礼仪是一套规范的行为准则，用于指导人们在社交和日常生活中的行为举止。它包括尊敬长辈、尊重他人、遵守社会规范等方面的内容。

第五，和谐：和谐是中华文化中的重要理念，强调人与人、人与自然之间的和谐相处。它体现在追求社会和睦、家庭和谐、个体与集体的协调等方面。

---

① 程碧英，商小春. 中华传统美德的语义生成与传承发展［J］. 南方论刊，2023（8）：83.

第六，忍让：忍让是指在面对困难和冲突时保持耐心和宽容的能力。它鼓励人们不轻易发怒，愿意忍受痛苦，以维护和平与和谐。

第七，爱国：爱国是对自己国家的热爱和忠诚，包括对国家文化、历史和领土的尊重和关心，这种美德鼓励个人为国家的繁荣和进步作出贡献。

第八，敬业：敬业是指对工作的认真和专注，以及对职业的忠诚和奉献。它强调工作态度和职业道德。

以上这些中华传统美德构成了中华文化和社会主义核心价值观，对塑造中国人的行为和思维方式产生了深远的影响，这些美德不仅在家庭生活中有着重要作用，还在社会和职业领域发挥着重要的指导作用。它们代表了中华文化的深厚传统，是中国社会稳定与和谐的重要支柱之一。

二、中华传统美德的特征分析

中华传统美德具有以下特征：

第一，包容性：中华传统美德以其卓越的包容性而著称，这一特征反映在对不同思想和道德观点的开放态度上。中华文化历来鼓励多元化和多样性，尊重不同学派和文化的存在，这种包容性可以从儒家、道家、佛家等不同哲学流派的共存中得到体现。例如，孝道、爱国主义、勤俭节约等传统美德，都是不同学派和文化传统中的核心价值观，它们相互交融，丰富了中华文化的内涵。

第二，开放性：中华传统美德具有开放性，意味着它们可以不断更新和调整以适应社会变革和全球一体化的发展。中国社会在不同历史时期面临着巨大的变革和挑战，因此，中华传统美德需要与时俱进，这包括舍弃与现代社会不相契合的内容。中华传统美德也积极融合了现代价值观，如公平、公正等，以适应当今社会的需求。此外，中国也积极参与国际交流，学习和借鉴其他国家的美德，为全球美德建设贡献力量。

第三，传承性：中华传统美德拥有强烈的传承性，是中华传统道德的珍贵遗产，这一特征要求我们将这些美德广泛传承和推广，以确保它们不会失传。然而，传承并不是简单地照搬，而是要根据时代需求和社会和谐的原则进行调整，这意味着我们需要保留符合现代社会背景的传统美德，同时在传承的基础上进行创新和丰富。例如，在孝道的传承中，不仅要继续尊重孝敬父母的传统，还要适应现代家庭结构和价值观的变化，以确保其实际有效性。

总而言之，中华传统美德具有包容性、开放性和传承性等特征，这些特征使其成为一个充满内涵、适应性强、具有深刻传承价值的文化遗产，这些美德不仅是中华文化的瑰宝，也是全人类共享的宝贵财富，它们在现代社会中仍然发挥着重要作用，引领着我们前行。

第二节 传统美德的本质与现代传扬思考

一、传统美德的本质分析

传统美德的本质涉及社会和文化背景中被认为是积极、道德和可尊敬的品质、行为和准则，这些美德在不同的文化和历史时期可能有所不同，但通常都强调了个人和社会的道德行为标准。以下论述常见的传统美德及其本质：

第一，诚实：诚实是指说真话，不欺骗、不撒谎，这是建立信任和良好关系的基础，也有助于维护社会的稳定。

第二，正直：正直是指遵循道德准则，表现出真实和道义的行为。正直的人通常会坚持自己认为正确的事情。

第三，仁爱：仁爱强调同情、关心和关爱他人。它鼓励人们对别人的需要和困境产生共鸣，以促进社会和谐。

第四，勤奋：勤奋是指努力工作、坚持不懈地追求目标。它强调通过付出努力来取得成就，而不是依赖运气或侥幸。

第五，宽容：宽容是指对他人的不同观点、行为和文化背景保持开放和尊重。它有助于减少冲突，并促进社会的多样性和包容性。

第六，谦逊：谦逊是指不自负、不炫耀，愿意接受自己的不足之处。它帮助人们保持平衡，不因自己的成就而过于自大。

第七，忍耐：忍耐是指在面对困难、逆境或挫折时保持镇定和耐心。它有助于人们克服生活中的挑战，寻找解决问题的方法。

第八，尊重：尊重是指对他人的权利、尊严和感受表示敬意。它是建立健康人际关系和社会互动的基础。

第九，责任感：责任感是指承担自己的义务和责任，不逃避后果。它体现了对自己和他人的尊重，同时也有助于维护社会的秩序。

第十，公正：公正是指根据道德和法律标准来做出公平的决策和行动。它有助于确保资源和机会的公平分配，减少不平等现象。

以上这些传统美德的本质在不同文化中可能会有一些差异，但它们通常都强调了个人品德和社会道德的重要性，以实现社会的和谐、稳定和繁荣。

二、传统美德的现代传扬思考

在现代社会中，传统美德的传扬和思考变得尤为重要，因为社会在不断变化和发展的同时，依然需要价值观和道德准则来引导人们的行为和决策。在现代社会中传扬传统美德通常可以通过以下途径：

第一，适应性传承：传统美德可能在不同文化和历史背景中有所不同，但核心的价值观通常是普遍的。将这些核心价值与现代情境相结合，能够使传统美德更具有适应性，更容易被人们接受和实践。

第二，教育与培训：教育系统可以在课程中强调传统美德的重要性，并提供相关的培训和教育，以帮助年轻一代理解这些美德的意义，以及如何在现代生活中应用它。

第三，榜样与领导力：社会领袖、名人和权威人士可以通过自身的行为成为传统美德的榜样。他们的言行举止可以影响更多人去效仿这些美德。

第四，媒体和文化影响：媒体、文化作品和艺术创作对于传播价值观和美德具有重要作用。创作积极向上的内容，弘扬正面的价值观，有助于在社会中传播传统美德。

第五，社区参与：社区活动和志愿者服务可以促使人们更深入地体验和实践传统美德。通过参与社区建设、帮助需要帮助的人，人们可以体验到仁爱、责任感等美德的实际应用。

第六，道德辩论与讨论：鼓励人们进行道德辩论和讨论，能够增强人们对传统美德的理解和思考，这样的讨论可以帮助人们意识到这些美德在现代社会中的价值，以及如何应对复杂的伦理问题。

第七，跨文化对话：现代社会日益国际化，不同文化之间的对话变得更加重要。通过跨文化的交流和对话，可以促进不同文化背景下的传统美德之间的交往交融互鉴，从而推动传统美德的传播和传承。

第三节　传统美德的核心精神与价值追求

一、传统美德的核心精神

传统美德的核心精神主要包括以下方面：

第一，道德行为：传统美德强调了良好的道德行为和品德，主要包括诚实、正直、守信、尊重他人、孝顺父母等道德准则，这些价值观鼓励个人在日常生活中秉持高尚的品德，与他人和睦相处，建立亲和力和信任。

第二，家庭价值：家庭在传统美德中扮演着重要的角色。孝顺父母、家庭和睦、关爱亲人是传统美德的核心，这反映了中国文化中家庭的重要性，以及在家庭中培养良好品德和道德的重要性。

第三，社会责任：传统美德强调了对社会的责任感，这包括爱国主义、公益慈善、奉献精神等。个人被鼓励为社会的繁荣与和谐作出积极贡献，关心社会问题，并为社会的进步而努力。

第四，勤劳和节俭：勤劳和节俭是传统美德的重要组成部分，这些价值观鼓励个人勤奋工作，珍惜资源，不浪费，追求节俭和简朴的生活方式，这反映了对努力工作和节制消费的认可。

第五，社交礼仪：社交礼仪在传统美德中占有一席之地。尊重他人、注重礼貌和社交规范是传统美德的一部分，这有助于建立和维护良好的人际关系。

总体而言，传统美德的核心精神包括道德行为、家庭价值、社会责任、勤劳和节俭以及社交礼仪，这些价值观在中国文化中扎根深厚，塑造了社会的道德风貌，并继续影响着个人和社会的发展。同时，这些核心精神也反映了对品德、社会责任和亲和力的重视，是中国文化传统的珍贵遗产。

二、传统美德的价值追求

传统美德①的价值追求可以因文化、历史和个人信仰而异，但一些共同的传统美德主要包括以下方面：

第一，诚实与诚信：诚实是说真话，不欺骗他人的品质。诚信涉及遵守承诺和信守诺言，这些美德有助于建立信任和稳定的人际关系。

第二，善良与慈善：善良涉及对他人的善意和同情。慈善是为了帮助需要帮助的人，提供援助和支持。

第三，责任与自律：负有责任感是对自己的行为和决策负责，包括对家庭、社区和环境的责任。自律则是自我控制和自我管理的能力。

---

① 传统美德是一种在不同文化和社会中广泛存在的道德和伦理观念，它们通常被认为是积极的品质和行为准则，有助于个人和社会的和谐和繁荣。

第四，宽容与尊重：宽容是尊重不同观点、信仰和文化的能力。尊重是对他人的尊重和礼貌。

第五，勤奋与毅力：勤奋涉及努力工作和追求目标的能力。毅力是在面对困难和挑战时坚持不懈。

第六，谦逊与谦虚：谦逊是不自负和不自大的态度。谦虚是认识到自己的局限性和不完美性。

第七，公正与公平：公正是按照规则和原则行事，不偏袒任何一方。公平是对待所有人一视同仁。

第八，感恩与感激：感恩是对别人所给的恩惠表示感激，感激是因对方的善意或帮助而感动并产生谢谢意。

第二章 传统美德教育及其途径

第一节 传统美德教育的内涵

美德是指一种高尚的品质或道德行为，通常与道德、伦理和良好的行为准则相关联。美德可以在个人和社会层面表现出来，有助于塑造人们的品格和行为。传统美德是指一系列古老的道德和伦理原则，通常被认为是一种良好品格和道德行为的体现。而传统美德教育是一种教育理念，旨在培养人们具备良好品德和道德价值观的能力，这种教育强调了道德、伦理和社会责任等方面的价值观，并试图将这些价值观传递给下一代。

一、传统美德教育的理论观点

传统美德教育是一种教育理论和实践，旨在培养个体的道德品质和价值观，以使他们成为更有责任感、善良、公正和有道德良知的公民。以下是一些传统美德教育的理论和重要观点：

第一，德行教育：传统美德教育的核心是培养学生的德行和道德品质，这包括诸如诚实、宽容、勇敢、正义和友善等价值观和美德的培养。学校和家庭通常是培养这些美德的主要场所。

第二，伦理学和哲学：传统美德教育通常依赖于伦理学和哲学的原则，这些原则有时被称为道德哲学。例如，亚里士多德的尼各马可伦理学、康德的义务论伦理学和尼采的超人道伦理学等都提供了不同的道德基础。

第三，角色建模：传统美德教育倡导角色建模，通过让学生学习伟大的历史或文学人物，了解他们的道德选择和行为来启发学生，这有助于学生理解和模仿优秀的道德榜样。

第四，道德决策教育：传统美德教育也包括培养学生的道德决策能力，这涉及教授学生如何分辨善恶、做出道德选择并承担责任。

第五，社会责任：传统美德教育强调了个体对社会的责任感。学生被鼓励参与社会服务和社区活动，以实际行动展示他们的道德原则。

第六，伦理辩：通过伦理辩论，学生可以思考和讨论道德问题，从而促进他们的道德思考和判断力，这有助于他们理解不同的伦理观点和价值观。

第七，培养品格：传统美德教育旨在培养学生的品格，使他们成为更好的人，并为社会做出积极的贡献，这需要时间和坚定的承诺。

二、传统美德教育的具体要素

传统美德教育通常包括以下要素：

第一，道德价值观：传统美德教育强调了诸如诚实、正直、宽容、尊重、责任感、同情心和友善等道德价值观的重要性，这些价值观被认为是一个人成为善良和有道德的成年人的基础。

第二，家庭教育：传统美德教育认为家庭是道德价值观的首要传递者。父母和家庭成员扮演着培养孩子良好品德的关键角色，通过言传身教来传递这些价值观。

第三，教育体系：学校和教育机构也扮演了培养学生道德观念的角色。一些学校会将道德教育纳入其课程中，教授学生如何做出正确的道德选择。

第四，社会互动：传统美德教育强调社交互动和参与社区的重要性。通过参与志愿活动和社区服务，人们可以将道德原则付诸实践，并帮助他人。

第五，文化传统：文化、传统和价值观也在传统美德教育中发挥着关键作用。文化传统可以塑造一个人的道德观念，并为他们提供行为准则。

三、传统美德教育的培养方向

高职院校的学生培养目标是满足第一线生产、建设、管理和服务的需求，培养全面发展的高等技术应用型专业人才，包括德、智、体、美等各个方面。高职学生需要在基础理论和专业知识的基础上培养出良好的职业道德和敬业精神。因此，传统的美德教育在高职院校中应该从以下方面着力：

（一）引导学生吸收国内外文明成果

第一，高职院校应大力开展传统美德教育和传统文化传承。这包括传授宝贵的中华文化遗产，使学生了解中国悠久的历史和文化传统。通过这种教育，学生可以更好地理解和珍惜自己的文化根源，形成对文化传承的责任感。

第二，高职院校需要提高学生的思想道德修养，培育民族精神，增强自尊心和自信心。这意味着不仅要传授知识，还要注重学生的思想品德塑造。通过培养正直、坚韧、勇敢等传统美德，学生可以更好地应对生活中的挑战，增强对自己和社会的信心。

第三，高职院校应积极抵制外来不良文化，确立与社会主义市场经济相适应的道德观。这意味着学校需要引导学生对外部文化有正确的认识，避免盲目模仿不健康的价值观。通过教育，学生可以形成对社会主义核心价值观的认同，为社会主义市场经济的发展做出积极贡献。

（二）培养实用型高级专业技术人才

为了实现这一目标，学校需要以就业为导向，注重能力培养，面向市场和应用。这意味着课程设置和教育方法应与当前市场需求相匹配，确保学生毕业后具备实际应用的技能。

除了专业知识，高职院校还应注重学生的心理、态度和情感方面的培养。这些方面同样重要，因为一个成功的专业人才不仅需要具备技术能力，还需要良好的沟通能力、合作精神和积极的职业态度。传统美德教育可以为学生提供坚实的道德基础，有助于他们在职业生涯中面对各种挑战时保持正确的价值观和行为准则。

通过传统美德教育，高职院校可以创造一个积极的学习环境，促进学生学会学习、做事和做人。这不仅有助于他们在学校取得成功，还为他们未来的职业生涯打下坚实的基础，培养出既有技术实力又具备良好道德素养的实用型高级专业技术人才。

（三）克服高职院校学生消极因素

高职院校也面临一些挑战，如入学门槛降低和学生普遍存在不良习惯等问题。在克服这些消极因素方面，传统美德教育发挥了关键作用。

第一，通过传统美德教育，学校可以帮助学生树立正确的世界观、人生观和价值观。这有助于他们更好地理解学习的重要性，树立积极的学习态度，克服学习上的消极情绪。

第二，高职院校可以通过指导和纠正学生的行为，防止道德失范。传统美德教育有助于学生认识到不良行为的后果，并培养自我约束和自我管理的能力。通过及时的指导和纠正，学校可以帮助学生克服不良习惯，建立积极的生活方式。

第二节　传统美德教育目标与原则

一、传统美德教育的目标

高职院校传统美德教育目标主要体现在以下两个方面：

第一，职业素质培养。高职院校一直秉持着培养学生职业素质的传统美德教育目标，这一目标旨在综合培养学生的各个方面，使他们具备思想品德、文化修养、业务知识、专业技能和职业能力等方面的能力和素养。这一综合培养不仅仅是为了学生个人的发展，更是为了确保他们能够胜任职业工作。高职院校深知，只有具备了全面的职业素质，学生们才能在职场中脱颖而出，实现自己的职业抱负。

思想品德的培养是职业素质培养的基础。高职院校注重学生的思想道德建设，培养他们的社会责任感和道德情操，以使他们能够在工作中秉持正直和诚信。此外，文化修养的培养也同样重要，它不仅扩展了学生的知识面，还提高了他们的综合素质，使他们在跨文化交流中更加游刃有余。

业务知识和专业技能的培养是高职院校的一项核心任务。学生们接受系统的专业培训，积累业务知识，掌握专业技能，为未来的职业发展奠定坚实的基础。而职业能力的培养则使学生们能够在职场中高效地应对各种挑战，包括领导能力、沟通能力和问题解决能力等方面的能力。

职业素质的培养不仅关系到学生个人的就业前景，也直接关系到高职院校的发展。学校的声誉和影响力很大程度上取决于其培养出的学生在职场上的表现。因此，高职院校将职业素质培养视为一项重要的使命，不断改进教育体系和教学方法，以适应不断变化的职场需求。

第二，德育目标。德育目标在高职院校中具有根本性和方向性的重要性，它不仅指导着整个德育过程，还决定了德育工作的内容、方法、评估和管理，以满足时代要求和本国特色。

传统美德教育将道德素养视为其核心价值。高职院校致力于培养学生的道德观念和道德行为，以培养有社会责任感和公民意识的人才。这不仅有助于学生成为更好的人，还有助于社会的和谐发展。

德育目标的实现是高职院校的一项主题教育工程。这意味着学校将德育融入到教育的方方面面，包括课堂教学、社会实践、学生管理等。学校通过多种方式引导学生积极参与志愿活动、社会服务等，以提高他们的社会责任感和团队协作能力。

高职院校也强调德育工作的时代性和国家特色。随着社会的不断变化，道德观念也在发生变化，高职院校需要不断更新德育内容，以适应时代的发展需求。同时，学校还要注重培养学生对国家文化和价值观的尊重，使他们成为具有国际竞争力的人才。

二、传统美德教育的原则

（一）传统美德教育的系统性原则

高职院校中，学生的思想、行为、习惯受到众多因素的综合影响，包括教职员工的言行、授课态度、教学内容，以及各部门的服务态度、工作效率、职业风范等。这些因素都对传统美德教育在校园中的实施产生深远影响。因此，传统美德教育不仅仅是教师的职责，也不可简单视为辅导员和学生管理部门的工作，而应视之为每一位教职工共同肩负的任务，即成为传统美德的倡导者和教育者。例如，教师不仅要传授知识，更要培养学生的道德品质。如果在工作中忽视了传统美德与知识、体育、职业技能教育以及美育之间的内在联系，仅将传统美德教育视为教师和辅导员的责任，那么教育过程中将会导致传统美德教育脱离了学生的综合教育体系。同样，教师的一言一行如果与传统美德相抵触，会对学生产生不良影响。因此，传统美德教育需要全体教职工共同协作，密切配合，才能取得成功。

此外，高职院校应首先建立一套综合的育人、教书育人和服务育人的管理系统，以实现全面协同管理。这样可以使传统美德教育与教学、科研和后勤服务相互渗透和促进。在具体实施中，需要打破主管与分管之间的壁垒，以及各科室和部门之间的界限，辅导员与道德教育师之间的分隔。例如，可以制定各部门和科室的日常行为准则，制定教师的职业行为规范，颁布辅导员的工作条例等，并进行详细的监督和评估，以传统美德为导向来规范工作风格和日常行为。通过教学和思想政治工作人员的日常教育和管理，提高学生的道德素养，通过高质量、高效率和热情的服务来塑造学生的思想和行为，以全体教职工的高尚道德品质来熏陶学生。其次，需要建立学生自我约束机制，激发学生的自我教育、自我管理和自我服务意识，充分发挥校团委、学生会和学生社团的教育作用，使学生通过参与学校建设、管理和校园文化活动来接受教育、锻炼自己，并培养良好的道德情感。

（二）传统美德教育的基础性原则

在高校教育中，课堂授课、教师的教育灌输以及辅导员的日常指导，尽管从理论和思想角度告知学生应该如何行事，但要确保学生在校园生活中将对传统美德的认知转化为自觉行为，需要着重关注基础性工作，将传统美德教育融入学校的各个方面。首先，在学校内，我们需要着力构建并广泛传播学校规章制度，并切实执行这些规定，以确保学生行为有章可循。这包括学校所制定的《学生守则》《违纪处分条例》《学位授予条例》《课堂纪律》《宿舍管理规定》《考试纪律》等规范，用以规范学生的言行。其次，我们应当积极采用评优表彰的方式激励学生，以促使他们对自己设定高标准、苛刻要求，以达到自律的目标。最后，我们应该注重培养学生的基本道德修养，通过规范校园文明用语、开展"做文明学子、创文明校园"年度活动、向全体教师普及禁忌用语等手段，推动文明礼貌行为的养成。另外，我们可以从"感恩"教育入手，采取一系列措施，如举办"我的父母"演讲比赛、邀请家长代表举办讲座等，以促使学生形成家庭美德和社会责任的意识。最后，我们应该塑造积极向上的校园文化，例如在教室内展示名言警句、推动节约型校园建设、组织勤俭节约讲座、开展"献爱心、送温暖"活动等，以建立以传承传统美德为荣的良好氛围。这些基础性工作的开展将直接影响传统美德教育的效果。

（三）传统美德教育的科学性原则

在当今社会，传统美德教育面临着多方面的挑战和问题。一是市场经济观念的冲击导致了人们价值观的多元化和功利化，使得传统美德在社会中的地位逐渐削弱；二是家庭教育不足导致了学生在德育方面的基础薄弱，需要学校在这一领域发挥更大作用；三是教学内容和手段的不完善使得美德教育难以吸引学生的兴趣，教育实践过于形式化，而教育效果评估体系也存在不足之处。

在新形势下，高职院校的德育工作必须顺应时代要求，采取科学的理念，创新传统美德教育模式，寻找有效的新途径。在教育体制上，高职院校应该将专职教育与全员教育相结合，明确严格的要求与目标考核，确保德育工作有力有序地推进；在教育方法上，高职院校应综合运用规范管理与情感感化、专业教育与思想教育、理想教育与养成教育、外在管理与自我教育等多种方法，以更全面地培养学生的美德；在教育内容方面，高职院校需要结合新时期国家教育目标与学生特点，既继承传统美德教育的精髓，又创新教育内容，使之更符合时代需求。

此外，传统美德教育的实施必须与教育教学规律和大学生身心发展规律相结合，强调美德教育与法制教育相互补充，以培养更全面的高素质人才。在教育手段方面，高职院校应充分利用多媒体和先进的教学手段，将课堂教学与活动开展、理论灌输与师生互动、校园教育与校外教育相结合，为学生提供更广泛的美德教育资源。

（四）传统美德教育的实践性原则

在针对传统美德教育所面临的挑战时，新时代教育体系必须以科学的方法和坚定的信念采取应对策略。首要挑战是市场经济观念对美德教育的冲击。现代社会的竞争压力和一些金钱至上的价值观使得传统美德教育显得较为脆弱。然而，策略应包括坚持科学理念，适应时代需求，并勇敢打破传统教育模式，积极探索新的教育路径。这可以通过引入创新的教育方法和内容来实现，以培养出既具备道德品质又具备市场竞争力的学生。

家庭教育的不足也是一个显著的挑战。家庭教育在培养学生的道德观念和价值观念方面发挥着重要作用。因此，应对策略包括结合专职教育和全员教育，使教育成为社会全体成员的责任。同时，融合要求和目标考核，确保教育体系能够达到实际的道德教育效果。

传统美德教育可能忽视了教学内容的多样性和教学方法的灵活性。因此，应对策略应该包括融合规范管理和情感感化，将专业知识与思想教育相结合，注重外在规范和自我教育的结合。这将有助于培养出更全面、更具创新力和社会责任感的学生。

传统的教育体系可能过于强调课堂教学，而缺乏实际生活经验的培养。因此，策略应包括将课堂教学与丰富的实际活动相结合，采用多媒体和互动式教学方法，使学生更好地理解和应用道德原则。

为了确保美德教育的有效性，应对策略需要考虑国家的新目标和学生的特点，平衡传统美德传承与创新，兼顾美德和法制教育。这可以通过建立全面的教育评估体系来实现，以确保美德教育的目标得以实现，并且学生们在培养了良好的品德和社会责任感的同时也具备了必要的法律素养。

（五）传统美德教育的创新性原则

传统美德教育与新时代社会主义德育知识的融合，满足社会需求和青年成长需求，是高职院校教育的当务之急。这个进程需要以批判与继承、发展与创新并行为基本原则。高职院校的传统美德教育必须在对中国传统道德的批判和继承基础上建立。中国传统道德包括民族精神、民族气节、民族情感、民族利益至上等核心价值观，这些应该被视为宝贵的遗产，需要继承和传承。高职院校的传统美德教育还必须适应社会主义市场经济体制，建立适应性的道德伦理规范体系，以适应不断变化的职业环境和社会要求。

要实现这一目标，传统美德教育必须与时俱进，结合时代特点和职业教育特质，持续发展和创新。这意味着高职院校需要不断调整教育内容和方法，确保其科学性、时代性和适用性。坚持与时俱进的创新原则是确保高职院校传统美德教育持续活力的关键。

传统美德教育的批判与继承、发展与创新的进程并非一蹴而就，而是一个渐进的过程。在传统美德教育中，高职院校应该不仅强调理论知识，还应该注重实际操作和职业素养的培养。这需要教育者积极探索新的教育方法和手段，使传统美德教育更具吸引力和实用性。

高职院校的传统美德教育应该努力培养学生的社会责任感和职业道德，使他们成为有用于社会、有担当的公民。只有通过不断更新的教育内容和方法，以及与时俱进的创新，高职院校的传统美德教育才能真正满足社会需求和青年成长需求，为中国社会的繁荣和进步贡献力量。

第三节　传统美德教育的有效途径

一、各学科教学中渗透传统美德教育

在高职院校中，实施德育的责任落在专职和兼职德育工作者的肩上。为了有效进行德育工作，应将德育融入各学科的教学中，这是最基本的途径。将课堂教学视为实施德育的主要战场，善于抓住教育时机，借助各学科的教学来传递传统文化，将中华传统美德教育融入到课堂教学中。学校需要明确要求各学科根据自身的特点来开展传统美德教育，将传统美德教育融入到学科教学中，并让它们相互交织、相互渗透。为了实现这一目标，可以采用以下方法：

第一，直接渗透。社会学科如语文和历史被认为是传授传统美德的有效途径。通过教授文言文和历史内容，学生可以深入了解中国文化的根源，并了解古代先贤的高尚品德。这种方法通过知识的传授，使学生对传统美德有了更深刻的理解和感悟。

第二，间接渗透。自然学科如数学、物理、化学和生物等也可以成为传授传统美德的渠道。教育者可以通过介绍科学家的艰辛经历和高尚品质，来激发学生对道德的思考。例如，通过讲述伟大科学家的故事，学生可以学到坚持不懈、诚实守信等重要的美德。

第三，随机渗透。在教学过程中，教育者可以根据学科特点和内容，不断地强调传统美德。通过潜移默化的影响，逐渐塑造学生的道德观念。例如，在数学课上，教师可以强调诚实和公平竞争的重要性，从而在学生心中树立起这些美德的观念。

第四，重点渗透。根据学生的需求和时事问题，教育者可以选择特定的主题来进行传统美德教育。结合最新的时事和重大问题，引导学生深入思考道德和价值观。这种方法可以使学生更好地理解传统美德与现实生活的关联，从而更有动力去实践这些美德。

第五，专业渗透。高职院校教育的核心专业课程也可以有意识地融入传统美德教育。虽然专业知识在表面上与传统美德看似不相关，但专业知识的探索和创造过程实际上是一段充满人文情感的坎坷之旅，这个过程不仅仅关乎知识的实际应用，还深刻地影响了我们的品格。我们的专业课堂用于传授自然科学和社会科学知识，但同时也应该成为学生接受传统美德教育的场所。我们应该积极地利用各种机会来传达科学成果的诞生过程，培养学生的求知欲望和实践科学的态度，鼓励他们对专业知识产生浓厚兴趣。此外，我们还可以在专业课教学中探讨本专业和本行业所需的职业道德和行为规范，有针对性地进行传统美德教育。因此，一旦将专业知识教育与传统美德教育相结合，必定会显著提高教学效果。专业课教学融入了人文精髓，使其更易理解，而传统美德教育也通过专业课程找到了更广泛的教育途径。多学科的教育方法将有助于传统美德教育取得丰硕的成果。

二、开设有关传统美德的选修课

为了满足当今社会的需求，现代高职院校正在积极推行文化素质教育选修课程，这一举措旨在为高职学生提供更广泛的学习选择，以便更好地培养他们的个性特长，突出高职学生的职业特色和独特才能，培养具有创造性和特长的人才，这一努力无疑将有助于提高高职学生的综合素质，并提升高职院校技术人才的质量。同时，我们可以引入一些涉及中华民族传统文化的选修课程，以进行传统美德教育，这些选修课将成为培养大学生人文精神的重要途径。人文精神是大学生思想品德的基本素质，它体现了对待生活和人生的社会态度，是人的文化底蕴所表现出来的。

此外，高职院校培养的人才，必须具备较高的文化素养，通过接受传统美德教育，他们的情感将得到熏陶，思想将得到升华。例如，可以设置一门名为《传统美德》的选修课程，旨在增进学生对中华民族传统美德历史演进过程的了解，提升对传统美德内涵的理解，促使学生在现实生活中主动遵守社会美德和社会公德，强化学生的爱国爱民责任感和使命感，激发学生的学习积极性，这些课程将有助于培养学生全面发展，提升其思想道德水平，以更好地应对现代社会的挑战。

三、有效提升大学生传统美德教育

（一）更新大学生中华传统美德教育观念

教育观念是指个体在教育实践中塑造的与教育相关的信仰和理念。这种信仰和理念在社会环境中孕育，学校中得以实践，而在家庭中得以执行。由于不同家庭、学校和社会的背景差异，教育观念也会多种多样。因此，确立正确的中华传统美德教育观念被视为推动中华传统美德教育进步的必要条件。

1. 增强大学生中华传统美德教育重要性的认识

新时代大学生中华传统美德教育的重要性在当今社会逐渐引起了广泛关注。为了推动这一教育领域的发展，需要改变高职院校、社会、家庭和大学生对其价值的认识。这个转变是确保中华传统美德教育取得成功的先决条件之一。

人们必须认识到中华传统美德教育对大学生的重要性，不仅仅是一种传统的文化遗产，更是一种塑造良好社会公民的重要途径。这种教育可以帮助大学生树立正确的价值观和道德观，引导他们在日常生活中做出积极的选择。同时，中华传统美德教育也有助于培养大学生的社会责任感和团队协作能力，这些都是现代社会所需的关键素质。

为了确保中华传统美德教育能够成功地融入大学生的成长过程，必须创造有利的环境和提供相应的条件。这意味着高职院校应该积极响应国家政策，特别是文化传承和精神文明建设政策，以支持这一教育领域的发展。社会和家庭也应当承担起促进中华传统美德教育的责任，为大学生提供学习和实践的机会。

最重要的是，需要正确认识大学生中华传统美德教育的作用。这种教育不仅仅是一种课程或传统礼仪的传承，更是一种导向和动力，可以推动大学生的全面发展。它有助于培养具备高度道德素养的新一代国民，这对于国家的发展至关重要。这种教育应该被放在教育体系中的应有位置，改变那种只注重智育而忽视德育的教育理念。

2. 明晰大学生中华传统美德教育目标

在规划任何活动之前，设定明确的目标至关重要。目标不仅是对活动预期结果的主观设想，更是为活动指明方向的基石。目标的划分具有层次性，包括宏观目标和微观目标、长远目标和短期目标、抽象目标和具体目标。这个层次性的划分有助于确保活动的有序展开以及目标的逐步达成。然而，目标的制定和实施必须合理，执行者必须清晰认知这些目标，因为这将直接影响活动的展开和目标的达成。

以大学生中华传统美德教育为例，宏观目标可以被定义为弘扬中华优秀传统文化、培育社会主义核心价值观，以实现中华民族伟大复兴的中国梦。然而，实现这些宏观目标需要微观目标的支持。微观目标需要根据实际情况结合教育资源、学生文化素养等因素来制定。这些微观目标可以包括爱国教育、勤俭节约、孝顺父母等内容，每一个都是宏观目标的一部分，而且它们的具体化和详细化是实现最终目标的关键，使其具有可操作性。通过将微观目标与宏观目标相衔接，教育者可以更有效地引导大学生，实现中华传统美德的培养，同时也为中国梦的实现提供有力支持。

3. 增强大学生中华传统美德教育责任意识

责任意识是一种自觉意识，涵盖清楚明了地知道责任范围和自觉、认真地履行社会职责的心理特征。在社会中，每个人都扮演着不同的角色，并承担着各自的责任。高职院校、家庭、社会以及大学生本身都在大学生中华传统美德教育中肩负着重要的责任。加强各方责任意识，各司其职，将有助于推进中华传统美德教育的传承和弘扬。

高职院校在大学生中华传统美德教育中肩负着重要的责任。一方面，高职院校需要明确自身在这一教育领域的责任，增强担当精神。这包括确立明确的教育目标，建立有力的教育体系，为学生提供深入了解中华传统美德的机会。另一方面，高职院校应积极创新教育形式，提升教育效果。这可能包括改革课堂和教育方法，以更好地传达中华传统美德的核心价值观，激发学生的兴趣和参与度。

社会和家庭也肩负着在大学生中华传统美德教育中的重要责任。社会需要明确自身的责任，为大学生提供积极的教育环境。社会可以发挥榜样作用，通过各种渠道扩大美德的影响力，鼓励大学生积极参与社会服务和义工活动。家庭作为教育的第一道防线，需要明确自己的责任，教育孩子尊重传统美德，并为美德教育奠定坚实的基础。

大学生本身也必须认识到自己的主体地位，承担传承和弘扬美德的责任。他们应该积极学习和践行中华传统美德，努力弘扬传统文化。这包括在日常生活中展现公德心和工作责任心，树立职业道德。同时，大学生也应加强社会责任心，遵纪守法，积极参与社会活动，为社会进步贡献自己的力量。

4. 树立以人为本的大学生中华传统美德教育理念

教育理念在教育发展中起着至关重要的作用。中华传统美德教育也不例外，它需要与时俱进，采用以人为本的教育理念。这一理念的核心是尊重学生的主体意识，建立以学生为中心的教育模式，以满足学生的需求，并引导他们学习中华传统美德。

在这个以学生为中心的教育模式下，教师的角色发生了转变。教师需要改变传统的教学方式，使教学成为师生共同交流与成长的双向过程。这意味着教师不再仅仅是知识的传递者，而是引导者和激励者，与学生建立积极的互动关系，共同探讨知识和价值观。

教育方法也需要因材施教。教育者应该根据学生的特点、需求和学习态度选择合适的方法。这包括灵活运用不同的教学策略，以满足多样化的学生需求，从而更好地传授中华传统美德。

中华传统美德教育不仅仅停留在教室内，还需要与学生的生活紧密结合。通过激发学生的兴趣，教育者可以更好地提高学生的道德品质，培养他们正确的价值观。这一过程要求将传统美德融入学生的日常生活，使之成为他们自己的生活方式。

此外，教育的目标应该是促进学生的全面发展，包括智力和非智力因素，如兴趣、情商和性格。忽视非智力因素可能导致不健康的心理状态和正确价值观的缺失。因此，综合发展是必要的，以促进学生的全面成长。

（二）积极发挥新时代大学生中华传统美德教育主阵地作用

高职院校是培养国家社会主义建设者和接班人的主要场所，具有重要的教育使命。它们应当积极地利用自身的教育平台，推动大学生接受中华传统美德教育，确保这一教育取得实际成效。

1. 有效发挥思政课作用

高职院校具有多重基本职能，这些职能在塑造未来社会的精英和积极参与者方面发挥着关键作用。高职院校的基本职能之一是培养人才。这里，学生接受专业知识和技能的培训，以胜任未来职业的要求。同时，高职院校也积极参与科研，推动知识的创新和应用，为社会提供前沿技术和解决方案。此外，这些院校还承担文化传承与创新的角色，传承中华传统美德，同时鼓励学生思考和创新。高职院校的另一个基本职能是为社会提供服务。这包括为社区和行业提供专业知识和技能，以促进社会的发展和进步。同时，这些院校也在社会选拔和个人升迁方面发挥作用，培养出有潜力的个人，使他们在各个领域中发挥领导作用。最重要的是，高职院校应该通过教育帮助学生理解和分析社会问题，从而成为积极改变社会的力量。

在高职院校中，道德教育具有至关重要的地位。道德被认为是教育的生命，文化的基础，而大学生中华传统美德教育是道德教育的重要组成部分。我国主要通过思政课进行道德教育，这门课程是大学教育的基础，也是精神文明建设的一部分。思政课有助于提高学生的思想觉悟，引导他们形成正确的人生观、世界观和价值观，这对于大学生中华传统美德教育和精神文明建设至关重要。然而，受到教育观念的影响，思政课未能得到应有的重视。具体从以下方面改进：

（1）更新思想政治教育课课程方案。中国的思想政治教育一直是教育体系中的核心组成部分，然而，近年来，一些关键问题引发了对这一领域的重新思考。现有的课程方案存在一些明显的问题，其中之一是教育内容的复杂性。该课程覆盖了众多领域，包括道德、法律、政治、哲学等，而中华传统美德在其中的占比相对较小。这一趋势引发了一些关切，认为应该更加强调中华传统美德的教育。

为了解决这一问题，教育界提出了一项重要的建议，即更新思想政治教育课程方案。新方案的核心思想是融合中华传统美德与其他内容，以优化课程结构并增加中华传统美德的教学比例。这一举措旨在更好地满足学生的需求，引导他们积极参与学习，提高对中华传统美德的兴趣。这种更新的思想政治教育课程将有助于培养更有社会责任感和道德情操的公民，为社会的和谐稳定做出贡献。

（2）更新思想政治教育课教学方式。传统的大课模式固然高效，但容易导致枯燥和不活跃的课堂氛围，这对于培养学生对中华传统美德的兴趣和理解是不利的。

因此，建议引入多元化的教学方式。这包括辩论、情境演示、观影等方式，以增强学生对中华传统美德的直观感受。通过辩论，学生可以积极参与，争论不同的观点，增加对道德和伦理问题的理解。情境演示可以帮助学生更好地理解理论概念，并将其应用到实际情境中。观影则可以通过生动的影像呈现，引发学生的共鸣，让他们更深刻地领悟中华传统美德的内涵。这些教学方式的引入将有助于活跃课堂氛围，激发学生的兴趣，提高他们对中华传统美德的理解和认同。

2. 加强教师队伍建设

高职院校的教育成果与教师的文化水平、教学技能、道德修养以及其他关键素质密切相关。教师在高职院校中扮演着至关重要的角色，他们的教育水平直接影响着教学质量。因此，可以得出结论，强化教师队伍的培养和提升至关紧要。

（1）强化教师中华传统美德教育的培训和参与。为了传承和弘扬中华传统美德，学校应该着重强化教师的培训和参与。这包括不仅仅限于非思想政治课教师，而是所有教师都应该接受定期的培训。这个培训不仅仅是传授知识，更是培养一种传统美德的素养。通过讲座、研讨会和校园活动，教师可以更深入地了解中华传统美德的内涵和价值。只有当教师具备这方面的知识和理解，他们才能够在教学和生活中有效地传承和践行这些美德。

这种教育不仅仅是为了学生，也是为了教师自身的成长。通过参与这样的培训和活动，教师可以不断提升自己的专业素养，更好地引导学生。此外，教师们还可以成为学生的榜样，以身作则，为学生树立中华传统美德的楷模。

（2）鼓励改善教育方法。除了培训教师，改善教育方法也是传承中华传统美德的关键。教育方法应当与理论相辅相成，充分发挥显性和隐性教育功能。现代教学手段如多媒体技术和创意活动组织可以被巧妙地应用，以加深学生对中华传统美德的理解和体验。

多媒体技术可以使学生更生动地了解传统美德，通过图像、音频和视频，学生可以更加形象地感受到这些美德的内涵。此外，创意活动组织也可以激发学生的参与，让他们亲身体验传统美德的实际应用。例如，组织学生参与社区服务活动，培养他们的爱心和责任感，这正是中华传统美德所倡导的。

同时，教师的行为和教室环境氛围也具有重要影响力。教师的言传身教是一种强大的教育方式，他们的行为和态度能够潜移默化地影响学生，引导他们走向美德之路。在积极、鼓励和尊重的教育环境中，学生更容易培养出中华传统美德所倡导的品质。

（3）渗透中华传统美德教育能力。传承中华传统美德不仅仅是一项课程，更是一种能力，需要教师全力以赴。高职院校的所有教师都应该将传统美德教育融入到各自的学科和课程中，超越专业限制，以多学科的视角教授中华传统美德。这需要教师具备跨学科的知识和教育能力，将传统美德与各学科内容有机地结合起来。

教师不仅仅要传授知识，还要以身作则，营造一种文化氛围，激发学生对中华传统美德的学习兴趣。教师应该成为学生的导师和引路人，指导他们如何将传统美德融入到自己的生活中，成为有担当、有品德的公民。这需要教师具备高度的教育情感和责任感，与学生建立密切的联系，引导他们在成长过程中树立正确的美德观念。

3. 加强校园文化建设

学校可以通过创造浓郁的文化氛围，以潜移默化的方式影响学生，使他们主动积累知识，改进行为习惯。在此过程中，倡导中华传统美德成为一种有效的教育手段，有助于提高大学生的传统美德教育水平。

（1）丰富校园文化建设。校园文化建设一直是大学教育中至关重要的一环，因为它不仅仅是塑造学生道德素质的核心，更是传承中华传统美德、构建良好文化氛围的重要途径。在这方面，大学可以采取多方面的措施来推动美德文化的建设。首先，大学可以明确校园精神文化的核心，将其视为塑造学生品德的关键。通过这种方式，学校可以确保每个学生都接受到积极的道德教育，从而培养出更加高尚的价值观。其次，大学可以综合规划中华传统文化建设，使之融入校园的各个方面，包括校风、学风以及环境建设。这有助于形成一个有着浓厚文化底蕴的校园氛围。此外，大学还可以在各个领域开展美德文化建设，例如组织各种活动、传播名言警句等方式，使学生能够更深入地了解和体验传统美德。最后，大学在进行文化建设时需要保持创新，避免陷入空洞的形式主义，确保文化活动具有实际意义和影响力。

（2）拓展校园文化载体。为了进一步拓展校园文化的影响力，大学可以积极寻找和利用各种文化载体，将中华传统美德融入校园生活的方方面面。首先，大学可以将传统美德融入校风和学风之中，使之成为学生行为的准则。其次，大学还可以借助建筑和自然环境来强化物质文化，例如在校园建筑上体现传统文化元素，创建具有文化内涵的庭院和花园。再次，大学还可以利用网络资源，构建网络文化，通过在线平台传播传统美德和文化知识。最后，大学可以积极举行各种学术文化活动，提高学生的文化和道德修养，促使他们更深入地理解和传承传统文化。

（3）创新校园文化活动。为了让校园文化建设更具活力和吸引力，大学可以在文化活动的内容、形式和参与度上进行创新。首先，文化活动的内容应当具有时代特色，能够引发学生的共鸣和兴趣，从而更好地传递传统美德。其次，活动的形式可以多样化，包括但不限于演讲、展览、比赛、演出等，以满足不同学生的需求和喜好。此外，大学可以特别关注礼仪问题，设计相关的文化活动，教育学生懂得尊重和谦逊。另外，通过安排校园劳动，学生可以亲身体验传统文化中的劳动价值观，增强对传统文化的理解和认同。最后，大学还可以鼓励学生走出校园，参观博物馆、画廊、社会实践等，通过亲身经历来感受和传承传统文化，将校园文化活动与社会文化活动相结合，提升学生的文化修养和社会责任感。这些创新措施将有助于使校园文化更加生动和具有深刻的内涵。

4. 优化大学生中华传统美德教育测评制度

构建一个合理的测评制度可以促使大学生积极学习中华传统美德，改善他们对待这些美德的态度，同时确保这一教育的有效性。因此，高职院校需要建立一种适当的测评体系，以促进大学生对中华传统美德的学习和养成。

（1）多元化评价原则是建立全面、客观、科学的测评制度的关键要素之一。这一原则可以分为三个方面，每个方面都有其独特的重要性和方法：评价的科学性至关重要。测评指标必须遵循科学原理与规律，采用科学方法与现代化手段，确保评价的客观性和准确性。考核结构和要素设计应完整反映中华传统美德教育，以体现完整性原则。多元化评价原则还要求坚持定性和定量相结合的方法，通过合理分析来得出结果。参与人员应包括专业人员和学生，以确保评价制度的全面性和客观性。

（2）在多元化评价内容方面，评价应该覆盖教育部门、教师和学生三个关键方面。对于教育部门，评价内容应包括资源投入、校园文化建设和活动举行等方面，以确保教育部门在培养学生中华传统美德方面的综合贡献得到充分反映。对于学生，评价内容应涵盖理论知识、学习态度和行为实践等多个维度，强调理论与实践的结合。对于教师，评价内容应包括中华传统美德素养和教学方式等方面，以确保教师在传授中华传统美德方面的表现得到综合评估。

（3）多元化评价方式是实现综合评价的关键。这包括组合目标评价和非过程评价，以全面考察大学生中华传统美德教育。同时，结合近期评价和远期评价，考虑长期潜移默化的特性，以确保评价制度对学生的全面成长有所贡献。此外，采取价值评估以反映教育效果，同时结合定性与定量评价方式，全面评价学生思想道德素质和学习态度，确保评价制度的客观性和科学性。

（三）增强新时代大学生中华传统美德教育实效性

新时代大学生中华传统美德教育的成功源于高职院校、社会、家庭和大学生的协同努力，因此，需要在多个方面提高这种教育的有效性。

1. 社会为新时代大学生创设中华传统美德教育的良好环境

每个人不断受到社会环境的塑造。因此，社会有责任创造有利条件，以促进新时代大学生中华传统美德的培养。

（1）充分发挥媒体作用。媒体信息技术的普及对人们的生活、学习和工作方式产生了广泛的影响，尤其是在大学生这一代人中。作为代表人才，大学生应该充分认识到媒体信息技术的教育功能，并积极利用它们来提高自身的素质和道德观念。

第一，利用媒体，加大中华传统美德宣传力度。为了宣传中华传统美德，应该利用各种大众媒体，包括书籍、报纸、杂志、互联网等。特别需要根据大学生的媒体习惯进行有针对性的宣传。通过这些媒体渠道，可以向大学生传达中华传统美德的重要性，引导他们积极参与传统文化的传承和发展。

第二，加大网络环境监管力度。互联网产品在传播和影响中华传统美德方面发挥着重要作用，因此，不能忽视对网络环境的监管。政府和相关机构应该采取措施，引导互联网公司更加注重传播正能量，提升网民的道德素质。

同时，官方媒体也应该加强自身的公信力，提供可信赖的信息来源，以引导大众正确的价值观念。监管网络环境，过滤有害信息，为中华传统美德教育提供一个良好的网络环境，是至关重要的。

（2）改变人才评价理念。改变人才评价理念是当今教育体系亟需的关键性举措。在这个背景下，大学生的教育成效必须接受社会的检验，以确保他们能够胜任未来职业生涯。社会人才评价理念直接影响着用人单位的招聘标准和教育机构的课程重点。

尽管国家倡导"德大于才"的理念，但实际上，用人单位更加注重专业能力和学历。这种情况使得中华传统美德在大学生身上难以立即体现，并且难以制定明确的评价标准。因此，有必要改进中华传统美德教育，以形成德才兼备的评价理念。这一改进将纳入"德"在评价范围内，提升中华传统美德的地位，从而影响学生的态度和兴趣。

最终目标是促进大学生中华传统美德教育的发展。这将有助于培养具备专业能力和道德素养的人才，满足社会对综合素质的需求。通过改变评价理念，社会将更加关注大学生的综合发展，不仅看重他们的学术成就，还注重他们的品德和价值观。这将为社会创造更加和谐、有道德责任感的人才，同时也为大学生提供更广阔的成长空间和职业机会。

（3）完善政府对中华传统美德教育的保障。在当今社会，增强大学生中华传统美德教育的实效性已成为一个至关重要的目标。这一目标的实现离不开政府的有力支持和保障。

传统美德教育在塑造社会公德、培养良好道德品质方面具有重要作用，因此，政府在此领域的介入至关重要。

第一，确保对大学生中华传统美德教育的资源投入。目前中华传统美德教育的资源投入相对较少，需要增加财力、物力、人力投入，确保这一教育体系能够蓬勃发展。此外，政府还可以建立奖励制度，以激励大学生积极学习和践行传统美德。这些奖励可以包括奖学金、荣誉称号等，从而让更多的学生积极参与到传统美德教育中来。政府需要投入资金用于研发新的教材和培养专业人员，以确保教育内容和质量的提升。

第二，确保大学生中华传统美德教育的制度保障。除了资源投入外，制度保障也是确保中华传统美德教育顺利开展的关键因素。政府应当制定相关制度，以保障这一教育体系的正常运行和发展。首先，政府需要提供合适的学习场所，确保学生有一个良好的学习环境。同时，政府还应当投入足够的资金，用于购买教育所需的教具、图书、音视频材料等，以提高教育质量。此外，政府还可以鼓励高职院校与社会机构合作，共同开展中华传统美德教育项目，以拓宽教育渠道，让更多人受益。最重要的是，政府要建立监督机制，确保教育资源得到合理分配，防止浪费和滥用。

2. 发挥家庭中华传统美德教育的重要作用

家庭是学生最初受教的地方，它对学生的发展有着至关重要的影响。在当今新时代，中华传统美德教育在大学生中扮演着重要的角色，家庭教育应该充分发挥其在这方面的基础作用。

（1）提高家长自身中华传统美德素养。家长对大学生的教育效果具有重要影响，而他们的中华传统美德素养在这一过程中扮演着关键角色。为了更好地促进大学生的教育，家长应该积极丰富自己对中华传统美德的理解，包括其精神实质。中华传统美德不仅仅是一种传统，更是中华民族文化的精华，包括家庭文化和家庭精神，它们需要被传承给下一代。

中华传统美德代表着中华民族千百年来的智慧和道德观念。这包括了诚信、孝顺、忍耐、勤劳、尊重和团结等价值观。这些美德是中华文化的瑰宝，不仅有助于塑造大学生的品格，还能够让他们在社会中取得成功。因此，家长应该深入了解这些美德的内涵，以便将它们传授给子女。

家长的道德水平在家庭教育中扮演着关键作用。他们不仅应该口头传授中华传统美德，更要以身作则成为学生的道德榜样。只有通过自己的行为示范，才能真正地影响学生的品德发展。当家长展现出诚实守信、孝敬父母、团结友爱等美德时，学生们会更容易理解和模仿这些价值观。

中华传统美德也涵盖了家庭文化和家庭精神。家庭是传承文化的最基本单位，它承载着传统价值观的延续。因此，家长需要在家庭中创造积极的文化氛围，鼓励学生学习和体验中华传统美德。这可以通过家庭活动、传统节日庆祝和家庭规则的制定来实现。

（2）营造良好的中华传统美德家庭教育氛围。家庭是学生成长的第一课堂，其中的教育氛围对学生的全面发展起着至关重要的作用。这一点不仅仅体现在学生的生理方面，还包括了心理层面的影响。在中国文化中，强调家庭价值观念的传承和培养是一项重要的任务。其中，中华传统美德家庭教育氛围是关键要素之一，对学生的品行和性格塑造具有深远影响，尤其是在道德品质的培养方面。

中华传统美德如孝道、礼仪、诚信、谦虚等，是中国文化的精髓，也是代代相传的宝贵财富。在家庭教育中，这些美德不仅仅是一种道德规范，更是一种行为准则，它们贯穿于日常生活的方方面面。父母作为学生的第一位老师，应当积极地将这些传统美德融入到家庭教育中，不仅是口头的传承，更应通过榜样行为，引导学生理解并践行这些美德。这样的教育氛围将有助于学生形成积极的品质和正确的三观，为他们未来的发展奠定坚实的道德基础。

（3）合理运用中华传统美德教育方法。要想有效地营造中华传统美德家庭教育氛围，家长需要在选择教育方法上保持谨慎。教育方法直接关系到家庭教育的效果，因此，家长应该根据学生的特性和自身情况来选择合适的教育方法。中华传统美德教育是一个渐进的过程，需要耐心和恒心。家长可以通过学习相关教育理论，掌握有效的教育方法，如说服、引导、榜样法等，来塑造学生的中华传统美德品质。

说服和引导是培养学生美德的重要方法。家长可以通过与学生的交流和讨论，引导他们思考美德的重要性以及如何在生活中实践这些美德。同时，家长自己也要成为学生的榜样，展现出中华传统美德的典范行为，激发学生的模仿欲望。但在必要时，采取适当的惩罚也是必须的，以规范学生正确的行为和价值观。

3. 加强大学生学习中华传统美德的能动性

新时代的大学生是中华传统美德的传承者。只有激发他们学习中华传统美德的积极性，才能真正促进他们认识和实践中华传统美德的一致性。

（1）提高大学生中华传统美德认知的能动性。提高大学生中华传统美德认知的能动性是当今社会中至关重要的任务。为实现这一目标，大学生需要采取积极的步骤来建立对中华传统美德的深刻认知。

第一，大学生必须建立中华传统美德知识储备。这包括对传统价值观念、道德原则以及历史文化的了解。通过阅读相关书籍、研究互联网资源和参与相关课程，大学生可以积累这些知识。

第二，大学生应该主动寻找中华传统美德在日常生活中的应用切入点。这可以通过参与志愿活动、加入文化俱乐部、参观历史古迹等方式来实现。通过亲身经历和实践，他们能更好地理解这些美德的实际意义和价值。同时，了解国家政策和文化传承的重要性也是关键。大学生应主动承担责任，积极参与文化传承工作，为国家文化繁荣贡献一份力量。

第三，大学生需要加深对中华传统美德的认识。这些美德不仅是中华文化的重要组成部分，还对文化传承、自信建立、社会和谐以及国家综合国力提升都有益处。通过参与教育活动、观看相关资料以及与传统美德有关的人士交流，大学生可以逐渐提高自己的文化修养和社会责任感。这种认识不仅有助于他们个人的成长，还有助于社会的进步。

第四，大学生应当努力内化中华传统美德。这意味着他们需要将这些美德融入自己的思维方式和行为习惯中，形成新的认知结构。这不仅仅是知识的传递，更是一种价值观念的树立。大学生需要从内心认同中华传统美德，改变自己的态度，使之成为自己行为的指导原则。通过内化这些美德，他们可以为践行中华传统美德奠定坚实的基础，成为社会上的榜样和引领者。

（2）提高大学生中华传统美德践行的能动性。大学生是中华传统美德传承的新一代，他们的能动性在践行这些美德方面至关重要。首要的是，大学生需要结合知识学习与实践，以提高他们的美德践行能力。这种综合方法有助于将理论与实际结合，使美德不再仅仅停留在抽象层面，而成为他们日常生活的一部分。此外，自律性被视为大学生践行中华传统美德的基础。自律要求他们对自己持有高标准，确保自己的行为符合美德的要求。

主动参加相关实践活动是大学生提高对中华传统美德的理解与体会的有效途径。通过参与这些活动，他们可以亲身感受到美德的力量，并将其融入到自己的生活中。这包括培养正确的"三观"，尊重传统孝道，以及弘扬爱国精神。践行美德不能仅仅是一种表面功夫，而应该贯穿于日常生活的方方面面。大学生应以自身为起点，通过自己的行为影响他人，传承中华文化的精神。他们的努力不仅是为了自己的成长，更是为社会和谐贡献力量，将传统美德传承给下一代。通过知识的积累、实践的锤炼以及自律的要求，大学生将能够更好地践行中华传统美德，为社会的繁荣和发展贡献自己的一份力量。这种积极的能动性将不仅仅改善他们自己的生活，还将对整个社会产生积极而深远的影响。

四、开展传统美德教育与实践活动

现代高职院校教育的必然要求之一是实践教育，这一教育形式旨在将学生的学术知识与实际应用相结合，以满足社会和市场的需求。实践教育不仅要求学生进行专业学习，还需要他们积极参与社会实践、服务社会，并为择业就业做好准备。这种综合性的教育方法已经被广泛认可，因为它为学生提供了许多的机会，不仅可以增强他们的专业能力，还可以培养他们的社会责任感和使命感。

丰富的社会实践经历对于高职院校学生来说具有重要价值。首先，社会实践有助于将理论与实际相结合，使学生更好地理解和应用所学知识。这种联系可以提升他们的思维能力，让他们不仅知道如何做事，还知道为什么要这样做。此外，社会实践还有助于培养学生的社会责任感和使命感，使他们认识到自己在社会中的角色和责任。通过参与志愿服务和社会调查等活动，学生们可以更深刻地理解社会问题，积极参与解决问题的过程。

社会实践不仅有助于学生理论与实际的结合，还有助于他们正确认识自己。在实践中，学生们可能会面临挑战和困难，这有助于减少盲目自大情绪，促使他们不断提高自身素质和能力以适应社会发展需要。此外，社会实践培养了学生适应社会、服务社会的能力，增强了他们在市场竞争中的优势。最终，这种实践有助于提高高职学生的个人素养和完善个性品质，使他们在职业生涯中更有竞争力。要推进实践教学规范化，确保有明确的教学目的、合理的形式、时间安排和资源配备。学生需要亲身参与社会实践活动，包括社会调查、生产劳动、志愿服务等，以培养社会责任感和职业道德。

五、运用社团活动拓展传统美德教育空间

在高职院校中，学生社团活动被视为德育的关键领域，其正确引导和定向至关重要。教师在这方面的引导可以帮助学生更好地挖掘传统美德的现代价值，从而提升社团活动的作用。同时，社会环境、市场需求以及学生思想特点的变化也对高职院校社团活动提出了新的要求。本文将探讨高职院校学生社团的重要性以及如何引导和丰富各类型社团以传播传统美德。

在高职院校中，学生社团活动扮演着德育的关键阵地角色。这是一个培养学生品德和价值观的理想场所，因此，正确引导学生社团活动的方向变得尤为必要。教师在这方面发挥着关键作用，他们应该引导学生明白社团活动不仅是娱乐和消遣的场所，更是一个促进自我成长和社会参与的机会。通过与教师的合作，学生可以更深入地理解传统美德的现代

价值，例如责任、合作、公平和公正。这些价值观将不仅在社团内部发挥作用，还将对学生未来的职业和社会生活产生积极的影响。

同时，高职院校社团活动也应当根据社会环境、市场需求和学生思想特点的变化进行调整。现代社会对人才的要求日益多样化，因此，社团活动需要更灵活地适应这些变化。这包括为学生提供更多的机会来培养创新思维、领导能力和实际工作经验。学生社团应当不仅仅是一种娱乐方式，更应该成为提高学生职业竞争力的平台。这种调整需要高职院校积极与企业和社会合作，以确保社团活动与市场需求保持一致。

在高职院校中，学生社团通常分为五种类型：理论研究型、专业知识型、文艺活动型、体育型和社会服务型。这些不同类型的社团都有机会传播传统美德，从而促进学生的全面发展。例如，理论研究型社团可以鼓励学生深入思考和探讨社会和道德问题，这有助于培养学生的思辨能力和责任感。专业知识型社团可以提供实际的职业技能培训，同时强调职业道德和职业责任。文艺活动型社团可以促进人际交往和传统美德的理解，例如合作、创造力和文化多样性。体育型社团可以强调团队合作、公平竞争和健康生活方式的重要性。社会服务型社团则可以通过志愿活动和公益事业传播社会责任感和同情心。

六、抓好日常的教育和管理提高传统美德素质

有效地进行日常教育和管理工作对于大学生的思想道德提升、言行规范、能力培养以及学习积极性的激发至关重要。为实现培养目标，高职院校应特别关注以下方面的工作：

（一）执行严格的管理

学校建立严格而有效的校园管理制度，旨在培养学生的纪律和道德素养。这一制度包括多个方面的内容，如考勤、值日、学生干部工作、评优、宿舍卫生等。通过这些规定，强调了荣誉感和守法精神的重要性。

第一，学校实行严格的考勤制度，确保学生按时上课，并及时处理缺勤情况。值日制度也被认为是培养学生责任感和团队协作的有效方式。此外，学生干部工作被视为提升学生领导能力和组织协调能力的重要途径。评优制度注重公平和公正，确保每个学生都有机会获得奖励和认可。宿舍卫生要求学生养成整洁和卫生的生活习惯，培养他们的自律性。

第二，学校处理各项事务如评优、入党、奖学金、贫困生资助等都非常注重公平公正。这一举措鼓励学生积极参与校园管理，并践行传统美德，如诚实、公正、尊重他人。这有助于提高学生的积极性，使他们更加关注自己的道德品质和社会责任。

第三，学校着力建立积极的班风和学风。为此，学校组织各类活动，旨在促进友谊、

思想交流，增强班级凝聚力和学生道德素养。这些活动包括文化节、志愿活动、学术讲座等，它们不仅丰富了学生的课余生活，也培养了他们的社交技能和团队合作能力。

第四，学校强化教师的师德建设。教育者被要求以身作则，规范自己的行为，成为学生的榜样。学校通过培训和评估来提升德育队伍的专业水平，确保高质量的教育效果。这一措施不仅有助于提高学生的道德素养，还为他们提供了一个积极的学习环境，培养了他们的终身学习能力。

（二）开展校园文化活动

校园文化活动具体分为思想品德教育、文化艺术、学术研讨、体育、社会实践、创业、科技创新、志愿服务、文明校园等多个领域。这些活动在内容和形式上多种多样，主要表现在以下方面：

第一，开展思想品德教育活动，旨在提高学生政治理论水平和道德修养。学校开展政治理论培训，帮助学生深入学习党的理论，提高他们的政治觉悟和理论水平。此外，每周定期举行热点问题讨论，鼓励学生就时事问题展开思考和辨别是非的能力。党建征文和革命歌曲比赛等活动也常常举办，以激发学生的创作热情和对党的热爱。这些教育活动不仅提高了学生的政治觉悟和理论水平，还增强了他们对中国式现代化建设的信心和决心，培养了社会主义道德修养和职业道德，为他们未来的发展打下坚实的思想品德基础。

第二，举办文化艺术活动，促进全面素质提升。校园文化艺术活动包括音乐会、话剧表演、美术展览等，吸引了众多学生积极参与。通过参与这些活动，学生不仅提高了自身的艺术水平，还培养了团队精神和组织能力。此外，学校注重学生写作和语言表达能力的培养，鼓励学生积极参加文学创作和辩论比赛，提升他们的表达和沟通能力。这些文化艺术活动不仅让学生在课堂之外有更多展现自我的机会，还促进了他们的全面素质提升。

第三，组织课外科技活动，培养创新能力。学校建立科技活动的组织体系，确保各个科技社团和团队能够顺利运行。同时，学校制定激励机制，奖励在科技竞赛中表现突出的学生，鼓励他们不断探索创新领域。此外，学校建立科技活动的评估机制，确保科技活动的质量和效果。为了支持这些活动，学校提供了充足的经费和物质保障，确保学生在科技研究中有足够的资源和条件。这一系列措施营造了浓厚的校园学术氛围，激发了学生的科研热情，推动了高层次科技竞赛的普及和发展。通过这些科技活动，学生得以培养创新能力，为未来的科技发展和社会进步贡献自己的力量。

第四，开展体育竞技活动。为了提高学生的体育素质和运动技能，激发学生的进取心，磨炼学生的意志，培养学生的自信心和公正、诚实、友谊、团结的道德品质，高职院校采取了一系列举措，积极组织全校师生集体出早操，以此来增强学生的体魄和培养团队合作精神。组建各类球队，为学生提供参与体育活动的机会，并举行各类体育竞技比赛，鼓励学生积极参与，锤炼他们的竞技技能。此外，还开设体育健美操学习班，提供专业指导，帮助学生塑造健康的身体。这些举措共同构成了学校体育竞技活动的重要组成部分，有助于学生全面发展。

第五，开展文明校园创建活动。高职院校致力于培养传统美德，营造文明的风气、清洁的环境、礼貌的言行、良好的风度和秩序。为实现这一目标，学校采取了多项举措：开展文明教室和文明宿舍的检查评比，督促学生维护校园秩序和宿舍环境的整洁。在校园内布置名言警句标语，以引导学生树立正确的价值观念。鼓励学生创建健康、高雅的宿舍文化，倡导自查自纠文明行为，深入宿舍了解学生的思想情况，及时教育处理违纪学生，共同搞好校园精神文明建设。这些努力有助于打造文明校园，培养学生良好的品德和行为习惯。

第六，充分利用高职院校传媒。为了营造浓厚的德育氛围，构筑良好的德育环境，高职院校充分利用校内广播、报纸、刊物等传媒载体，强化典型事例的榜样效应。通过宣传校内外的道德典型，肯定和讴歌传统及现今的高尚道德情操，赢得大学生在道德情感上的共鸣。这种传媒宣传有助于净化学生心灵，陶冶其情操，激发他们积极向上的精神。通过这些措施，高职院校在道德教育方面取得了可喜的成果，为学生的全面发展和社会责任感的培养提供了坚实的基础。

（三）强化网络观教育与管理

网络与现实社会的紧密联系是不可否认的事实。网络具有诸多特点，包括便捷、丰富、开放、虚拟和隐蔽等，这使得它成为了人们日常生活中不可或缺的一部分。然而，与其便利性相对立的是网络上存在的不良信息，这些信息可能对社会产生负面影响。因此，需要采取一系列措施来引导人们正确看待网络的双重性质。

在这一背景下，网络文化的控制变得复杂而困难。然而，通过网络观教育，可以帮助学生认识网络不良信息的危害，同时引导他们认识网络资源的积极作用，培养健康上网心态。这种教育可以通过多种方式实现，例如在线师生互动平台、网络德育知识库、分享传统美德历史故事视频、师生 QQ 群、学校社交媒体社区等。这些工具和平台可以吸引学生积极参与，从而提高他们对网络的理解和控制能力。

在高职院校中，建设校园网络可以为学生提供更加便捷的服务。此外，信息技术可以用于将德育教育与网络融合，实现网络德育与实体德育的有机结合。教师在这一过程中扮演着重要的角色，他们积极参与其中，将网络视为了解学生思想状况、与学生沟通、解决问题、弘扬正面价值观的平台。

在网络管理方面，采取了一系列措施来维护网络安全并提高网络德育效果。这包括聘请教师和学生参与网络建设和管理，开展在线自我约束和互相教育活动。这种方式不仅有助于减少不良信息的传播，还有助于培养学生的网络素养，使他们更加懂得如何在网络空间中健康发展。

第三章　传统美德教育的内容构建（一）

第一节　传统美德教育——感恩

传统美德教育中的感恩①是一种重要的价值观和品质，它强调了对生活中的恩惠和他人的善意表示感激之情。"高职院校学生是未来国家建设和发展的重要主力军，因此，学生的感恩素养培育关系到高职院校立德树人教育目标的实现和经济社会的文化建设价值取向"②。

一、感恩的认知

（一）感恩的意义

感恩是一种正面的情感和态度，它让人们更加关注自己所拥有的，而不是着眼于所缺乏的。感恩可以帮助人们更好地认识到生活中的美好和机会，从而提高生活满意度。

第一，增强生活满意度：感恩让人们更加专注于他们所拥有的，而不是他们所缺乏的，这种关注于积极方面的思维方式有助于提高生活满意度。当人们感到感恩时，他们更倾向于看到生活中的积极面，并能够更好地应对困难和挑战。

第二，降低焦虑和抑郁：感恩有助于减轻焦虑和抑郁情绪。通过关注积极的事物和价值观，人们能够减少消极情绪的影响，并提高心理健康。

第三，建立更强的人际关系：感恩有助于建立更加积极的人际关系。当人们表现出对他人的感激之情时，他们更容易建立亲密的联系，并吸引到更多的友谊和支持。

第四，提高心理韧性：感恩有助于培养心理韧性，使人们更能够应对生活中的挫折和逆境。感恩的态度可以帮助人们更快地恢复，寻找解决问题的方法，并从困境中学到有益的教训。

第五，社会积极影响：感恩不仅对个体有益，还对社会有积极影响。感恩的人更有可

---

① 感恩是中华民族优秀的传统美德，是人们综合道德素质的重要组成部分
② 朱宪玲.高职院校大学生感恩教育探讨［J］.吉林教育，2019（14）：68.

能参与社会活动、支持慈善事业，以及帮助那些需要帮助的人，从而促进社会的繁荣与和谐。

（二）感恩的培养

感恩不是一种天生的品质，而是可以培养和加强的。教育机构、家庭和社会可以通过不同方式来培养感恩，具体如下：

第一，鼓励写感谢信和日记：教育机构和家庭可以鼓励学生写感谢信，表达对家人、老师、朋友或其他人的感激之情。此外，感恩日记可以帮助人们每天记录一些值得感激的事物，从而增强感恩的意识。

第二，参与志愿活动：参与志愿活动是培养感恩和社会责任感的绝佳途径。通过为社区、弱势群体或慈善机构提供帮助，人们能够更好地体验到自己的幸运，并感受到帮助他人的满足感。

第三，教育与讨论：学校和家庭可以提供关于感恩的教育课程，包括讨论感恩的重要性、与学生分享感恩的经历和故事，以及提供示范如何表达感激之情的机会。

第四，示范感恩：成年人可以通过自己的行为和态度示范感恩。当学生看到父母或教育者对生活中的恩惠表示感激，并且积极参与帮助他人时，他们更有可能模仿这种行为。

第五，分享资源：家庭和社会可以鼓励资源共享，例如捐赠多余的食物、衣物或其他物品，以及与他人分享时间和关爱。

（三）社会责任感

传统美德教育中的感恩和社会责任感确实密切相关，它们通常在教育中一起传授，以培养更有爱心和关心社会的个体。

第一，感恩与社会责任感的相互关系：感恩教育有助于培养个体的社会责任感。当人们学会感恩时，他们更容易理解自己所拥有的并珍惜它，同时也更愿意分享和支持那些不幸的人。感恩教育教导个体看到自己的幸运，并激励他们回馈社会。

第二，感恩的表达和实践：感恩不仅仅是一种情感，也是一种行为。通过感恩教育，人们学会如何通过实际行动来表达感激之情，这可以包括志愿活动、捐款、帮助需要帮助的人，以及支持社会公益事业。这些行为是社会责任感的具体表现。

第三，社会责任感的培养：传统美德教育强调了为社会做出贡献的重要性，主要包括关心社会问题、参与社会活动以及尽力改善社会状况。感恩教育可以激发个体的社会责任感，因为他们明白自己的幸福来自社会的支持和他人的善行。

第四，社会责任感的重要性：社会责任感是建立更加公平和有爱心社会的基础。当个体具备社会责任感时，他们更倾向于推动社会变革，解决社会问题，关心弱势群体的权益，促进社会的公平和平等，有助于创造更加和谐和包容的社会环境。

（四）尊重他人

传统美德教育中的感恩确实与尊重他人密切相关，这种尊重通常是感恩的表现之一。

第一，尊重他人的贡献和努力：感恩教育教导个体要意识到身边的人是如何影响和帮助他们的，主要包括教育者、家人、朋友、同事等。学生通过感恩教育可以更好地理解这些人对他们的支持和帮助，从而产生尊重之情。

第二，鼓励感恩的表达：感恩教育还教导个体如何表达他们的感激之情，这可能包括书面的感谢信、口头的感谢、小礼物或其他方式来表示尊重和感激。这种表达是对他人贡献的一种肯定，同时也有助于建立积极的人际关系。

第三，社会服务和志愿活动：感恩教育还可以通过鼓励个体参与社会服务和志愿活动来培养尊重他人的实际行动。通过参与这些活动，个体可以更深刻地理解社会中需要帮助的人，并体验到尊重和关爱他人的重要性。

第四，建立积极的人际关系：感恩和尊重他人是建立积极的人际关系的关键。当人们感到被尊重和受到感激时，他们更愿意与他人建立互信和合作的关系，从而有助于创造更加和谐和支持性的社会环境。

（五）共享和回馈

感恩教育鼓励人们在能力范围内分享和回馈，这可以通过捐款、志愿活动、支持慈善机构等方式来实现，从而帮助那些需要帮助的人。

第一，将感恩转化为行动：感恩教育教导个体不仅要感受到感恩情感，还要学会如何将这种感恩情感转化为实际行动，这包括分享自己的资源、时间和能力，以回馈社会，这种行为不仅有益于他人，还会增强感恩的体验。

第二，捐款和慈善活动：一种常见的共享和回馈方式是通过捐款来支持慈善机构和社会项目。感恩教育可以教导人们理解自己的财富和资源是如何使他们有幸福的，并鼓励他们与那些不幸的人分享这些资源。

第三，志愿活动：参与志愿活动是另一种重要的回馈方式。通过志愿活动，个体可以亲自参与社会服务，为社区和弱势群体提供帮助，这种亲身参与有助于培养更深刻的感恩情感，并让人们亲身体验到回馈社会的重要性。

第四，社会的改善和团结：当个体积极参与共享和回馈时，社会会更加团结，更加公平和有爱心，这种行为可以改善社会状况，减轻社会不平等，促进社会的团结与和谐。

二、感恩素养培育的重要作用

第一，有助于弘扬中华民族优秀传统道德文化。我国有着五千多年的悠久文明史，给我们留下了许多优秀的传统文化，其中感恩是传统文化的一部分，是我们每个人都要具备的道德素质和道德底线。"百善孝为先"是中华传统文化的精髓所在，是感恩教育最基本的道德素养。传承中华民族的优秀道德文化是青年大学生肩负的责任和应尽的义务，高职院校要加强青年大学生的感恩教育并培养他们弘扬中华民族优秀传统道德文化，这是青年大学生对国家教育最好的回报。

第二，有助于践行社会主义核心价值观。高职院校要加强对青年大学生进行感恩素养的培育，使其养成良好的知恩、感恩习惯，促进社会道德风气良性发展，推动社会主义和谐社会建设进程脚步加快，成为社会主义核心价值观的培育和践行的重要途径。

第三，有助于高职学生的全面发展。高职院校要加强对高职学生的感恩教育，促进高职学生的道德素养提升和综合素质的全面发展，为社会主义发展和经济建设培养合格的高素质综合人才。

三、高职学生感恩教育的具体途径

第一，加强高职学生的入学感恩教育。学生在刚进入高职院校的时候，经历了离开父母和朋友到一个新环境的过程，对于新校园的一切事物都是处于一个陌生的认知。高职院校教师要充分了解和把握高职学生的这个情感波动切入点，对学生进行及时的感恩教育。高职院校高职学生大部分都是父母辛辛苦苦将他们送入到高职院校学习的，要引导学生尽快适应大学的生活，帮助学生树立严禁铺张浪费的生活习惯，严禁学生之间的盲目攀比，学会感恩父母的辛劳。要引导学生学会感恩自己的教师，意识到自己现在的学习机会是教师们谆谆教导的结果，因此，要珍惜大学的学习时光，努力掌握专业技能知识和全面提高个人的综合素养。

第二，强化学生的思想政治感恩教育。高职院校要扭转重就业、轻德育的指导思想，要给予思想政治感恩教育以足够的重视，将学生的感恩教育纳入学生通识教育的课程体系之中。高职教师要调动高职学生参与到德育教育活动中的积极性，让学生从思想意识上认识感恩教育的重要性，推进高职院校将学生感恩教育的考核作为学生综合素质评价的重要指标，从而促使高职学生在学习和生活中养成感恩意识和践行感恩行动。为了将学生感恩教育工作落实到实处，高职院校可以将学生感恩教育纳入辅导员的工作范畴内，促使辅导员在对学生进行思想教育过程中培育学生的感恩素养，推进高职学生感恩教育工作的实施和开展。

第三，拓展高职学生感恩教育的形式。高职院校学生的感恩教育工作不能流于形式，要和社会实践活动紧密结合，促使学生在实践活动中做到知行合一。因此，高职院校要开展形式多样的感恩教育主题活动，鼓励学生参与到社会实践活动之中，如感恩演讲比赛、感恩父母孝行千里和救灾捐助等活动，让青年大学生在感恩实践活动中感受感恩氛围和体验感恩情怀，从而塑造一颗感恩的心。社会实践活动是培育高职学生感恩素养最为直接有效的途径，也是高职院校高职学生提升自我和践行活动的重要方法。在日常的思想政治教育活动中，教师要鼓励学生积极投身到社会公益活动之中，感恩学习和教育不只是局限在课堂上，通过社团活动或社会活动将学校感恩教育和社会感恩教育有机结合，从而让高职学生在实践过程中锻炼自我和完善自我，体验得到他人帮助和自己给予他人帮助的过程，从而学会感恩和怀抱感恩之心。

第二节　传统美德教育——人性

传统美德教育在人性方面起着重要作用，它帮助塑造和引导个人的人性，使其具备积极的品德和道德准则。

第一，品德塑造。传统美德教育致力于培养积极的品德，如诚实、正直、仁爱和宽容，这些美德不仅在道德上具有重要意义，还在人性中起到了塑造作用。通过传统美德教育，人们可以逐渐培养出道德良知，使其在面对道德抉择时能够做出正确的决策，这种品德塑造过程不仅有助于个体的道德成长，还有助于建设更加善良、正直和充满爱心的社会。此外，当个体拥有良好的品德时，他们更有可能成为积极的社会成员，为社会和谐做出贡献。品德塑造还可以提高个体的自尊心和自信心，使其更加坚定地追求内在的完善和提升。因此，传统美德教育在塑造人性中的善良和正直方面具有不可估量的重要性。

第二，道德意识。传统美德教育有助于提升个人的道德意识。它使人们更加关注自己的行为对他人和社会的影响，从而在人性中形成一种责任感和社会意识，这种道德意识使个体能够更好地理解他人的需求和感受，进而采取积极的行动来帮助他人。道德意识还促使个体在面对道德抉择时更加谨慎和慎重，考虑到自己的行为对社会的影响。另外，一个具有高度道德意识的社会将更加和谐和有序，因为人们将更多地考虑到共同利益，而不仅仅是个人利益，这种社会意识也有助于减少冲突和纷争，促进社会的稳定和发展。因此，传统美德教育对于培养个体的道德意识和社会责任感至关重要。

第三，情感培养。传统美德强调宽容、友善和同情心，这有助于培养人性中的积极情感。通过学习宽容与同情，人们能够更好地理解他人，建立良好的人际关系，使人性更加温暖和共情。情感培养不仅使个体更加愿意关心和帮助他人，还有助于减少冷漠和冲突。例如，在一个充满积极情感的社会中，人们更容易建立互信和合作的关系，这对于社会的发展和进步至关重要。情感培养还有助于个体的心理健康，因为与他人建立亲密的情感联系可以减轻孤独感和焦虑感。因此，传统美德教育对于培养人性中的积极情感具有重要作用。

第四，自我完善。传统美德教育鼓励人们不断追求内在的完善和提升。这种自我完善的追求使人性更加积极向上，驱使个体不断反思、成长和进步。通过追求自我完善，人们可以不断提高自己的能力和素养，从而更好地为社会做出贡献。同时，自我完善也有助于提高个体的自尊心和自信心。当个体感到自己在不断进步和成长时，他们会更加积极地面对生活中的挑战和困难，这种积极向上的态度有助于个体充分发挥潜力，为自己和社会创造更多的机会和可能性。因此，传统美德教育对于激励个体追求自我完善具有重要意义。

第五，社会融合。传统美德教育强调团结、合作和社会责任，这有助于促进社会的融合。通过培养这些美德，人们能够更好地融入社会，为社会和谐发展做出贡献。此外，一个具有高度社会融合的社会将更加稳定和繁荣，因为各个群体将共同追求共同的目标，并为共同利益而努力。社会融合还有助于减少社会不平等和不公正，为每个人提供平等的机会。因此，传统美德教育对于促进社会融合具有重要作用。

第六，道德判断力。传统美德教育可以培养个体的道德判断力，使其能够在伦理困境中做出正确的决策。道德判断力是个体在人性中形成对善与恶、对正确与错误的辨别能力。通过学习传统美德，个体能够更好地理解道德原则和价值观，从而在面临道德抉择时能够做出明智的选择。另外，具有强大道德判断力的个体在社会中通常表现出更高的道德规范和责任感。他们更容易遵守法律法规，避免犯罪行为，并在道德上起到榜样的作用。因此，传统美德教育对于培养个体的道德判断力和维护社会的道德秩序至关重要。

第七，文化传承。传统美德是文化的一部分，通过教育传承这些美德，有助于保持和传承社会的文化传统，这种文化传承有助于塑造人性中的价值观和信仰。传统美德教育将这些美德代代相传，确保它们在社会中得以传承和继续存在。同时，文化传承还有助于增强社会的凝聚力和认同感。当人们共享相似的美德和价值观时，他们更容易建立联系和共鸣，形成紧密的社会群体。

第三节 传统美德教育——习惯

传统美德教育与个人习惯的关系是一个值得深入探讨的话题。在我们的日常生活中，习惯占据了很大一部分，它们决定了我们的行为和决策，从而塑造了我们的人格。美德教育旨在传递道德价值观和行为准则，但更深层次的目标是通过培养积极的习惯和行为方式，将这些价值观融入个人的日常生活。因此，以下探讨传统美德教育如何与个人习惯相关，并分析其在日常行为、自我约束、学习态度、社交、反思与改进、时间管理以及慈善和社会参与等方面的影响。

第一，日常行为习惯。传统美德教育强调了一系列美德，如诚实、正直、宽容等，这些美德不仅仅是抽象的概念，更是应该在日常行为中体现出来的。通过传统美德教育，个体被教导坚持说真话，尊重他人，帮助需要的人等，这些行为习惯成为个体日常生活中的一部分，从而反映出美德的实际应用。例如，一个受过美德教育的人可能会在发现他人困境时提供帮助，这已经成为他的日常行为习惯，这些习惯不仅有助于塑造个体的品格，还有助于建设更加友善与和谐的社会。

第二，自我约束习惯。自我约束是一个关键的习惯，它在传统美德教育中得到了强调。美德教育培养人们控制冲动和欲望，遵循道德准则，这种自我约束习惯有助于个人避免不良行为，保持内心的平衡，坚守自己的价值观。通过传统美德教育，个体被教导在面对道德抉择时要慎重考虑，并在必要时抑制自己的冲动，这种习惯不仅有助于维护个人的道德品质，还有助于维护社会的道德秩序。

第三，学习态度习惯。传统美德强调了一系列积极的美德，如勤奋、恒心和责任感，这些习惯在学习中具有重要意义。通过培养这些美德，个体可以养成良好的学习态度习惯，提高学习效率和质量。例如，一个受过美德教育的人可能会努力坚持学习，不轻言放弃，以实现自己的学术目标，这种习惯有助于个体充分发挥自己的潜力，为个人和社会的进步作出贡献。

第四，社交习惯。传统美德教育有助于培养人际交往中的积极习惯。它强调宽容、友善和合作，这些习惯有助于建立良好的人际关系和有效的沟通。通过传统美德教育，个体被教导尊重他人的观点和感受，积极倾听和理解他人的需求，这种习惯有助于促进和谐的社会关系，减少冲突和分歧。

第五，反思与改进习惯。传统美德教育鼓励个体不断反思自己的行为，以便提高自己的道德水平，这种习惯可以帮助人们意识到自己的不足之处，并努力改进和提升。通过反思与改进习惯，个体可以不断寻求自我完善，确保自己的行为与所信奉的美德相一致，这种习惯有助于个体保持谦虚和谨慎，永不停止追求更高的道德标准。

第六，时间管理习惯。传统美德教育强调时间的价值，培养人们合理分配时间的习惯，这有助于个体更有效地安排生活，同时也表现出对自己和他人的尊重。一个受过美德教育的人可能会养成高效的时间管理习惯，确保时间用于有意义的活动和目标的实现，这种习惯有助于提高生活质量，使个体更有能力追求更高层次的价值观。

第七，慈善和社会参与习惯。传统美德教育促使个体养成慈善和社会参与的习惯，这可以通过参与志愿者活动、帮助弱势群体等方式体现出来。一个受过美德教育的人可能会积极参与社会活动，回馈社会，从而推动社会的和谐发展，这种习惯不仅有助于社会的进步，还有助于个体感受到参与社会的满足感和成就感。

第四章 传统美德教育的内容构建（二）

第一节 传统美德中的道德及素质教育

一、传统美德中的道德教育

（一）理想信念教育

1. 理想与信念的认知

（1）理想。在现代汉语词典中，"理想"有两层含义，一层是名词，指对未来事物的合理的设想或希望；另一层含义是形容词，表示符合意愿的、令人满意的。"理想"一词，最初来源于希腊语，意思是指人生的奋斗目标。在中国古代，理想叫作"志"，即志向。在现代社会，理想作为一种社会意识、一种精神现象，是人们在对社会现实及其发展规律认识的基础上形成的，是人所特有的主观能动性的发挥。理想外在表现为人们对自身现状不满足，探索、追求自己的需要和目标；理想在本质上是客观必然性与人的主观自觉能动性的有机统一，是人生的精神支柱。

理想是多形态和多层次的，从内容上看，有社会理想、道德理想、职业理想和生活理想；从主体上看，有个体理想和群体理想；从层次上看，有个人理想、共同理想和最高理想；从时序上看，有近期理想、阶段理想、长远理想；从性质上看，有科学与非科学、崇高与庸俗、正确与错误之分。

理想必须与现实相结合，才能是合理的设想与希望，否则，就是乱想和狂想。理想高度凝聚了人们对于真、善、美的自觉追求，是真理与价值的统一。真代表求实，真理是其目标；善代表求好，善良是其追索目的；美代表求得和谐、协调，美好是其努力方向。理想作为人类特有的精神现象，具有以下特点：

第一，超前性与预见性。理想包含着人对社会发展前景的构想，具有超前性与预见性。理想作为一种社会意识，是在对社会现实及其发展规律认识的基础上形成的。理想是对客观现实的超前反映。理想，是人们超越现实、超越自我，追求未来远大价值目标的高度自觉的自我意识，是经过预测而设计的人们为之而奋斗的未来最完美的远大价值目标体系或模型。理想也体现了主体对真、善、美的自觉追求，对未来美好目标的追求。理想与现实是对立的统一。理想不同于幻想，它立足于现实，有实现的可能性。理想以现实为出发点，又是现实的超越。理想是人们追求的远大价值目标，就是对自我的超越，就是努力实现更高价值。理想对现实的超前反映是一种特殊意义上的反映，因为它不仅说明现实是怎样的，而且说明现实将会如何或应该怎样发展；既包括对现实的批判、否定、改造和超越，又包含着对未来的想象、期待、追求和趋进；既有不容否认的客观内容，又有超前求进的社会意向。理想这种反映现实、面向未来的特性，既可激发理想主体不懈追求的精神，又为理想的实现奠定了可能性的基础。

第二，科学性与合理性。科学理想建立在对客观规律的正确认识基础上，没有现实可能性的想象，不能称为理想。一般地说，人们对社会发展的本质特征和发展规律认识得越深刻，不切实际的成分越少，理想的指向性就越清晰，越坚定。所以，把握理想的现实可能性，也就把握了理想与幻想、空想的区别。空想虽也是对未来的想象和向往，但缺乏客观依据和现实基础，纯粹是人们的主观臆想，它违背事物发展的客观规律，是永远不可能实现的。幻想有两种：第一种是完全不切实际的想象，带有病态和虚妄性质；第二种是科学幻想，这种幻想在现实中存在一定依据，但不充分，在当时条件下没有实现的可能，不过，随着时代的演进和科学技术的发展，条件具备后，就有可能成为现实。

第三，主体性与实践性。理想是主体需要、愿望、价值、人生追求，是人们发自内心的自觉要求，尽管是主观的精神现象，但反映客观的发展规律，因而，它能成为人们的行动指南，为人们的行动提供强大的精神动力。理想的实践性，一方面表明理想产生于实践，实践是理想的唯一来源；另一方面表明实践是实现理想的桥梁和纽带。理想因其同一定的社会物质条件相联系，同一定的社会实践相联系，所以它的实现总是要通过社会实践的。

第四，指导性。没有坚定的理想，就不能保持人发展的正确方向。大力加强理想信念教育，从根本上强化人的精神支柱，是一项十分重要的任务。有了崇高的理想，人生追求才能更高尚，人生步履才能更坚实。理想是人生的目标、人生前进的方向。理想是人们对未来社会制度和关系的预见和期盼，体现着人们对未来社会生活目标的追求和向往。理想使主体的精神活动形成了一个完整的导向，并调动政治主体运用一切力量为它服务。理想一旦形成，便成为人们的奋斗目标，在社会生活中产生重要的激励作用。所以，一个人的理想越崇高，生活就越纯洁。具有高尚理想的人永远不会孤独。

（2）信念。当理想被人们坚信不移并要付诸实际行动时形成的精神状态，就是信念。

第一篇 传统美德及其教育基础

信念是人们在一定的认识基础上确立的对某种理论主张和思想观念坚信不移并身体力行的状态。信念是人类所特有的一种精神状态。它不是先天的、超社会的产物，而是后天的、社会的产物。它是个体通过后天参加社会实践活动，随着意识心理的形成而产生，由人们的全部社会条件、经历、知识、能力以及特定需要决定的；它是意识对主体接触的大量形形色色的理论、思想、观念进行鉴别和选择的结果。信念的构建有两个条件：一是对真理的坚信，二是对价值的认同。

信念是人们对某种思想理论、理想、美好未来深信不疑，并把它奉为言行准则，以坚强的意志与决心锲而不舍地去实践、追求的一种稳定而持久的精神状态。信念是认识、情感和意志的统一，是人们行为选择的内在动机和人格形成的基本要素，也是人们对行为进行道德评价的内在力量。信念的形成是一个认识深化、情感升华、意志坚定的渐进过程。信念主要包括四个主要特点：

第一，稳定性。信念不是一夜之间形成的，而是在人生实践中通过对经验、教训的积淀、总结而逐渐形成的。信念是理智的把握和情感的支持双重作用的结果，一旦形成，是不会轻易改变的。理智来源于对事物规律的认识和把握，情感来源于价值认同和潜移默化，在理智和情感的双重作用下逐步形成坚如磐石的信念。信念的形成意味着人格的成熟，信念的稳定是人格可靠的表现，信念易变、立场易动摇的人，也一定是没有原则、人格缺失、左右摇摆、不可信赖的人。当然，信念的稳定必须与现实相结合，从现实中获得更多的支持，从而更有活力。信念正是在现实变化的考验中变得更加完善、更加坚强的。僵化不变、脱离现实的信念往往是最脆弱的，它经不起现实变化的冲击。因此，坚定自己信念的过程是一个与现实相结合、与实践相结合的过程。

第二，执着性。信念的本质在于人们确信其观念符合真理，所以人们一旦对某种理论主张或思想观念形成信念，便会坚信不疑，难以撼动。因此，一个人树立科学的信念很重要。当发现自己的信念与客观情况相矛盾时，要进行深刻反思，及时纠正。

第三，多样性。信念与理想是紧密相连的。理想是多种多样的，有政治理想、经济理想、文化理想、社会理想、生活理想等，信念也不例外。人类社会的方方面面在人的思想领域的不同反映就会导致不同的信念，这种差异有的是不同性质的，有的虽然是一个性质，但是程度和层次不一样。不同性质的信念，可以叫作信念的多元性，不在"多样性"的讨论之列。同一性质信念的不同层次，就是信念的多样性。信念的多样性是社会发展和变化的正常现象，一个宽容、进步的社会应该是求同存异的，不应该强求一致。在社会主义社会，既要歌颂具有共产主义信仰的人，更要赞扬那些为中国特色社会主义事业添砖加瓦、默默奉献的人。层次不是鸿沟，程度不是差别，应该在人们各自不同的信念上求同存异，发掘各自不同之外的相同之处，从而形成共同信念。

第四，复合性。对事物发展规律的认识、情感、意志的统一体就是信念。有人把它比喻为认识、情感和意志的"合金"，这种复合性来源于认识上的科学把握、情感上的强烈认同、意志上的坚定不移。科学把握使人有了相信的内容和对象，情感认同使人不仅相信，而且乐意，意志坚定使人不仅能够内化于心，而且能够外化于行，并且知行统一、矢志不渝，这种复合性不是认识、情感、意志三者单方面发挥作用，而是综合统一、合并同行的。

2. 理想信念教育的作用

理想信念是人们的政治立场和世界观在奋斗目标上的集中体现，是确立人生价值取向的最高准则，具有重要的导向功能、激励功能、动力功能和凝聚功能。崇高的理想、坚定的信念是人生的精神支柱和力量源泉。社会主义与共产主义理想信念教育可以促成我国社会共同理想信念的形成，也可以给当代大学生成长成才提供精神支柱，很好地实现大学生思想政治教育的目的，因而是思想政治教育的核心。

（1）理想信念教育是当代大学生思想政治教育的核心内容。理想信念是世界观、人生观和价值观的集中体现，在人的精神世界中处于核心地位。理想信念教育效果如何是关系到思想政治教育成败的大问题。

第一，理想信念教育是社会主义核心价值观的核心。价值观是各种价值观念和价值知识的一般观点或根本观点的概括。价值观决定了人们的价值取向与价值标准。社会主义核心价值观是在多种价值观中居于最关键和最基础的地位，起决定和支配作用，具有影响力和决定性的价值观。

第二，体现思想政治教育的根本目的和性质。思想政治教育最突出的特点，就是它具有鲜明的政治性。在社会主义中国，对大学生进行理想信念教育，引导他们掌握辩证唯物主义和历史唯物主义基本原理，树立崇高的人生目标、庄严的社会责任感和历史使命感，具有高尚的情操、不屈不挠的品格和勇于献身的精神。因此，理想信念教育可以很好地实现思想政治教育的目的。

（2）理想信念教育是中国特色社会主义事业健康发展的重要保证。

第一，为大学生健康成长提供精神支柱。

一是为人生指明了意义和方向。理想是人生的航标，它指引着人生前进的方向。一个人在社会中生活，要想有所作为，就必须有理想。崇高的理想是一个人心中的太阳，它照亮着生活中的每一步。古往今来，凡有作为的人，大都有远大的志向。雄心壮志是鼓舞人们创建丰功伟绩的巨大推动力。人们对美好事物的憧憬、向往和追求，都会产生巨大的精神感召力，促使人们在改造自然、改造社会的活动中不畏艰险，发挥主观能动性，去争取胜利。一个具有崇高理想的人，会把有限的生命投入实现理想的奋斗中去，创造出生命的价值。从这个意义上说，一个人理想的高度直接制约着他的才能发挥的程度。一个仅仅是为了混张文凭而上大学的人和一个致力于为人类科学事业作出贡献的人，他们学习、工作的态度是完全不一样的。理想信念教育的目的，就是通过教育使青年大学生积极选择崇高的理想信念作为自己的人生目标。对于青年大学生来讲，人生的道路才刚刚开始，此时，树立崇高的理想信念尤为重要。

二是为大学生提供科学的价值评价系统。理想信念是一种价值观念体系。确立一种理想信念，也就等于接受了一种价值观念体系，而这种价值观念体系必然构成现实生活的参照体系，成为评价现实生活的价值标准。

三是为大学生事业发展提供精神动力。远大的理想是人们开拓进取的永不衰竭的动力，因为它反映了人们对未来的美好追求和强烈愿望，这种愿望一旦转化为人们自觉行为的动机，就会成为人们创造新的现实的强大推动力。人们树立的理想越远大、越崇高，产生的力量就越巨大。古往今来，凡是为人类进步事业作出重大贡献的人，无一不是被崇高理想所鼓舞、所激励的人。

第二，为国家、民族的进步提供精神动力。任何一个国家和民族都不可能缺失理想信念，否则，这个国家和民族就会失去凝聚人心、催人奋进的价值观，失去前进的方向和奋斗的目标，失去前行的动力和汇聚力量的源泉。

（二）爱党教育

爱党教育是通过宣传、教育、引导等方式，加强人们对中国共产党的认识、理解和认同，培养人们的爱国情感和爱党意识，激发人们的爱国热情和爱党热情，增强人们的民族自豪感和责任感，促进人们积极参与国家建设和社会发展。

爱党教育可以通过多种途径进行，包括学校教育、家庭教育、社会教育等。在学校教育中，可以通过开设党史、党建、理论等课程，以及举办各种形式的党团活动、爱国主义教育活动等来加强爱党教育。在家庭教育中，家长可以通过自身的言行举止、家庭教育等方式来培养孩子的爱党情感。在社会教育中，可以通过各种形式的宣传活动、文化活动、志愿服务等方式来普及爱党教育。

爱党教育的核心是培养人们的爱党情感和爱党意识，让人们了解中国共产党的历史、理论、路线、方针、政策，增强人们的民族自豪感和责任感，激发人们的爱国热情和爱党热情，为祖国的繁荣富强、民族的伟大复兴而奋斗。同时，爱党教育也应该注重培养人们的全球视野和国际意识，让人们了解世界的多样性，尊重其他国家和民族的文化和价值观，为推动世界和平与发展做出贡献。

总而言之，爱党教育是加强人们对中国共产党的认识、理解和认同的重要途径，也是培养人们的爱国情感和爱党意识的重要方式。通过爱党教育，可以增强人们的民族自豪感和责任感，激发人们的爱国热情和爱党热情，为祖国的繁荣富强、民族的伟大复兴而奋斗。

（三）爱国主义与民族精神教育

在新时期加强大学生的爱国主义和民族精神教育，确立其爱国主义和民族精神的信念，并引导他们把这种情感和信念转化为爱国主义和民族精神的道德践履，其目的在于通过挖掘当代爱国主义和民族精神的时代内涵，来培养大学生对国家和民族的情感。

1. 爱国主义教育

爱国主义教育是一个国家公民教育的重要内容。世界上没有哪一个国家不主张爱国，没有哪一个国家不把爱国主义精神视作民族精神的核心内容。爱国主义教育是培养大学生热爱祖国的情怀，培养大学生对自己祖国大好河山、骨肉同胞、灿烂文化和社会主义制度的感情。爱国主义教育中华民族继往开来的重要精神支柱，是维护祖国统一和民族团结的重要纽带，对民族精神的培养具有重大的意义。

"祖国"一词至少包含了三个方面的要素：一是自然要素，即本民族赖以生存的，由土地、山河、海洋等自然风貌和矿藏、森林、物产等自然资源所构成的国土；二是社会要素，也就是具有共同的经济生活、语言文化、社会心理和历史传统，被纵横交织的社会关系紧密联成一体的人民或国民；三是政治要素，即为了维护社会共同体的秩序安全、主权和稳定而建立起来实施阶级统治的强力政治机构——国家。由此可见，祖国是一个集自然、政治、经济、文化和历史于一体的综合概念。

（1）爱国主义的认知。

第一，爱国主义的内容。

一是热爱祖国的大好河山。祖国的大好河山，是世代生息、繁衍的广袤土地，是生于斯、长于斯的故土家园。爱国，首先就要爱养育自己的土地。"保我国土""爱我家乡"、维护祖国领土的完整和统一，是每一个爱国者的神圣使命和义不容辞的责任。爱这片土地，就要保护她，建设她。祖国的每一块领土都养育着中华儿女。

在国家当前的经济发展中，更要热爱和珍惜这一片土地。要在国家的建设过程中，协调、平衡人与自然的关系，不因为暂时的政绩要求而破坏她。经济的发展模式要尽量采取人与自然和谐发展的方式。要倍加珍惜祖国的山川河流、田野矿藏，更好地保护、改造这片国土，这种对故土家园、祖国山河的热烈、深沉、充满责任的爱，是爱国主义的最基本要求。

二是热爱自己的骨肉同胞。爱自己的同胞就是爱人民群众。人是一个国家发展的主体。在这块幅员辽阔、物产丰富、山河壮丽的国土上，世世代代生存着勤劳、勇敢、善良、智慧的中华儿女。他们共同创造了祖国悠久的历史、灿烂的文明、进步的制度，使祖国源远流长，繁荣昌盛。爱国爱民、忧国忧民、拯国救民、强国富民从来就是联系在一起的。因此，热爱祖国最根本的是热爱那些创造了悠久历史和灿烂文明的各族人民，爱国必爱民，爱民定爱国，这是爱国主义的基本含义和集中表现。对人民感情的深浅程度，是检验一个人对祖国忠诚程度的试金石。

三是热爱祖国的灿烂文化。祖国的灿烂文化是使祖国的山河具有了深厚的人文底蕴的宝贵的精神财富，是中华民族的"胎记"，是中华民族得以延续的"精神基因"，是培育民族心理、民族性格和民族精神的"摇篮"，是结成民族凝聚力的土壤。热爱自己祖国的优秀文化，是爱国主义的基本要求。无论一个人走多远，无论人们之间多么地彼此隔绝，祖国灿烂文化和历史传统的认同会把人们的心连在一起。

四是热爱自己的国家。无论在怎样的社会中，国家都是维护社会共同体的秩序、安全、主权和稳定，维护祖国的大好河山、骨肉同胞、民族的灿烂文化的强大政治机构。国家是祖国这一社会共同体的必然存在形式，因此，爱祖国必然要求爱国家，爱国家是爱祖国的政治原则。此外，国家的兴旺发达是一个人、一个家庭、一个社会得以兴旺发达最根本的原因。在强大的国家中，民族、家庭、个人会安居乐业、幸福健康。国家的进步和发展是每个人的进步和发展的政治前提。因此，爱国主义必然要求爱国家。

第二，爱国主义的时代特点。爱国主义具有时代性，在不同时代有不同的爱国主义主题。在现阶段，爱国主义的主题是建设、发展和保卫中国特色社会主义现代化事业，促进祖国统一大业。

一是爱国主义与爱社会主义相统一。新时期爱国主义的基本特征是坚持爱国主义与爱社会主义的统一。中华人民共和国每一个公民必须坚持热爱社会主义中国。社会主义为新中国的繁荣发展提供了可靠的社会制度保障，改革开放以来，中国人民在社会主义制度之下，不断谱写着自强不息、顽强奋进的壮丽诗篇，建设了一个充满生机与活力，为世界所瞩目的繁荣昌盛的新中国。实践证明一切成绩和进步的根本原因就是坚持走中国特色社会主义道路，形成了中国特色社会主义理论体系。

二是爱国主义与拥护祖国统一相一致。爱国就必然要拥护祖国统一，这是爱国与否的基本政治准则。在中华民族的发展史上，对国家主权、领土完整及民族感情的高度认同是中华儿女爱国情怀的重要体现。华夏儿女遍布世界各地，但是拥护祖国统一的原则应是每个华夏儿女爱国的底线。

三是爱国主义与经济全球化相统一。爱国主义与经济全球化的统一是一种复杂而多维的关系，需要以更深入和全面的视角来理解。首先，爱国主义是一种强烈的国家情感和国家责任感，它鼓励个体对自己的国家表现出热爱和忠诚。然而，在经济全球化的背景下，国家边界已不再是经济活动的绝对界线。企业跨国经营，全球供应链交织复杂，国际贸易和投资日益紧密相连。在这种情况下，爱国主义并不一定与国际经济合作和跨国企业活动相冲突，相反，它可以表现为积极参与国际经济合作，推动本国企业在全球市场上取得成功，为国家创造财富和就业机会。其次，经济全球化也为国家提供了更多的机会来实现国际合作，共同解决全球性问题，例如气候变化、贫困和公共卫生。在这些问题上，各国可以协同努力，通过国际组织和多边协定来达成共识和合作，这体现了一种更广泛的爱国主义，即将国家利益与全球利益相统一，积极参与全球事务，为维护国际和平与稳定贡献力量。需要注意的是，爱国主义与经济全球化之间的关系并非总是顺利的。在一些情况下，全球化可能导致国内经济和社会不平等加剧，损害一部分人的利益，这可能引发一些爱国主义情感，要求国家采取措施来保护国内产业和就业。这种情况下，政策制定者需要平衡国内和国际利益，寻找一种既促进国际合作又维护国内利益的方式。

第三，爱国主义的价值。

一是爱国主义是中华民族继往开来的精神支柱。爱国主义是鼓舞人们为自己祖国的繁荣富强而无私奉献的巨大精神动力，是推动人们为祖国的荣誉和尊严、民族的繁荣和昌盛、人民的富裕和幸福而奋斗不息的巨大精神力量。在新的历史条件下，爱国主义促使祖国人民高举中国特色社会主义的伟大旗帜，团结全国各族人民、港澳同胞、台湾同胞、海外侨胞，建立最广泛的爱国统一战线，充分发挥和集中整个民族的智慧和力量，为建设中国特色社会主义现代化强国作出贡献。作为新时期的大学生，要发挥爱国主义的伟大精神，勇于承担起建设富强、民主、文明的社会主义现代化国家的历史责任，努力为中华民族发展史续写新的光辉篇章。

二是爱国主义是维护祖国统一和民族团结的纽带。我国是一个地域辽阔的多民族国家，爱国主义的情怀把各族人民团结在一起，共同建设强大的祖国。历史证明，一旦各族人民紧密团结在爱国主义的旗帜之下，中华大地上就会出现一个强盛的国家，否则中国将会是一个积贫积弱的国家。可见爱国主义精神是国家强盛的重要纽带。爱国主义不仅紧密地团结了国内各族人民，而且也强有力地吸引了由于种种原因远离祖国怀抱的人们。

三是爱国主义是实现中华民族伟大复兴的动力。爱国精神继续发挥着推动中华民族伟大复兴的巨大动力作用。无数中华儿女奋发图强，在中国社会的各个层面推动中国特色社会主义国家的建设。尤其是改革开放的四十多年来，祖国的巨大进步令世界瞩目，这更加激起全国各族人民和港澳台同胞以及广大海外侨胞的爱我中华、建我中华、强我中华的爱国热情。

四是爱国主义是个人实现人生价值的力量源泉。爱国是一种责任，也是实现人生价值的重要条件。爱国主义为人的成长指明了方向。爱国主义者会自觉地把自身的价值取向同社会价值取向相结合，自动地把个人理想融入社会理想之中去。人生价值只有和社会理想统一的时候才能实现。爱国主义还是推动个人为实现融入社会理想的个人理想而奋斗的重要动力。历史上建大功、立大业、对人民作出贡献的人，都是赤诚的爱国主义者。

五是爱国主义与弘扬民族精神相统一。民族精神，是指一个民族在长期共同生活和社会实践中形成的，为本民族大多数成员所认同的价值取向、思维方式、道德规范、精神气质的总和。爱国主义孕育于民族精神之中，是民族精神的核心内容。

在建设富强民主、文明和谐的社会主义现代化国家，实现中华民族伟大复兴的今天，特别需要弘扬和培育以爱国主义为核心的民族精神。要紧扣当今中国的时代主题，立足于中国特色社会主义建设事业的伟大实践，以人民群众创造历史的火热生活为源泉，在吸收和借鉴外来思想文化的积极成果的基础上丰富以爱国主义为核心的民族精神。

六是爱国主义与弘扬时代精神相统一。时代精神，就是在新的历史条件下形成和发展的，以民族精神为依托，以时代潮流观念、行为方式、价值取向、精神风貌和社会风尚为基础内容的时代意识形态。当今时代，是一个以改革创新为显著特征的时代。在改革创新的基础上形成的以科学发展观为基本方式，以社会主义和谐社会为基本内容的社会发展模式是我国兴旺发达的不竭动力，是中国共产党永葆生机的源泉。

因此，在这个时代，任何一个具有爱国情怀的人，都应该把弘扬爱国主义传统与弘扬民族精神和时代精神有机统一起来，自觉投身于改革创新的伟大实践中，大力推进理论创新、制度创新、科技创新、文化创新以及其他各方面的创新。

（2）爱国主义教育的作用。在大学生思想政治教育诸内容中，爱国主义教育是重点，这是指在围绕理想信念教育这一核心开展思想政治教育的过程中，必须突出强调爱国主义教育，把爱国主义教育放在重要位置。以爱国主义教育为重点，是由爱国主义教育在思想政治教育中的重要作用决定的。

第一，有助于大学生培养高尚的道德情操。爱国主义是一种高尚的道德情感，又是一种道德规范。在大学生当中开展爱国主义教育，一方面可以在大学生中弘扬和培育爱国主义精神，增强大学生的民族自尊心、自信心和自豪感；另一方面可以培养他们的忧国、报国的爱国情怀。所谓忧国，即指对祖国前途命运的关切与思考。所谓报国，即是指对国家和民族的一种责任心。在国家危难之际挺身而出，不怕牺牲，为国家的独立富强、繁荣昌盛甘愿奉献出自己的一切。

第二，有助于大学生坚定中国特色社会主义的信念。爱国主义是一个历史范畴，在社会发展的各个历史阶段及不同历史时期有着不同的历史内涵，这是对现阶段爱国主义特征的最精辟的概括。在当代中国，爱国主义与爱社会主义在本质上是一致的。在改革开放与现代化建设的新时期，建设中国特色社会主义是爱国主义的必由之路，是爱国主义传统内容的深化，是新时期爱国主义的集中体现，是时代赋予的爱国主义教育内容的鲜明主题。在大学生中开展爱国主义教育，有助于使大学生把个人的前途命运与祖国的前途命运紧密联系在一起，为国家的独立富强尽心尽力地付出与奉献。

（3）爱国主义教育的内容。爱国主义是一个历史范畴，在不同的历史时期、不同的时代有着不同的内涵和要求。在新时期对大学生进行爱国主义教育，既要注重爱国主义的历史渊源和传统内容，又要把握当今时代的特点，为爱国主义注入鲜活的时代内涵。

第一，中华民族优秀传统文化教育。民族文化是一个国家和民族全部智慧与文明的集中体现，是一个国家和民族不断发展的内在动力。祖先通过世世代代的辛勤劳动创造出了光辉灿烂的历史文化，这是中华民族的历史瑰宝，是对大学生进行爱国主义教育的重要内容。一个国家在全球化浪潮中能否保持其优秀民族文化，不仅关系到本民族文化的生存与发展，还关系到国家的命运和前途。对大学生进行中华民族优秀传统文化教育，可以培养大学生对中华文化的热爱和认同，增强大学生的民族自尊心、自信心和自豪感。

对大学生开展中华民族优秀传统文化教育，首先，要使大学生全面了解中华优秀传统文化。我国优秀传统文化既包括物质文化，也包括精神文化。其次，要引导大学生正确处理本土文化与外来文化的关系，正确对待其他民族文化，自觉捍卫和弘扬本民族文化。

第二，社会主义信念教育。社会主义信念教育的具体内容包括：党的基本理论、基本路线、基本纲领教育，中国革命、建设和改革开放的历史教育，基本国情和形势政策教育以及科学发展观教育等。走社会主义道路是中国人民经过长期的实践摸索做出的正确选择，是中国近代历史发展的必然结果。爱国和爱社会主义在本质上是一致的。对大学生进行爱国主义教育的过程中，必须深入开展建设中国特色社会主义信念教育，引导大学生把满腔的爱国热忱投入到建设中国特色社会主义的伟大事业当中。

（4）爱国主义教育的深化。爱国主义教育是民族精神教育的核心，民族精神教育是爱国主义教育的进一步延伸和拓展。在大学生中开展民族精神教育，大力培育和弘扬中华民族的伟大民族精神，是为国家应对全球化挑战输送优秀人才的迫切需要。

第一，引导大学生正确认识中华民族的民族精神的科学内涵。爱国主义是中华民族的民族精神的核心内容。中华民族以热爱和平著称于世，重"和"是中华民族的优秀品质。和平与发展已成为当今时代的主题。维护和促进世界和平，是中国人民和世界各国人民的美好愿望和共同的责任及义务。"勤劳勇敢"是中华民族在漫长的历史发展中，在艰苦的自然条件和严酷的社会斗争中锻炼和培育的一种吃苦耐劳、艰苦奋斗、不畏艰险、勇于攀登、不屈不挠的民族精神。"自强不息"是中华民族精神极为突出的一个方面。中华民族在长达五千多年的历史，形成了独立自主、自力更生、奋发向上、开拓进取的民族精神。

第二，引导大学生在实践中不断丰富和发展中华民族的民族精神。民族精神是一个历史的开放的概念，是传统性与现代性的统一。民族精神的传统性，是指它是一个民族在其历史发展过程中，逐渐积累下来的物质财富和精神财富。民族精神的时代性，是指传统的民族精神为适应社会发展而增添时代要求的品质以获得新生。

中华民族精神源于五千多年的文明发展史，在建设美好家园、抵御外来侵略和克服艰难险阻的奋斗中，中华民族不断培育和发展着自己的民族精神。在引导大学生正确认识中华民族的民族精神的科学内涵的基础上，还要教育他们以创新、开放的态度看待民族精神，为民族精神增添新的时代内涵。一方面，要教育大学生根据新的实践和时代的要求，吸收和借鉴世界各民族的民族精神的精华，对传统民族精神加以创新，实现民族精神的继往开来，与时俱进；另一方面，要教育大学生珍视、继承我国在五千年的历史中形成和发展起来的伟大民族精神和党领导全国人民在长期实践中形成的伟大时代精神。

第三，全球化视野下大学生民族精神教育。民族精神是一个民族的自我意识和自我认同，是民族文化的灵魂和升华。弘扬和培育民族精神，鼓舞和激励大学生为实现国家繁荣富强而团结奋斗，具有重大的现实意义。

2. 民族精神教育

（1）民族精神的核心。经历了五千多年风吹雨打的中华民族，经过长期的曲折发展，形成了一种不屈不挠、顽强拼搏、积极向上的民族精神。要继承和发扬这种民族精神，首先就必须要把握这种民族精神的内涵。中华民族精神主要由五个部分组成：爱国主义、团结统一、爱好和平、勤劳勇敢、自强不息，其中爱国主义是核心，统领着其他四个方面。中华民族精神包含着极为丰富的内容，其内涵博大精深、源远流长。

第一，爱国主义。我国历史上的传统美德和可贵精神是中华民族精神的重要内涵。尽管这些传统美德的形式不断变化，在不同的时期有不同的英雄人物和可贵事迹出现，但始终都围绕一个重要主题，即爱国主义。中华民族有着极为光荣的爱国主义传统，这个光荣传统不仅具有自身与众不同的内涵和品格，而且在中华民族的历史上发挥了极为巨大的作用，是中华民族团结统一、自强不息、继往开来的重要力量源泉。爱国主义的具体内涵在前文中已有所阐述，这里不再详述。团结统一、爱好和平、勤劳勇敢、自强不息是紧紧围绕爱国主义这一光荣传统的。

第二，团结统一。团结统一是爱国主义传统的必要内容。历史上，中华民族历经多次动荡、分化和迁徙，虽困难重重，但始终都能走向统一、融合。团结统一是中华民族爱国主义传统的总趋势和总基调。中华民族是一个不可分割的统一整体。自夏、商、周以来，中华民族就形成了牢不可破的整体观，这也是中华民族文化传统源远流长之根基。

第三，爱好和平。爱好和平是爱国主义传统的必然态度。中华民族的繁衍生息必须要有一个和平安定的环境。我国的对外政策是以和平为宗旨，坚持和平共处五项原则，特别是在相互尊重、平等互利、互不干涉内政的原则基础上，同世界各国建立和发展友好合作关系。爱国的目的是建设祖国，是让人民共享国家繁荣发展的成果，而不是徒具匹夫之勇，逞强好胜。

第四，勤劳勇敢。勤劳勇敢是爱国主义传统的必然作为。在中华民族的思想传统中，勤劳一直被认为是一切事业成功的保证，是兴家的传家宝，是兴国立政之本，也是众德之首、万善之源。建设祖国必须要积极地付出劳动，通过辛勤劳作为国家建设奠定坚实的物质基础。现在所享有的物质财富正是先民们辛勤劳作的结果。所食用的粮油正是农民辛勤劳作的结果，所穿的衣服、所住的房子、所走的道路都是无数劳动人民辛勤汗水浇灌的结果。要把国家建设得更加美丽，必须要辛勤劳作。从这个意义上说，爱国就必须要勤劳，要用实际行动去爱国。

第五，自强不息。自强不息是中华文化中一个重要的价值观念，它强调了个体和社会在面对挑战和困难时应该坚韧不拔、持之以恒地努力奋斗，不断提升自己，实现自我完善和国家繁荣，这一观念反映了中华文化中的一种精神力量，也是中华民族性格的一部分。

（2）民族精神的内容。我国当代的民族精神是我国人民为了实现中华民族的伟大复兴百折不挠地同敌人斗争和建设中国特色社会主义国家的过程中形成的精神。其中包括井冈山精神、长征精神、延安精神、雷锋精神、大庆铁人精神、大寨精神、两弹一星精神等。

第一，井冈山精神。井冈山精神有三处最为突出：一是开创精神，即不被苦难所吓倒，勇敢地接受挑战；二是艰苦奋斗，即不怕艰难困苦，能够在常人难以想象的恶劣环境下生存和战斗，百折不挠，愈挫愈勇；三是民主精神，即放手发动群众，一切尊重群众，一切相信群众，一切依靠群众。

第二，长征精神。长征精神是对井冈山精神的延续，体现了中国共产党人为了救国救民，不怕任何艰难险阻，战胜一切困难的勇气；体现了中国共产党人顾全大局、严守纪律、紧密团结的精神；体现了中国共产党人联系群众，依靠群众，从群众利益出发的群众作风。

第三，延安精神。延安精神主要表现在五个方面：一是坚定正确的政治方向；二是全心全意为人民服务；三是实事求是的思想路线；四是自力更生，艰苦创业的奋斗精神；五是团结统一，敢于胜利。

第四，雷锋精神。"雷锋"是一个响亮的名字，雷锋的事迹和精神是中国人最可宝贵的精神财富。雷锋精神是社会主义建设时期中华民族精神的优秀结晶。具体说来，雷锋精神主要包括：一是奉献精神，实质是为人民服务的精神；二是钉子精神，干一行，爱一行，钻一行；三是螺丝钉精神，表现为服从国家分派，不计个人名利和得失，就像一颗螺丝钉一样，永不生锈，忠于革命，忠于党，忠于国家；四是艰苦奋斗的精神，表现为艰苦朴素，勤俭节约，不浪费一粒粮食一分钱。

第五，大庆精神、铁人精神。大庆精神、铁人精神，产生于 20 世纪 60 年代初举世闻名的大庆石油会战，是大庆石油职工的共同价值观念、工作作风和道德准则的集中体现。大庆精神的内容有：发奋图强，自力更生，以实际行动为中国人民争气的爱国主义精神和民族自豪感；无所畏惧，勇挑重担，靠自己的双手艰苦创业的革命精神；一丝不苟，讲究科学，脚踏实地做好本职工作的求实精神；胸怀全局，忘我劳动，为国家分担困难，不计个人得失的献身精神。

第六，大寨精神。大寨精神是敢于向自我挑战，不向困难屈服，艰苦奋斗、自力更生，善于治山治水和科学种田的精神。大寨人将"七沟八梁一面坡"的农耕散地，综合改造成为旱涝保收的梯田。在改革开放以前，大寨耕地亩产已经达到 700 斤以上；在今天建设社会主义新农村之时，大寨人科学探索，实现村民致富。

第七，"两弹一星"精神。在 20 世纪 60 年代严峻的国际形势下，为打破核垄断，许多功成名就的科学家放弃优厚的工作待遇，义无反顾地投入到祖国"两弹一星"的研制工作中。他们克服了极其艰苦的工作条件，攻克了一系列技术难关，终于在 1970 年完成了所有的工作。

（3）民族精神教育的作用。经济全球化以全方位、多层面、多领域的态势向世界各个角落蔓延，给人类社会的生存和发展带来了深刻的影响，特别是对青少年的民族文化心理素质构成了严峻考验和挑战。大学生作为中国特色社会主义建设者和接班人，是中华文化和民族精神的重要传承者。加强对大学生的精神教育，树中华民族文化之根，立中华民族精神之魂，是增强大学生的民族国家意识，保持高度民族文化自觉，促进其自我成长、成才，从容应对全球化挑战的重要举措。

第一，民族精神教育是增强大学生民族意识，保持民族文化自觉，应对全球化挑战的重要方略。在经济全球化环境下，西方发达资本主义国家凭借自己在经济、科技上的优势，有意识地向发展中国家，特别是对青少年进行文化观念和意识形态等方面的灌输。因而，加强对大学生进行民族精神教育，使他们牢固树立国家意识和民族意识，是以清醒的头脑来认识、参与、应对全球化挑战的重要举措。同时，加强民族精神教育，也有利于培养大学生的国际眼光，使他们从人的全面解放出发，承担起维护世界和平与发展的重大历史使命。

第二，民族精神教育是帮助大学生完成新时期重大历史使命的力量源泉。在经济全球化背景下，世界范围内各种思想文化相互激荡、各国利益冲突此起彼伏。要在交流对话中吸收借鉴人类社会发展的宝贵经验，在激烈的国际竞争中提升中国的国际地位，实现中华民族的伟大复兴，这需要强大的精神动力。大学生肩负着实现中华民族伟大复兴的重大历史使命，更需要民族精神作为其内在的精神动力，以推动其勇敢承担和出色完成使命。

第三，民族精神教育是顺应国际大趋势和借鉴他国成功经验的体现。经济全球化背景下，世界各国各地区出现一种新趋势，即对青少年的思想政治教育要注重世界性与民族性的有机统一。一方面，世界各国各地区都注重放眼世界，吸纳人类在发展过程中创造和形成的优秀文化成果；另一方面，世界各国各地区也越来越重视本民族精神的继承和弘扬，在消化、吸收和弘扬本民族优秀传统文化的过程中，重塑本国的思想、道德文化价值观。事实证明，在对大学生进行思想政治教育的过程中，越重视民族精神的弘扬与培育，该国学校的思想政治教育的成效就越大，这种重视本民族传统文化教育的共同意识，已成为当今世界各国各地区学校思想政治教育的核心内容和重要目标之一。

第四，民族精神教育是提高大学生文化心理素质，丰富精神世界，促进全面发展的重要保证。提高国民素质，促进人的全面发展是社会主义现代化建设的根本目的，是社会主义本质的根本要求。中华民族所特有的价值观念、思维方式、道德标准、人生态度、审美情趣是中华民族宝贵的精神财富。在全球化浪潮席卷世界的形势下，中国与世界的交流日益频繁，中国人更加重视自己在国际社会中的地位，更加注重自己的国际形象。中国人正以开放的心态、解放的思想来对待外来文化，努力吸收世界其他国家和民族文化的精华。弘扬和培育民族精神，有利于增强大学生的国家意识和民族意识，有利于激励中华儿女以更加开放的姿态、更广阔的胸怀、更健康的心态以及更清醒的头脑参与到全球化进程中来。

对大学生进行民族精神教育是一项系统工程。弘扬和培育民族精神需要遵循一定的原则，即把它纳入国民教育的全过程，纳入精神文明建设的全过程。同时，更需要遵循高职院校开展民族精神教育的渗透性原则，即遵循人的思想受"综合影响"与"渐次发展"的规律，把育人工作渗透到管理、服务中去，结合学生日常生活去开展，整合各方面的资源，形成党、政、工、团齐抓共管的立体化网络体系。

（三） 诚信与廉洁教育

1. 诚信教育

高职院校的诚信教育尤为重要，既对学生的各种行为做出一个总体的"诚信"要求，又对某些具体的行为（如考试行为、学术研究行为等）规定了具体的标准，使学校的总体要求能够落实到具体的行动中去。高职院校很重视大学生诚信教育的实践活动，如创建诚信校园、树起诚信学风、成为诚信学子的活动。通过这些活动，使大学生们树立了一个诚信的价值观念，这对开展进一步的诚信教育提供了一个良好的基础和背景。

（1）诚信教育的重要意义。诚信教育作为德育的一个重要组成部分，从属于传统的德育范畴，是品德教育的一个方面。诚信教育具备了德育的本质特征和一般功能，是素质教育中道德教育的从属。诚信教育主要是让受教育者加强对诚信的道德认识，形成诚信道德情感，强化诚信道德意志，并转化为诚信的道德行为，最终使每一个人确立起关于诚信的价值和信念，形成诚信人格和诚信世界观，以塑造高尚的个人品格。

诚信不仅表现为个人道德品格，同时也是公民职业道德和社会公德的一种表现，诚信作为中华民族的优秀传统美德，渗透到中国传统社会的政治、经济、文化生活的各个层面。没有诚信就没有社会主义市场经济，没有诚信就不可能形成健康完善的社会主义市场经济。没有诚信，民主就难以取信于民；没有诚信，法制建设就难以得到民众的尊重和维护；没有诚信，公平和正义就难以体现；没有诚信，人与人之间也难以和谐相处；没有诚信，民主法治、公平正义、诚信友爱、充满活力、安定有序、人与自然和谐相处的社会主义和谐社会也将难以实现。因此，建立和谐社会，必须以诚信为本，诚信是构建和谐社会的道德基础，社会主义和谐社会应是一个诚信友爱的社会。

高职院校的德育工作重点，一直都放在培养学生爱国主义、集体主义以及共产主义理想教育上，很大程度上忽视了对大学生个体的道德心理素质的培养。其实大学生自己对于不诚信行为更多时候明知是错，但很难在生活中做到去改正，这就需要对大学生的道德素质，包括诚信素质进行全面的教育，使当代的大学生成为一个诚信的社会主义建设人才，实现大学生的全面发展。所以，对大学生进行切实可行的诚信教育是提升大学生思想道德素质的当务之急。

（2）诚信教育的内容。

第一，中国传统诚信文化教育。在市场经济时代，要继承传统文化中的优秀部分，建立现代诚信文化观念。弘扬传统诚信文化的精华。诚信美德一直作为中华民族的优秀传统流传了数千年，某些方面已经内化到这个民族的血液和行为模式中去了，其深厚的底蕴和精华将会继续被传承和延续下去。比如传统诚信观关于重视和强调实事求是的思想，在今天也具有非常现实的意义。实事求是不仅是诚信道德要求的思想前提，也是诚信道德观念不可分割的最为重要的思想内涵。

第二，现代诚信教育。诚信是中华民族几千年来始终崇尚的基本美德。古代先哲们认为，诚是一切道德行为的基础和处事道德的前提，无诚则无德。就现代社会而言，诚信具有"真诚、诚实、守信"和"信任、信用、信托"以及"诚信原则的法律意义"等含义，所以当代大学生诚信教育既是诚信道德品质教育又是一种社会伦理教育和法制教育。现代诚信伦理教育要让学生从自己的内在需求和现实特点出发，认识道德要求，形成一定的道德认识，产生道德情感体验，进而形成一定的道德信念，并将其内化为道德行为，即实现知、情、意、行的统一。

2. 廉洁教育

廉洁教育是全民廉洁教育的一部分，目的在于培养大学生的廉洁意识。大学生是社会的精英，是社会的栋梁，对大学生进行廉洁教育具有特殊的意义。

（1）廉洁教育的重要意义。

第一，弘扬中华民族传统美德的需要。中华民族自古就有崇尚廉洁的优良传统，无论是人才培养，还是官吏选拔，都十分注重"廉"的标准。从古代到近代，中国一直重视官吏监察制度和官吏选拔制度。这些文明传统，不是本专业的大学生很少了解。加强大学生廉洁教育，增强大学生廉洁意识和廉洁操守，对大学生认识和领悟中华民族优秀传统文化，具有十分重要的意义。

第二，净化社会环境的需要。廉洁社会，既包括公职人员廉洁，也包括社会其他成员廉洁。

第三，构建和谐社会的需要。将大学生廉洁教育和思想品德教育融为一体，树立积极、健康、向上的理想信念。提高廉洁公正素质的能力，既符合大学生个人成长成才的规律，又可以为构建和谐社会提供人力资源。因此，加强大学生廉洁教育，作为构建和谐社会的基础性工程，是必须肩负的重要使命。

（2）廉洁教育的主要途径。为了提升大学生的廉洁意识，高职院校在进行廉洁教育的同时，可以开展其他实践活动，以加强廉洁教育的效果。具体而言，可以从以下四个方面着手：

第一，廉政道德建设。廉政建设的主体是领导干部。各级领导干部作为教育及学校管理的骨干，他们的廉洁与否对于大学生廉洁教育至关重要。

第二，立足我国基本国情，进行廉政道德建设，具体需要注意三个方面：一是重视人文精神；二是大力弘扬中华民族传统美德；三是加强官德官风教育。

第三，健全反腐败法律制度。要解决教育体系的腐败现象，仅仅依靠道德建设是不够的，还需要充分发挥法律法规的约束作用。

第四，加大廉洁文化教育的力度。首先，真正实现廉洁文化的教育。大学生的廉洁教育绝不仅仅是口头的宣传，而是廉洁文化的建设。要利用大众传播媒体，进行廉洁文化的宣传，在全社会形成具有导向作用的廉洁文化氛围；其次，真正实现廉洁教育的全民化。廉洁文化是一种先进文化，先进文化具有熏陶功能。要实现廉洁教育的开放化、全民化。要将廉洁文化全面推向便于全民参与的开放式广场，使廉洁文化通过"广场"进入广大人民心中，对人们尤其是对当代大学生发挥潜移默化的教育作用；最后，真正实现廉洁教育的生活化、现实化。

二、传统美德中的道德素质教育

道德素质教育不仅是对大学生个人道德方面的教育，同时也包含了大学生的政治素质、思想素质等各个方面，是一个系统的教育。一个国家、一个社会在确定道德素质教育的目标和原则时，除了要考虑经济社会发展的需要及大学生的身心发展规律外，还必须借鉴相关理论科学的思想及方法。

（一）道德素质教育的基本要素

道德素质教育是培养学生道德品质和道德观念的教育过程，有助于他们成为道德上负责任的公民。以下探讨道德素质教育的基本要素：

第一，道德价值观：道德素质教育的核心是传授和强调一套明确的道德价值观，如诚实、正直、公平、尊重、责任和关爱等，这些价值观可以作为学生行为和决策的指导原则。

第二，道德教育课程：学校通常需要开设专门的道德教育课程，以教授道德原则和伦理学，这些课程可以包括伦理哲学、道德决策、伦理案例研究等内容。

第三，课堂讨论和活动：学生应该有机会参与道德讨论和活动，这有助于他们理解道德问题，并锻炼他们的道德判断力。讨论和活动可以涉及伦理困境、伦理决策和道德责任等方面。

第四，道德榜样：学校和教师应该成为道德榜样，展示出良好的道德品质，以启发学生。此外，邀请道德榜样来学校演讲或分享他们的经验也是有益的。

第五，社区参与：学校可以鼓励学生积极参与社区服务和志愿活动，这有助于培养学生的责任感和社会责任感。

第六，道德评估和反思：学生应该被鼓励评估自己的道德行为，反思他们的决策和行为是否符合道德价值观，并努力改进。

第七，家庭和社会支持：家庭和社会也应该在培养学生的道德素质方面发挥积极作用。父母和社区成员可以与学校合作，共同传递道德教育的信息。

第八，道德规则和制度：学校可以建立明确的道德规则和制度，以确保学生的行为符合道德标准，并设立相应的奖惩措施。

（二）道德素质教育的价值实现

实现大学生道德素质教育的价值是一个涉及大学生道德素质教育实践活动的问题，需要对该活动的成果进行正确的评价，这个问题的答案需要在大学生道德素质教育的实践过程中找到。实现大学生道德素质教育的价值是认识和创造其价值的目标，也是逻辑发展的结果，这既是大学生道德素质教育实践活动的最终目标，同时也是大学生道德素质教育价值活动的起点。对于大学生道德素质教育来说，其价值只有在实际实现后才能真正满足大学生个体和社会整体的需求，实现主体（学生）和客体（社会）之间的统一。

1. 道德素质教育价值实现的路径

对于大学生道德素质教育而言，只有其所蕴含的道德、思想、认识、情感等道德素质教育内容被作为教育对象的大学生所接受，内化为大学生自身所具有的深刻、稳定的心理结构，并外化为一种现实的思想意识和行为习惯，才能称之为实现了其价值。

（1）价值实现的实质。

第一，价值层面。在讨论价值的层面时，通常涵盖了日常生活中人们常指的"有用性"或"有意义性"。然而，在哲学领域，价值是对价值概念一般本质的科学概括。价值概念在本质上反映了主体和客体之间的关系，它标志着客体的属性与满足主体需求之间的关联。这一概念涵盖了主体的需求以及客体的属性这两个关键方面。具体而言，如果没有主体的需求存在，那么就不会存在任何满足这些需求的概念，因此，无法谈论到价值；同样，如果客体的属性无法满足主体的需求，那也无法构成价值的概念。

大学生道德素质教育的价值问题，就是大学生道德素质教育对人的发展和社会进步的效用和意义的问题。可见，大学生道德素质教育的价值的本质就是作为价值主体的人的需要与道德素质教育是否能够满足这种需要以及满足程度的属性之间的对应关系的总和。换言之，主体的需要越强烈，客体在其相应程度上满足了主体的需要，那么其价值就越大；反之，主体的需要越强烈，客体不能在其相应程度上满足主体的需要，那么其价值就越小。任何事物在其活动过程中都潜存着两种价值形态——潜价值和显价值，而从价值效用的角度加以区分的话，一个事物可能具有正价值（积极价值）或负价值（消极价值），这些价值并非封闭的、独立自存的，或是针锋相对的，更多的时候，这些价值是各种价值体现在同一个事物身上，它们是矛盾统一、相互转化的。换言之，只有当这种潜在的价值形式被主体所消费或吸纳时，才能最终转变为显现的价值。

潜价值是价值存在的一种特殊形式，同时也称为"潜在的价值"或"隐蔽的价值"，潜价值同"显现的价值"或"现实的价值"相对应，但是不能将其等同于"无价值"。潜价值是这种价值客观地存在着的，被主体所意识到的但尚未显现出来的价值。由此可见，价值的实现过程并不是价值的从无到有的过程，而是价值的由浅到显、由可能到现实的过程。从整个大学生道德素质教育活动过程来看，对于大学生道德素质教育活动而言，其是否具有价值，需要在其价值实现的过程中进行解答，也就是说，其价值只有在实现过程中才能成为真正的价值。而对于主体的人来说，也只有在大学生道德素质教育价值实现的过程中才能满足自身的利益需要，才能具有真正的价值。但需要强调的是，当大学生道德素质教育尚未满足人们的需要，但却具有满足他们需要的可能性时，通常称之为大学生道德素质教育的"潜价值"。

当大学生道德素质教育作用的发挥，满足了大学生道德素质发展和完善的需要并体现为自身的实际行为时，大学生道德素质教育潜在的价值才能得到实现，成为"显价值"。换言之，大学生道德素质教育具有促进社会和人的道德素质发展的功能属性，但这并不表示它就是一个应然的生成过程，事物所具有的属性的实现是一个历史性的过程，大学生道德素质教育的价值实现正是大学生道德素质教育价值生成、展开、确立的过程，其本质就是一个"潜显转化"的过程，即大学生道德素质教育是由"潜价值"到"显价值"的转变过程。

第二，具体层面。从一般意义上来讲，人的价值是由潜在价值到内在价值，再到外在价值、现实价值的转化发展过程。人的潜在价值是人的内在潜力或可开发的素质的价值。换言之，人的潜在价值是一种具有可能的价值，是一种可塑之才的价值。人的潜在价值不同于内在价值。人的内在价值是一个人内在已具备且已经形成的良好品德、知识、能力，即人已经具有的内在本质力量。人的内在价值包括人的内在的思想、情感、意志、道德品质、知识、能力的价值，概括地说，就是人内在的德与才的价值。而人的外在价值是人的本质力量对象化，是人的品德、知识、才能的对象化，是对社会、国家、集体、他人产生的效应。

人的价值是内在价值与外在价值的融合体现。内在价值构成了外在价值的基础与内在依据，而外在价值则是内在价值的客观化和外在显现。在实践中，内在价值逐渐显现为外在价值，同时，这一过程也进一步塑造、充实并发展了内在价值。在伦理学层面，人的价值体现了内在价值与外在价值的紧密统一，真正的价值体现为内外一致。人的价值的双重性导致了个体的自我价值和社会价值的存在。自我价值指的是个体作为价值主体，通过创造性的劳动来满足自身物质和精神需求。而社会价值表示个体作为价值客体，在创造性劳动中满足他人和社会的需求，即为社会做出的物质和精神贡献。自我价值与社会价值是相互关联且相互促进的。如果个体不能实现自我价值，那么就无法为他人或社会做出贡献。反之亦然，如果个体只追求社会对自己的满足，而不履行社会责任和贡献，那么个体的自我价值将失去意义。人的价值的双重性决定了其自我价值与社会价值的统一，权利与义务的统一，享受与奉献的统一。人的价值既包括了对社会的个人责任与贡献，也包括了社会对个体的尊重和满足，这种双重性反映了人与社会之间的互动关系，突显了人作为社会成员的多重身份和角色。

在大学生道德素质教育价值实现的过程中，存在着一个涵盖思想、道德、价值观念等多个方面的交流与对话过程，这涉及主体间的相互影响、协助和引导，促使道德思想在个体内外表现出来的"潜显转化"过程。内化指的是个体对大学生道德素质教育的内容与要求进行认同、筛选和吸收，将其融入自身思想与道德结构中，使之成为内在力量，支配和引导个体的思想、情感和行为。外化则指的是个体将已形成的思想与道德素质转化为实际行动，养成良好的道德行为习惯的过程，这两个过程相辅相成，相互影响，彼此依赖。内化阶段是这个过程的基础。它要求个体理解和掌握大学生道德素质教育的内涵和要求，这一认知过程必须首先通过内化来实现。透过内化，个体的心理状态和道德素养逐渐向更高层次发展，使其能够更有效地调控自身参与社会实践的行为。另外，外化过程建立在内化之上。随着个体心理和道德素质的不断提高，外化过程不仅扩展和丰富了内化的内容，还为新的内化经验提供了契机。因此，外化与内化是相互关联的，两者共同推动了大学生道德素质教育的全面发展。外化不仅是内化的延伸，同时也为新的内化过程提供了动力。

（2）价值实现的基本理念。教育是人们的一种社会实践活动，教育结构是可以由人们根据自己的需要来进行建构的。现实中的人满足需要和追求利益的倾向是道德素质教育活动中主体的人的自我发展和自我完善的需要的能动反映。任何人的意志和行为都是由一定的需要所驱使的，也就是说，人们的一切意志和行为都是为了满足其自身的一定的需要。人的需要是人的一切实践活动的原始动力，如前所述，价值正是在满足人的需要的价值实践活动中生成、发展、创造和实现的，人的需要是价值追求的内在尺度。

人的需要即他们的本性。人是有需要的生物，需要常常是人对客观事物的一种"匮乏感"，以欲望、愿望、意向等形式表现出来。只有人们对某一事物感到"匮乏"并产生需求时，才会积极地通过自身的实践活动去寻求满足。

在现实世界中，人们的利益需要具有多样性、层次性等特点，人们不仅有物质方面的利益需要，还有精神方面的利益需要，并且是由生理、安全等最基本的利益需要到交往、尊重以及自我实现的利益需要不断地由低级向高级变化发展的，这五种需要像阶梯一样从低到高，按层次逐级递升，但这个次序不是完全固定的，而是可以变化的，也存在种种例外情况。

需求层次理论有两个基本出发点：一是人人都有需要，某层需要获得满足后，另一层需要才出现；二是在多种需要未获满足前，首先满足迫切需要，该需要满足后，后面的需要才显示出其激励作用。一般而言，某一层次的需要相对满足了，人们就会向高一层次发展，追求更高一层次的需要就成为驱使行为的动力。相应的，获得基本满足的需要就不再是一股激励力量。

人的这五种需要可以分为两级，其中生理上的需要、安全上的需要和感情上的需要都属于低一级的需要，这些需要通过外部条件就可以满足；尊重的需要和自我实现的需要是高级需要，它们是通过内部因素才能满足的，而且一个人对尊重和自我实现的需要是无止境的。同一时期，一个人可能有几种需要，但每一时期总有一种需要占支配地位，对行为起决定作用。任何一种需要都不会因为更高层次需要的发展而消失。各层次的需要相互依赖和重叠，高层次的需要发展后，低层次的需要仍然存在，只是对行为影响的程度逐渐减小。每一个层次的利益需要的满足都不仅受到主客观现实条件的制约，而且必须符合社会道德规范的要求，人们也正是在这种不断满足自身各种利益需要的过程中促进着自身道德素质的发展和完善。从这个意义上讲，大学生道德素质教育的价值实现首先就要满足人的不同层次的道德素质需要，也就是说，教育者要树立起满足受教育者需要的教育理念基础。

主体需要的满足最终还是要落脚到受教育者自身主体性的发挥，即受教育者本身要有获得道德素质的主观需要，具体来讲，就是要在具体的实践活动中唤起大学生的主体道德素质意识。大学生主体道德素质意识是大学生在道德素质认识和道德素质教育实践活动中对于自身的主体地位、主体能力和主体价值的一种自觉意识，也是他们道德自主性、道德能动性、道德创造性和道德超越性观念的表现。

大学生主体道德素质意识的唤醒和激起是大学生道德素质教育的关键，主要包括以下方面：

第一，道德素质自主意识的激发。道德素质自主意识作为第一个层次，对于大学生来说是提高其道德思维主动性、积极性和增强道德主人翁感的一个基本保障。大学生道德素质自主意识的产生是与承认和尊重他们的主体地位、给予他们充分的道德素质自主性空间密不可分的。只有他们自身认识到自己是道德素质教育活动的主体，他们才会主动思考、积极策划自己的道德素质教育活动，他们才会感觉到自由、轻松、实在并且坚定目标。

第二，道德素质实践意识。实践是检验真理的唯一标准。大学生良好的道德素质实践意识，可以使他们在人际交往、社会活动中镇定从容、清醒明智、胸有成竹、随机应变、开拓上进。大学生的道德能动性、道德创造性和道德超越性的发挥都需要在道德素质实践活动中完成。同时，道德素质实践意识的养成也有利于大学生在道德素质教育活动中形成竞争合作意识、开放参与意识、创新进取意识、技术媒介意识等现代公民意识，从而最大限度地调动和开发他们的道德主体性能力和潜在资质。

第三，道德素质责任意识。道德责任是一个重要的伦理学范畴，自觉意识并主动承担一定的道德责任是展示人的道德主体性的重要体现。道德素质责任既是一个外在的道德规范要求，又是一个内在的品质，是美德、制度和规范的统一，它既是一种理性认知能力的体现，又是一个以感激或怨恨等为标志的情感反应态度，是一个体现理性和情感统一的概念。

第四，道德素质反省意识。反省是做人做事的一种基本态度，是自我修身和端正行为的一剂良药。在大学生道德素质教育实践活动中，要积极倡导"自律修身"和"慎独养性"的观念，减少和避免网络行为中的滥用自由、放弃伦理责任和道德约束的现象。主体的人随时保持有意识的道德素质反省，并能根据这些反馈信息及时地调整自己的心理行为状态，使其达到道德素质教育的最佳效果。

（3）价值实现的根本途径——实践。一般而言，大学生道德素质教育价值实现的根本途径是实践。实践的观点是辩证唯物主义认识论第一的和基本的观点。人们对客观世界的认识来源于实践，又转过来为实践服务并指导实践，即物质可以变成精神，精神可以变成物质，而这种主观和客观辩证统一的实现都必须通过实践来完成。此外，实践、认识、再实践、再认识，循环往复，这就是人们正确地认识世界和能动地改造世界的无限发展的过程。人类的社会实践活动就是追求价值与意义的价值活动，没有人类的实践活动，任何意义上的社会文明和价值都是不存在的。

实践可以分为三个领域：物质生产实践、交往实践和精神生产实践。物质生产是人类社会存在和发展的基础，物质生产活动深刻影响着社会生产力的发展，而社会生产力又是历史发展的最终决定力量，因此，物质生产实践决定着历史的发展与进程。在实践的三个领域中，物质生产实践是最"原初"的，这是因为物质生产实践决定着人的存在、交往与发展的物质基础，只有在物质需要得到基本满足的情况下，人的精神创造活动与交往活动才能得以进行与延伸。换言之，物质生产实践决定着社会精神生产实践与交往实践。物质生产实践满足了人的物质需要，而精神生产实践则满足了人的精神需要。

文化本质上是创造价值的活动，是体现在人类创造的物质财富和精神财富中的、以价值体系为核心的一整套规范的结构和功能的统一。因此，精神生产实践在本质上也是一种价值创造的实践，精神生产实践具有社会意识的能动性与主体性，精神生产实践不仅创造精神产品，还创造物质产品，在精神生产实践导向下的物质生产实践的社会功能会更强大。精神生产实践同物质生产实践相比而言，它是站在更高的、总体性的层面来认识世界的，它能够克服主体与客体、人与自然、人与社会的二元对立。

交往实践作为一种人与人之间关系性的社会实践活动，是人的社会性存在的基本实践活动，是人的本质存在方式，对人的发展具有重要的意义。交往实践观成为当代哲学的主导范式，是全球化趋势的内在逻辑；随着世界哲学主导性思维方式由"主体—客体"模式向"主体—客体—主体"三极关系结构的转换，唯有交往实践观才能科学解答主体际难题；交往实践观融汇中国传统哲学、当代西方哲学，将成为当代的理论范式。交往实践是大学生道德素质教育价值实现的基本途径之一，这不仅因为交往实践是生产实践的内在要求和基本前提，还构建了平等的价值话语与道德话语。大学生道德素质教育的价值之所以能够生成，是因为人们在道德素质教育交往活动中认同、接受了道德素质教育的内容，能够在行动上自觉践行道德素质教育内容目标，这是大学生道德素质教育实践效果的最直接的体现。生产实践对人的价值观塑造的影响相对较小，没有交往实践直接，因为价值观属于精神层面上的东西，价值观在交往中传递的速度会更快，对人的影响更为深刻。从根本来看，人的价值观的形成，从母腹开始就是通过交往这个途径得以实现的。

（4）价值实现的具体途径。从具体层面上来讲，道德素质教育作为大学生道德素质教育活动过程中的客体，要满足主体的需要，从效用关系上来讲，实现这种需要应当采取两种具体途径——外源性的灌输引导和内生性的接受选择。人的道德素质的发展，在不同的年龄阶段，其接受的能力和程度都不一样，不仅受成熟机制的影响，同时也有特殊性的作用。在道德方面，教育工作者要引导大学生理解道德规范，并将其内化成自己的道德素质体系，但是内化需要实践，实践又是需要学习的，按社会学习理论来讲，能力是需要刺激、强化的，而强化就是间接地灌输。所谓灌输，从其本意上来说，其实就是引导。大学生道德素质教育价值的实现，首先必须通过借助他律性的途径和手段引导道德素质主体遵守和践行已先于自身经验存在的社会道德规范和制度要求，通过一定的灌输、激励、约束、惩罚等具体方式从外部强化人们对道德规范和制度要求的认同程度，进而在实践中指引人们的道德素质朝向善、向上的方向发展。简言之，就是把社会要求的道德观点、思想体系、道德规范等"灌输"到受教育者头脑中，为受教育者将这些内容转变为自己的道德素质奠定基础。

但需要注意的是，这里的"灌输"，不等于"驱使""强迫"，它是一种价值引导，在这一活动过程中，彼此互相尊重对方的自由意志和独立人格不仅是大学生道德素质教育的前提基础，更是大学生道德素质教育本身所具有的内在规定性。

2. 道德素质教育价值实现的机制

大学生道德素质的发展和完善，不仅是一个自然演进的过程，也是在一定制度环境下的生长过程。大学生道德素质教育价值实现的机制主要包括导向机制、激励机制、监测机制、调控机制等。

（1）价值实现的导向机制。思想、道德、价值观念是人的思维方式中非常重要并且相对稳定的因素，一种观念一旦形成后，就会对人的实践活动起指导和制约作用。没有社会道德规范的教育和引领，任何人都不会产生道德和价值观念。当前，以社会主义核心价值体系为主要内容的社会道德规范就是一面旗帜，它解决的是方向问题、原则问题，是对人们思想道德、价值观念、精神需要的引导和调节。要发挥价值导向机制的作用，就需要社会通过政策制定、典型人物的故事，借助社会舆论和宣传的手段，将道德规范的含义和标准广泛地根植在全社会公民的道德价值体系中，构建稳固和持久的、健康和积极的社会思想道德体系。

坚持导向机制主要是进行舆论导向、价值导向和目标导向三个层面的教育。舆论导向是推动道德建设的重要力量。大量的道德素质问题不能靠外在强制的力量解决，而要靠教化、靠舆论进行春风化雨般的疏导。从某种意义上说，舆论是一种"软约束力"，它告诉人们应该做与不应该做的，以此来调整人与人之间、个人与社会之间的思想和行为。所以新闻媒体要充分发挥在道德建设中的主观能动性，加强道德宣传的力度，大力弘扬社会主义新道德、新风尚，鞭挞社会上落后的道德行为，从而净化社会环境，激励人们为振兴中华而奋发进取，使新闻舆论在道德建设中起到"润物细无声"的作用。

只要把握正确的舆论导向，用正确的舆论引导人，就能形成良好的社会风气，社会就可以健康有序地运转和发展。在这方面，舆论的作用是特殊而巨大的。舆论反映人心向背，虽然它对任何人都没有强制作用，它既不能命令人们必须这样做，也无法规定人们必须那样做，但是它能产生一种精神的、道义的力量，给人压力。现代传媒具有覆盖面广、渗透力强、影响力大的优势。运用新闻舆论的力量，有利于把社会主义道德观念传递到千家万户，普及到每个家庭成员。

正确的舆论导向有利于培养人们崇高的道德情操，增强人们的公德、职业道德意识和自尊自爱自强之心，对于扶正祛邪、扬善惩恶、匡扶正义、净化世风起着巨大的推动作用。因此，自觉运用新闻舆论的力量，大力弘扬社会主义市场经济条件下的新道德、新风尚，清除封建道德的残余，抵制资产阶级腐朽道德的消极影响，从而规范人与人之间及个人与社会之间的关系，为社会主义精神文明大厦添砖加瓦，是新时期新闻工作者肩负的神圣使命。价值导向就是要引导大学生正确认识并构建人际关系的价值。

所谓价值就是客体与主体需要之间的一种特定（肯定与否定）关系，它是表示事物对人有用或使人愉快等的属性，强调物为人而存在。人们在从事任何活动时都首先要对该活动进行价值预判，看活动对自身有何种作用。当活动主体认为活动对自身有积极作用时，就会激发主体从事这一活动的动机；反之，就会弱化其活动的动机。因此，大学生对道德素质教育活动中的人与人之间交往价值的认识如何，直接影响其进行交往的动机。为此，在大学生道德素质教育实践活动中，教育工作者应积极引导大学生充分认识构建良好人际关系对大学生个体道德素质的提升和完善，以及学校和社会的发展、和谐所具有的重要作用。价值导向对于大学生道德素质教育而言具有重大的作用。

（2）价值实现的激励机制。人的行为是由动机引起的，当人的某种需求没有得到满足时，就会产生动机，进而表现为一定的行为。管理学中的行为科学从人的需要、欲望、动机、目的等心理因素的角度研究人的行为规律，并借助对这种规律性的认识来预测和控制人的行为规律，以实现工作效率的提高和组织目标的达成。大学生一般具有这样的特点：期待多、困惑也多；渴望建立良好的人际关系，但又不知道如何去做；好奇心强、好模仿；等等。为此，引导他们养成有助于建立和谐人际关系的行为非常必要和重要。在行为的引导中，根据青年人的特点采用榜样引导法更为有效。榜样的力量是无穷的，运用榜样引导大学生的交往行为，较之其他方法更为有效。因为榜样的本质之一就是确立一种道德素质范式，而这种道德素质又是通过榜样的一系列的行为模式来体现的，所以榜样可以使理想具体化，可以赋予理想的东西以现实的特征，使理想成为看得见的东西。

因此，树立榜样可以引导大学生明确建立良好的人际关系对个人发展的重要性，明确建立良好的人际关系所应有的价值观念，明确怎样的人格更具有亲和力，明确怎样的处事方式更容易被人接纳，等等，从而自觉地进行自我调整，效仿和学习榜样，逐渐养成建立良好的人际关系所需的行为。

随着全球化进程和社会变革转型的加快，社会意识出现了多样化倾向。要通过学习，培育大学生的社会主义核心价值体系，使大学生能够运用不同观点、方法去观察和分析社会实际问题。要在德育中树立科学价值观，使大学生始终以中国特色社会主义共同理想为指针。理想是指人们在实践中形成的、同奋斗目标相联系的、符合事物发展规律的、具有实现可能性的对美好未来的追求与向往。理想信念的确立源于科学的人生价值观。

价值观是人们对于什么是价值、怎样评判价值等问题的根本观点。科学的价值观在大学生的心理活动中占据核心地位，是大学生行为的最高调节器。大学生拥有怎样的价值观，决定了大学生有怎样的思维方式、有怎样的认知模式、有怎样的理想追求。价值观影响着大学生的需要、动机、兴趣、意志、品质等心理活动，科学的价值观能够使大学生正确把握自己的前途和命运，把个人的前途和命运与国家、民族、人民的前途和命运紧紧地结合起来，并确立建设中国特色社会主义的共同理想。要通过大学生社会主义核心价值体系建设，夯实大学生的价值基石，树立大学生科学的价值观，从而激发大学生对生命、对真善美的追求和向往，强化大学生在行动选择中对他人和社会所承担的责任，正确理解幸福与追求幸福，树立具体的奋斗目标，把个人的目标与追求同中国特色社会主义共同理想统一起来。

（3）价值实现的监测机制。教育工作者要通过各种有效手段，密切关注大学生道德素质教育的相关信息，对不良舆情进行监测，做好记录、梳理等工作，切实做到早发现、早处理。

第一，加强社会舆论和媒体监督。社会舆论和媒体监督是维护社会公平和正义的重要力量，尤其在我国社会主义市场经济不断发展的今天，社会舆论和媒体监督有利于社会机体的自我修复。因此，要充分发挥社会舆论和媒体的批评与渗透作用，形成人民群众及网络、广播、电视、报纸等新闻媒体正确的、强大的社会舆论监督，坚持批评和抵制各种错误思想观念，帮助人们辨别是非，促使人们养成良好的道德行为习惯。

第二，了解大学生不同的成长环境，使道德素质教育有效应对。一方面，大学生来自五湖四海，各自成长的环境不同，而这种环境的差异对大学生个体的影响不仅是无形的，而且是惊人的。另一方面,他们的习惯已经养成,改正起来十分困难,道德素质教育工作者要想在大学阶段让学生的思想道德观念和行为习惯发生质变的难度很大,而要达到这一目的,道德素质教育工作者必须使自己成为大学生的亲密朋友,让他们敞开心扉,讲述他们的人生经历和处事原则,然后再予以教育指导。

第三,建立良好、畅通的预警反馈机制。要建立科学的监测目标体系和思想道德网络信息系统,多渠道、全方位地收集与践行道德素质教育相关的信息资料,全面了解和认真研究出现的新情况、新问题,科学预测可能对道德素质教育的冲击。为加强教育、强化监督和重点整治等工作,要及早提供有实据、有分析、有建议的预警报告和控制方案,以增强对大学生进行道德素质教育的前瞻性、科学性和主动性。

(4)价值实现的调控机制。道德素质教育工作者要注意引导大学生不断调整自己的道德认知结构,树立大学生对道德素质教育的正确积极的认识,加强对大学生进行道德素质的培养,促使大学生在交往实践活动中不断提升自身的道德素养。

第一,充分发挥大学生心理咨询室的作用,全面掌握大学生的道德心理状况,要充分认识大学生作为道德素质教育对象的层次性和差异性,并予以充分尊重。大学生个体之间是存在客观差异的,既有先天的智力、性格差异,也有后天的家庭社会背景差异和文化教育背景差异,最终集中表现为个性的差异,这种个体的个性差异使这个群体并非整齐划一,而是体现出层次性差别。因此,大学生道德素质教育工作必须正视这种差异,具体情况具体分析,以运用方法的灵活性体现内容的针对性。要创设个性化的教育环境和条件,尊重学生的兴趣、爱好和个性特点,培养和保护学生的独立道德人格,发展他们的个性才能。

第二,完善道德素质教育工作者的工作。道德素质教育工作者不仅要在道德情感上对大学生进行沟通、教育,还应该在生活和学习上帮助大学生。要时刻牢记高职院校德育必须建立在学生的人性化基础上,顺应人的发展的本性,弘扬学生追求个性发展的天性。要从最基本的道德素质要求入手,夯实学生求真向善的基础。离开大学生认知水平、情感需要的道德素质教育,以及偏离大学生人性基础的道德素质教育,不仅无法取得良好效果,甚至会引起大学生的反感。在这方面,要坚持由浅入深的原则,从生动的心理层面入手,逐渐提升到世界观的层面,先易后难,渐进深入。

第三,社会性是人的根本属性,人的全面发展和自身价值的实现,必须置于广阔的社会实践当中。从社会角度来讲,要结合大学生道德素质教育价值实现的监测机制所反馈回来的信息,形成统一指挥、反应灵敏、运转高效的工作机制,及时制定和调整宏观政策、制度、法规等,感染并影响人们的思想道德、价值观念和心理倾向,指导和规范道德素质主体的各种思想道德行为，帮助其对与道德素质教育内容要求不符的矛盾和问题进行理性判断，使其在大学生道德素质教育的价值实现过程中，提高自知自觉的程度及自我完善的能力。同时，社会公众的行为表现在很大程度上影响着大学生的道德心理，优良的公众行为表现会对大学生的人际交往产生积极的引导作用。因此，要引导大学生在具体的生活情景中、在深刻的情感体验中，理解并形成责任心和义务感。要把大学生带入丰富多彩的人的世界中，在自我与他人、个体与群体乃至自我与自我的互动交往中学会如何处理相互关系。只有在切身经历和体验中，大学生主动将自我融入他人、集体、民族、国家和人类之中，才能不断超越"小我"，从而完善自我、实现自我、超越自我，最终实现其人本价值。

（三）道德素质教育长效机制的建设

道德素质教育是培养和引导公民自觉提高自身素质的重要系统性基础工作，道德素质教育是一项长期重要的社会系统工程，必须动员全社会共同参与，必须利用全社会资源和力量共同完善和推进长效机制的建设。

1. 进行素质教育的途径

（1）学校教育路径。一个人成功与否，道德素质教育起到了更重要的作用。然而，当前我国的学校道德素质教育中却出现了异化的现象。

第一，在中国经济迅速发展的同时，我们也面临了社会道德滑坡和文化价值的流失问题。即便是被视为道德净土的大学校园，由于市场经济的不利影响，当今的大学生表现出严重的功利主义思维，其道德观念令人担忧。这一现象部分原因在于，一方面，许多家长在子女的道德教育方面往往过于功利化，将学生的道德素质教育主要限定在才艺学习领域，而忽视了学生的兴趣、潜能和发展方向，从而给学生带来了身心的巨大压力，影响了其全面发展。另一方面，一些教育从业者对于道德素质教育的理解不足，受到一部分家长对教育价值观的影响，自觉或不自觉地过于强调知识传授或单一地注重才艺培训，而忽略了对学生品行和道德观念的培养，与道德教育的本质相悖。在应试教育的压力下，人们日益从功利主义的角度看待教育的价值。在这种功利主义的观念下，教育往往被视为单一外部价值的展示。对于个体而言，学习和升学被看作是融入社会竞争并谋求生存的主要途径；而对于社会群体来说，教育也被视为服务于某种政治或经济功利目标的工具。

第二，对于学校教育来讲，道德素质教育只是高职院校内某一工作部门自身的小循环，而没有形成全员参与的大循环。各部门都有严格的分工，人们习惯于把大学生的道德素质教育看作德育部门的事，于是就出现了教书不育人、科研不育人、服务不育人的现象。

第三，道德素质教育只重说教不重实践，可操作性和实效性不强。道德素质教育的直接目的是完善人的道德素质行为，其本身具有鲜明的实践性，离开丰富多彩的现实生活，加之学校相对独立的局限性，大学生自然会感到说教的乏味，自然而然就对道德素质教育感到麻木而没有敏锐感。学校是教育系统的主体，要充分发挥学校在大学生道德素质教育中的基础和专门作用。学校应该配合道德素质课安排教学计划，分阶段、分年级开设道德素质教育专门课程或讲座，以"立德树人"为根本任务，以提升大学生道德素质为核心，以"心向党、爱劳动、有礼貌"为重点，通过道德素质教育平台，促进学校各项德育工作的落实，进一步提高学生的文明程度和道德素质，着力营造"讲道德、做好人、树新风"的浓厚校园氛围。

同时，针对研究生、本科生、大专生等各种不同层次的大学生群体，组织专家学者分别编写内容不同、形式多样、标准、规范、生动活泼的教学课本和宣传材料，利用教育系统对大学生进行经常性、规范性、系统性的道德素质教育，形成全社会、全范围的道德素质教育活动，进而在大学生中牢固树立建设有中国特色社会主义的共同理想和正确的世界观、人生观、价值观，大力倡导"爱国守法、诚实守信、团结友善、勤俭自强、敬业奉献"的基本道德规范，培养一代又一代有理想、有道德、有文化、有纪律的社会主义建设者和接班人。

（2）家庭协同路径。家庭是社会不可分割的组成部分，是构成社会的细胞，因此，家庭在大学生道德素质教育中发挥着重要作用。家庭美德是每个公民在家庭生活中应该遵循的行为准则，它涵盖了夫妻、长幼、邻里之间的关系。家庭生活与社会生活有着密切的联系，正确对待和处理家庭问题，共同培养和发展夫妻爱情、长幼亲情、邻里友情，不仅关系到每个家庭的美满幸福，也有利于社会的安定和谐。要大力倡导以尊老爱幼、男女平等、夫妻和睦、勤俭持家、邻里团结为主要内容的家庭美德，鼓励人们在家庭中做一个好成员。没有良好的家庭做基础，就没有社会的文明和稳定，没有人否认这一基本常识。谈到公民道德素质，也没有人否认父母对孩子的作用。重视家庭建设、重视父母作为孩子的教育者的素质提升，就是为国民整体素质的提升打基础。

教育的首要任务是德育，培养一个人首先要让其具有良好的思想道德。意大利诗人但丁说过，一个知识不全的人可以用道德去弥补，而一个道德不全的人却难以用知识去弥补。我国的教育方针是"教育必须为社会主义现代化建设服务、为人民服务，必须与生产劳动和社会实践相结合，培养德、智、体、美等方面全面发展的社会主义建设者和接班人。"其中德育为先。思想道德素质是提高人的精神境界的基础，是一个人长大成人后立身处世的根本，有了一定的思想道德素质，才能自觉地遵守社会的法律规范，才能将自己掌握的知识技能服务于人民，服务于社会，做一个对社会有用的人。

家庭对于每一个孩子的道德素质教育而言，其影响相对于社会和学校来说是最大的。父母与子女朝夕相伴，对子女的身心、人格等个性化情况最为清楚，家庭教育也最具有针对性和即时性，以血缘为基础的亲情关系更增加了道德素质教育的情感色彩，既能晓之以理，也能动之以情，进而导之以行，这是学校教育和社会教育所无法比拟的。正是因为家庭教育具有情感上的依赖性、了解的深刻性、内容的丰富性、过程的连续性、方法的灵活性，家庭教育就显得更加重要，只有家庭协同学校，教育才能收到很好的效果。因此，家长应更新家庭教育观念，切实改变重智轻德的思想，以德育为重，树立做人是为学之本的观念。家庭在大学生道德素质教育方面有着天然的优势。从人的社会化过程来看，大学时代是人的品德、个性形成的重要时期，这个时期的大学生具有很强的可塑性，接受能力和模仿能力都非常强，因此，也是家庭对大学生进行道德素质教育的最佳时期。

从家庭教育的特点来看，它融于日常生活之中，教育与生活在时间、空间及活动上往往是统一的，更容易被大学生接受。从这方面来说，家庭对大学生进行道德素质教育，比其他任何教育载体都更具优势，家庭教育的关键是父母要提高认识，社会也应当对父母进行必要的指导和帮助。关注家长道德素质的提升就是关心大学生的成长，解决家庭教育问题是我国最大的民生工程之一。家长道德素质是指家长思想道德发展的方向和水平，它决定了家长为人处世的方向和原则，对于大学生的品德发展有深刻的影响。

一般而言，道德包括社会公德、职业道德、家庭道德等。我们认为，从家庭生活和家庭教育的实际出发，家长道德素质主要包括家长的人生信仰、社会公德和家庭道德，其核心是家长的人生观。家庭教育不仅是一门科学，也是一门艺术。家教的方法得当，就会产生事半功倍的效果；家教的方法不得当，则事与愿违。家长要教育子女，首先，就要自己先受教育，加强自身的修养；其次，还应具有教育子女的强烈的责任心和义务感，抚养子女长大，教育子女做人，这是做父母应有的天职。

总而言之，家长对大学生道德素质教育起着潜移默化的作用，这就需要形成良好的家风，要求每个身为父母的人具有较高的目标和精神追求，养成良好习惯，形成浓厚的学习氛围。此外，家庭关系也要和谐礼让、互敬互爱、欢乐融洽。只有这样，孩子才能在良好的家庭环境中健康成长。

（3）社会的配合。大学生道德素质的优劣是大学生主体性的内在表现，这种主体性对于公民道德素质的提高有着重要的作用。但是任何个体的存在和发展都是与一定的环境相联系的，环境是一个非常复杂的系统，在道德素质的培养过程中，这种环境虽然不属于道德主体的内部因素，但是对道德主体的思想和行为起着重要的作用，而其中对道德主体的影响最大、最直接的就是道德主体所处的外部社会环境。一定的社会要得以生存和发展，就必须以一定的价值体系与道德规则来规范社会成员的行为活动，从而使社会组织中的各个成员具有使这种社会得以生存和发展所必需的共同性——社会性。

每一个人都不是独立存在的个体，作为社会组织中的一员，个体不仅不可避免地要和其他社会成员、群体发生一定的联系并产生影响，而且不可避免地在这些联系和影响的过程中扮演不同的社会角色，与其他社会成员、群体共同参与社会活动。对于大学生来说，他们的思想、行为的变化发展，不仅受所处的小环境——如班级、学院、高职院校的影响，而且还受外部大环境——如社区、城市、国家的影响。从某种意义上来说，学校是教书育人的场所，它和社会的用人单位构成了一种直接的"人才供求"关系，尤其在现在就业压力巨大的情况下，就业率成为高职院校发展指标的又一指挥棒，在这个层面上，大学生实际上也具有一定的商品属性，高职院校作为这种"商品"的生产者，社会的用人单位需要怎样的"商品"，高职院校在教书育人的过程中必然会关注社会的需求，从而逐渐形成与整个社会相一致的人才标准。

因此，社会环境因素是对人才标准认识作用于教育的必然结果。在当今中国社会里，知识经济的深刻变化、社会主义市场经济的深入发展、物质水平的大幅提高，带来了社会上各种思潮的大量涌现。因为社会本身就是一种力量，永远具有实效性，所以我们的学生也在悄悄改变，他们的思想状况、心理变化、观念变化都紧跟着社会的变化而变化。就个体而言，在其融入社会的过程中，"自我"得以确立，个人的德性品质得以形成和完善，实现了从一个生物人向正常的社会人的转变。

对于社会来说，只有当一个社会群体中的所有成员一起行动来共同支持和维护这个社会群体的时候，这个社会才会生存和发展下去，所以每个社会都会通过塑造群体内成员的一定行为来达此目的，这也就是通过道德社会化的过程，培养出一定社会所需要的社会成员，同时，民族的道德传统得以积累和延续，社会的道德秩序得以维持和发展。

行为应该是一种人的举止，如果而且只有当行为者或行为者们用一种主观的意向与它相联系的时候。然而，社会的行为应该是这样一种行为，它关联着别人的举止，并且在行为的过程中以此为取向。如果大学生经常接触消极、负面的东西，则不利于其道德素质的提高和思想品质的健康，就容易学坏而走上歧途。社会风气的好转需要全社会的共同努力，需要人人自觉维护社会公德，遵纪守法，养成文明的习惯和行为。

优化社会的道德素质教育环境是提高大学生道德素质的基本途径之一。要通过充分发挥道德主体的主观能动性来改善社会的道德素质教育环境，通过树立高尚先进的道德主体榜样来营造主流的道德素质教育环境，通过大众传播媒介建立良好的社会舆论氛围等为道德素质教育环境的优化创造条件，以此来提高大学生的道德素质。只有净化了社会环境，为大学生道德素质教育扫清了障碍，我们才能收获良好的大学生道德素质成果。

（4）大学生个体自觉。大学生是现代社会生活中知识层次和文化素养都相对较高的特殊社会群体，从总体上看，绝大多数大学生都有较高的道德素质，但这并不说明大学生不需要进行道德素质培养，相反，大学生的道德素质培养必须加强。外因不是决定性的因素，个人因素才是决定性的因素。教育也是一样的，师傅领进门，修行靠个人。学校、家庭和社会都是外因，只能起到促进或阻碍的作用，而真正起决定性作用的是个体。高度的自觉性是自身修养的一个内在要求和重要特征，大学生要努力按以下要求来提高自身修养的自觉性。

第一，大学生应积极主动地进行自我教育、自我启发、自我激励，坚忍不拔、脚踏实地、持之以恒地提高道德修养。要进行自我教育，就必须确立主体意识，受教育者只有认识到做人的尊严与价值，唤起其内在之"善"性，使外在的道德和其内心之善产生共鸣，外在的道德才会内化为受教育者的道德意识，并自觉地转化为道德行动，实施自我教育。外因最终要通过内因起作用，受教育者只有在个人道德建设中充分发挥其主动性，内心欢愉地接受某种道德观念，自己去领悟教育的要求，自觉地学习和思考，自觉地进行自我约束、自我调节，自觉地与各种错误思想进行斗争，才能把正面灌输教育得来的道德知识内化为道德情感、道德意志，并付诸行动。

第二，大学生要对自己的言行进行自觉的思辨和选择。道德修养的一个重要方面，就是用正确的道德原则和规范，不断清洗、克服错误的道德观念，由此正确看待并承受生活中不可避免的苦难与不幸，激发大学生的"乐学"意识，树立自强不息的学习和生活信念，守住人性的家园和道德的底线。

第三，大学生要严于律己、参照他人、勤于反省，从体验中悟出做人的道理。即要努力做到"内省"和"慎独"，在内心世界对自己的思想进行独立的道德评价和批判，在无人监督和独自活动的情况下自觉履行道德规范和准则。只有这样，才能提高遵守道德规范的自觉性，养成良好的道德素质。

总而言之，大学生的素质教育要依赖个体的自觉性才能收到良好的效果。遵守道德规范是当代大学生道德素质培养的关键，只有在道德行为实践中自觉培养道德意志的坚韧性，并且在需要自己做出道德判断，特别是在激烈的道德冲突面前做出道德判断时，能果断地、义无反顾地做出正确的道德选择，才能自觉遵守道德规范并使自己的言行符合道德规范要求，才能形成高尚的道德素质。

第一篇 传统美德及其教育基础

2. 进行素质教育的基本方法

（1）显性教育。所谓显性教育，是指教育者、教育内容、教育目标和对象均是"暴露"的，其教育形式是正面的、直接的，常采用的方式为"灌输"教育。它希望在短期内马上起作用，使学生立即接受教育者观点的一种教育模式。显性教育是通过正面宣传以塑造和提高受教育者的思想、道德、政治、心理等素质为目的，让受教育者的情感、意志、行为等按照国家、社会主流思想的要求得到进一步规范，这是一种外显性的、直截了当的、明确的有形教育。

意识形态领域的东西不会凭空出现，也不会在大学生头脑中自发产生，只有通过科学、系统、自觉的方式向学生"灌输"，方能使大学生懂得自身担负的社会主义建设的重任，明确自身的历史责任。例如，教育工作者可以通过开设历史类的课程，以历史过程的分析为切入点，培养大学生深厚的爱国主义，树立民族自尊心；通过开设政治与经济类的课程，以实践分析为重点，使学生真正地了解国家发展的进程，增强大学生自身的责任感和使命感；通过开设文化与艺术类的课程，提高大学生的自身修养，并从中汲取道德的熏陶和启示，提高自身对道德标准的判断力；等等。

显性教育法就是利用重复性、连续性产生累积效应，将教育的有关内容置于优势地位，这样就很容易产生认同效果，从而形成主导舆论，有利于主流价值观的形成。显性教育法充分利用了各种公开手段、公共场所，使教育具有大规模性、多渠道性和公开性，它的实施带有一定程度的强制性。但不管是显性教育法还是隐性教育法，其目的都是帮助人们认识和树立前进的方向。

（2）隐性教育。隐性教育是使人们在不知不觉、潜移默化中受到影响，并自觉地转化为个人的行动。在整个教育过程中，隐性教育呈现潜隐性的特点。隐性教育的潜隐性是指教育者在受教育者完全没有意识到自己是在受教育的情况下，通过一定的环境或活动载体，对他们进行心理塑造和思想影响，从而使受教育者受到熏染、感化和熏陶。隐性教育在大学生自身不断发展的过程中，显现了很大的实践效果。隐性教育常用的具体方法有以下四种：

第一，充分利用国家建设的成就来教育人、鼓舞人。传授理论知识固然重要，但是有时候，事实更有说服力。任何一个国家建设的巨大成就、经济的繁荣、政局的稳定，本身就是一堂生动的教育课。

第二，利用各类教育场所，以生动的实物和资料教育人、熏陶人。世界各国大都致力于加强纪念馆、纪念地、展览馆、博物馆、科技馆、国家公园、海上世界、游乐园、航空航天技术馆等的建设。采用实物、模拟、文字、资料、图片的形式，运用声、光、电、色、音响、激光等现代化科技手段，进行渲染、烘托，进行爱国传统教育、历史文化遗产教育、国家发展前景教育。

第三，运用各种传媒、文学、艺术等手段，用经过选择和提炼的事实、形象、情节来感染人、教育人。在中国，政府把这类活动概括为以科学的理论武装人，以正确的舆论引导人，以高尚的精神塑造人，以优秀的作品鼓舞人，收到了良好的效果。

第四，培植爱国氛围，使每个人从中受到感染，产生热爱祖国光荣的思想，这种气氛的营造是通过多种渠道实现的，如举行升降国旗仪式、唱国歌等。隐性教育的出现并不是凭空想象的，它之所以能取得很大的发展，是因为其拥有发展根基和作为动力的思想来源。在我国古代，人们就十分重视发挥隐性教育的功能，从而留下许多关于隐性教育的主张。儒家学者十分重视环境育人，从而产生了许多环境育人的思想，这些思想是隐性教育的最初萌芽和直接源头。环境泛指学生主观以外的客观条件，环境具有渗透性，环境的渗透性也就是间接教育，它具备隐性教育的基本特征。因此，中国的传统文化就有现代隐性教育思想的原初形态。榜样作用也是我们实施隐性教育的重要途径。榜样是一种形象，更是一种力量。榜样总是以生动鲜明的形象出现在人们面前，有着很强的感召力，具有可学性或易模仿性，容易被人们接受和效仿，能够产生正面激励的作用。受教育者在学习榜样的过程中，受榜样言行的鼓舞和震撼，由此产生先进的思想和高尚的情操。

另外，学校也可以开展丰富多彩的校园文化活动。开展丰富多彩的校园文化活动、创造良好的文化氛围也是对大学生进行隐性道德素质教育的有效途径。在学校举办科技文化艺术节、读书会、文化沙龙、辩论赛等活动可以使大学生的集体主义、爱国主义情感在各种丰富多彩的活动中得到升华，责任感、使命感、奉献精神得到强化，从而在不知不觉中提高他们的道德素质。

3. 教育要素的创新

（1）以人为本的教育理念。创新道德素质教育理念"以人为本"对大学生道德素质教育有着直接的、重要的指导作用。以人为本的发展理念是大学生道德素质教育理念创新的理论根源。大学生道德素质教育理念是指人们对大学生道德素质教育的认知态度、基本思路和指导思想。以人为本的道德素质教育理念打破了"主客二分"的传统范式，强调了受教育者的主体性。对于高职院校来讲，教育者与受教育者之间属于主体间的关系。受教育者的主体性内涵主要包括受教育者的自主性、能动性和创造性。自主性是个体主体性中最能反映实质内核的特性，即意味着作为个体主体而言，在不受外部控制力量的左右下，能通过独立的理性接受、判断和选择决定自己的思想行为取向。对于自主性有三个特征，即独立做出判断；批判性地反思这些判断的倾向；依据这些独立的反思判断将信念与行为整合起来的倾向。从认识论上来讲，自主性表现了个体从对事物的认知到外在的行为的过程。对于大学生来讲，自主性主要体现在知识的学习、综合素质的提高以及人格的完善方面。在这些方面，大学生完全可以从自主性的立场出发，合理地运用自己的选择权，确定自己的发展目标，并锲而不舍地去实现这个价值目标。

个体的能动性，即主观能动性，是人的主体性重要的内涵和鲜明的表征，这种能动性，名之曰自觉的能动性，是人之所以区别于动物的特点。一切根据和符合于客观事实的思想是正确的思想，一切根据于正确思想的做或行动是正确的行动。必须发扬这样的思想和行动，必须发扬这种自觉的能动性。人作为主体，能够在能动的对象化活动中主动地、有选择地改造主观世界和客观世界。在具体的大学生道德素质教育过程中，人的能动性又表现在受教育者对主观、客观的改造上。

所谓对主观的改造，不是被动地接受现成的结论并将其刻板地摄入自己的大脑，而是对教育内容进行认识、加工和处理，将其内化为自身的意识和动机，并外化为一种行为的过程；所谓对客观的改造，主要是指主体对自身以外的德育要素进行的改造。以人为本的德育理念强调的是作为主体的受教育者发挥其主观能动性进行认识世界、改造世界的实践活动，充分体现了受教育者的创造性。创造性是人之主体性的最高表现。人作为自觉的创造主体表明了他不再盲目地受自然界客观规律的驱使，而能够正确地认识、利用自然界规律改造客观世界，实现合目的性与合规律性的统一，这种统一既是人作为自觉主体的确证，也是人类创造活动的合理性所在。

大学生道德素质教育实际上是道德素质教育客体主体化的过程，在这个过程中，受教育者要发挥主体的创造性，具体来说表现在两个方面：一是对教育的内容、方法、途径、环境等要素进行创造，并提出符合社会发展和主体需求的新的因子来；二是在内化外部道德素质教育要素，将其纳入主体自身的意识体系并外化为外部的行为过程中进行创造性的再加工，以实现道德素质教育价值最大化。

（2）人的全面发展。促进人的全面发展是社会主义社会的本质要求，同时也是大学生道德素质教育的终极目标。科学发展观提出的促进经济社会和人的全面发展的思想，把对人的全面发展理论提高到一个全新的高度。人的全面发展从根本上讲是个体的本质力量的全面发展，即在人的社会交往的普遍性基础上，人的需要、活动、能力、素质、个性等诸方面能力的全面性、普遍性发展。

在人的全面发展上，当前要对坚持教育为必须社会主义现代化建设服务、为人民服务，必须与生产劳动和社会实践相结合，培养德、智、体、美等方面全面发展的社会主义建设者和接班人这一党的教育方针赋予全新的内涵和特征，要以现阶段人的全面发展的特征和要求，确立大学生道德素质教育的价值取向和目标追求，创新大学生道德素质教育目标，具体体现在以下方面：

第一，培养健康的个性和健全的人格。个性与人格是个体的人的心理和行为特征。大学生良好的品质、强烈的竞争开放意识以及极强的创造力是健康的个性和健全的人格的表征。在人的全面发展中不能忽略对健康的个性和健全的人格的培养，要摒弃在大学生个性发展方面存在的将个性发展与全面发展对立起来的错误观点，积极开展大学生道德素质教育，以健康的个性为逻辑起点，从学生的需求出发，尊重学生，理解学生，关心学生，引导学生，激励学生，在不断完善个性和健全人格中，通过教育实践活动净化学生的思想，美化学生的心灵，塑造学生的风貌，对大学生进行自由、全面发展的引导和培育，使其成为具有健康的个性和高尚道德素质的真正主体。

第二，适应现代化发展的现代素质。适应现代化发展的"现代素质的人"有三个基本特征：一是具有适应现代社会的价值观念，主要包括坚定的理想信念和创新精神；二是具有强烈的竞争意识和开拓能力，即具有强烈的个人效能感和积极进取的心理品质，以及准备和乐于接受其他未经历过的符合社会发展的新的生活经验、新的思想观念、新的行为方式；三是具有主动改变自己和适应环境的应变能力和实践能力，尊重并愿意考虑各方面的不同意见，通过主体性的发挥实现自我价值，并获取他人和社会的承认。

第三，完善的知识结构与科学的认知方法。现代教育主要有四个支柱，其中第一个支柱就是要"学会认知"，即掌握认识的手段，学会运用注意力、记忆力和思维能力来学习。完善、合理的知识结构，就是具有事业发展实际需要的最合理、最优化的知识体系。培养具有适应现代社会发展的知识结构，集中体现在知识视野的广阔性和前瞻性上。大学生道德素质教育应站在知识前沿地带，具有国际视野，追求新的发现，探索新的规律，创立新的观点，积累新的知识。同时，从提高学生的认知能力的实际出发，重视在教育教学活动中引导学生掌握科学的思维方法，学会探索和创新。

（3）和谐理论。从学理意义上讲，和谐是指不同事物之间协调一致的统一，是对立统一的高层境界。和谐的人要靠和谐的教育来培养，和谐的教育要以和谐的环境为载体。环境，特别是社会环境对人的发展有着重要的影响。从"场"的哲学概念出发，大学生道德素质教育环境所产生的辐射作用是相互关联、相互涵摄的环境"场力"的作用，大学生道德素质教育环境场的核心层是校园内环境，非核心层是校园外环境。大学生道德素质教育环境场的概念其实构成了全方位、多渠道的道德素质教育大格局。

第一，构建和谐的校园内部环境。构建和谐的校园内部环境是创新大学生道德素质教育环境的要旨。和谐理论的提出对和谐的校园内部环境建设提出了新的要求。和谐校园是和谐社会的因子，因而和谐的校园内部环境具有和谐社会的一般特征和功能，即应是民主法治、公平正义、诚信友爱、充满活力、安定有序、人与人之间和谐相处，这些基本特征也就成为和谐的校园内部环境的特征、功能等要素的预设前提。大学生道德素质教育内部环境系统是由物质文化环境、制度文化环境和精神文化环境三个既相互关联又具有相对特质的道德素质教育环境子系统构成的。

和谐理论创新环境也体现在三个子系统的表征上。和谐的物质文化环境。它是指校园显性的道德素质教育环境，如校园里具有浓郁文化氛围的、给人以和谐和美德感染力的物化及文化形态。和谐不仅是伦理学的范畴，同时也是美学的范畴。中国传统美学中具有鲜明的审美取向和审美标准的"中和之美"，其中就蕴含了"和谐之谓美"，优化道德素质物质环境要集中体现"和谐"的美学特质，以美的特质对大学生进行无声的教育。和谐的制度文化环境。它是指保障大学生道德素质教育有效实施和运转的规范与机能。

从道德哲学上来看，制度文化就是一种道德立法，这里涉及个人理性与公共理性的问题，即如何将个人理性整合成扩大了的正向的集体理性，而制度的建立就是保证集体理性的逻辑必然。社会秩序是为其他一切权利提供基础的一项神圣权利，然而这项权利绝不是出于自然，而是建立在规范化的约定之上的，这种规范化的约定就是道德立法，要能同时使其自身成为像自然普遍规律那样的对象。其目的是通过制度文化环境，建立起对和谐制度文化的信任、对和谐道德素质教育环境的尊重与敬畏，以发挥环境育人的作用，锻铸出自律精神，和谐的精神文化环境，它是和谐校园内部环境的灵魂，发挥着价值导向的作用。它是对人的影响活动生态链中的重要环节，有着自身鲜明的特征：一是校园精神文化既是构成精神文化环境的内核，也是大学生道德素质教育的内容；二是精神文化内核的附着体构成的环境对大学生起着直接或间接、显性或隐性的教育。可见，一所学校的精神文化环境的构成是历时态与共时态的辩证统一，它既在先期的办学过程中积淀并形成了独特的理念、精神和风气，同时又在现定的维度上根据优势的发展汲取富有时代特征的新的思想质料，从而被广大师生所认同，它所具有的独特性、公共性、继承性在实践运作中发挥并实现着它的育人价值。

第二，构建和谐的校园外部环境。校园外部环境是大学生道德素质教育环境中的非核心层。当前非核心层的大学生道德素质教育环境"场力"对大学生的负面影响不容低估。各种各样的社会信息、多元的社会文化、虚拟的网络文化、一些以追逐利益为最大价值的经济原则以及学校、家庭、社会教育的不和谐，使得构建和谐的校园道德素质教育外部环境显得日益紧迫和重要。

（4）创建核心价值体系。社会主义核心价值体系作为意识形态的精神产品，对于提高人们的思想水平、精神境界、道德情操以及人格的完善和主体性的提升都有着重大的促进意义。切实把社会主义核心价值体系融入国民教育和精神文明建设全过程中，转化为人民的自觉追求，这一根本要求与大学生道德素质教育的具体任务是相贯通、相契合的，它为大学生道德素质教育内容的创新提供了具有时代特征的新资源。

第一，抓住灵魂，引导学生树立正确的世界观和方法论。当代大学生可以切身感受到中国特色社会主义理论体系在实践中的巨大指导作用，因而学起来有着一定的实践和感受基础，这是学好用好的有利因素。高职院校德育特别强调开展中国特色社会主义理论体系的立场、观点和方法教育。中国特色社会主义理论体系充满了唯物论和辩证法，是大学生树立正确的立场、观点和方法的有力的思想武器。当代大学生认知方式偏重直观化，但是直观式的认知方式是认识主体在认识客观物质世界过程中的一种非理性因素的作用，这种非理性的认识很可能导致认识主体对事物的片面认识，从而陷入盲目性。另外，当代大学生个体意识也日益得到强化，他们在认知、意志、情感等方面更注重自己意识的独立性，不人云亦云、随波逐流，然而个体意识的负强化会带来对事物分析判断以及实践中的偏执。

第二，突出主题，加强学生理想信念教育。中国特色社会主义共同理想是社会主义核心价值体系的主题。大学生理想信念的教育要建立在理论与实践的结合上。在理论学习上，要启发大学生的理性思维，引导学生深刻理解中国特色社会主义的价值目标、价值追求和价值取向的内涵，把中国特色社会主义道路与实现国家富强，人民富裕、社会和谐结合起来，增强学生树立中国特色社会主义理想信念的自觉性与坚定性；在具体实践中，要以主流的价值观念引导支流的价值观念，并在多元价值观念中保持合理的张力，借以统一学生的思想和行为，使其掌握科学的价值标准和评价标准，提高价值分析、价值判断和价值选择的能力，进一步形成中国特色社会主义共同理想。

第三，把握精髓，培养学生的民族精神和时代精神。以爱国主义为核心的民族精神和以改革创新为核心的时代精神是社会主义核心价值体系的精髓，也是我们开展思想政治教育的重要内容。对学生进行民族精神的教育要以历史唯物主义为指导，系统地而不是零散地、全面地而不是片面地、连续地而不是间断地开展鲜活、生动、深刻的教育，使大学生从中汲取营养，培养民族自豪感和自信心。同时，培养大学生以改革创新为核心的时代精神，不断培养创新的优秀品格。

创新不仅是一种思维和能力的表征，同时也蕴含了世界观、方法论和思想品德。将创新纳入大学生道德素质教育内容体系本身就是一种创新，需要在实践中形成以唯物论和辩证法所指导的大学生创新教育体系，鼓励大学生在坚定中国特色社会主义理想信念的基础上，主动学习、处理和运用新知识、新信息，尤其要瞄准那些富于时代特征、代表历史发展趋势、具有强大生命力的事物，努力使思想与时代发展同步，从而在不断的创新过程中历练大学生的时代精神。

第四，打牢基础，社会主义荣辱观是社会主义核心价值体系的道德基础。社会主义荣辱观作为社会主义核心价值体系的重要组成部分，体现了社会主义的价值导向，同时也规定了社会道德行为的价值标准与评价尺度。高职院校要切实把社会主义荣辱观教育作为学生思想道德建设的重要内容，这里要培养大学生三种意识：首先，培养道德责任意识。道德责任体现在社会性和个体性两个层面。道德责任的社会性即道德主体的道德品行要对整个社会负责，以自身高尚的德行换得他人的快乐和社会的和谐；道德责任的个体性即道德主体个人对自身的负责，这是完善人性、提升人格、追求幸福的需要。其次，培养道德自律意识。道德自律的特征是道德主体将外在约束转换成主体自身的意志约束，使主体为自己立法，自觉践行社会的道德要求。最后，培养道德践行意识。社会主义荣辱观本身是一种道德价值形态，它是人们以荣辱评价的方式进行社会调节的规范手段和人自我完善的一种实践精神，为培养这三种意识，教育教学活动要针对大学生的思想特点，注重内容与形式的统一、理论与实践的统一，有效发挥课堂教学的主阵地、主渠道作用，引导大学生在实践中身体力行，将荣辱观的道理外化为高尚的行为，并养成良好的行为习惯，做到从他律向自律的转化。

（5）统筹兼顾。统筹兼顾的哲学基础仍是辩证唯物主义和历史唯物主义，唯物辩证法坚持联系观点、发展观点、全面观点以及矛盾对立统一的观点，统筹兼顾恰是方法论的理论表征。统筹兼顾作为科学发展观的根本方法，也应作为指导大学生道德素质教育的根本方法。

第一，统筹德育与智、体、美诸育的关系。国家的教育方针明确指出："教育必须为社会主义现代化建设服务、为人民服务，必须与生产劳动和社会实践相结合，培养德、智、体、美等方面全面发展的社会主义建设者和接班人"，这充分体现了社会主义大学办学方向的根本要求，德育方法就是要统筹好德育与智、体、美诸育的关系。德、智、体、美是全面育人的核心内容，是相互联系的统一整体，要全面发展，不可偏废。其中德是导向，但同时德、智、体、美都有着各自质的规定性，不可互相替代。在强调德育为先的前提下，教育工作者不能忽略其他教育的发展，大学生道德素质教育除了发挥本体职能培养大学生的高尚品德外，还要作为动力推动其他诸育的发展。

第二，统筹个人利益与整体利益。任何个人都离不开社会和集体。集体利益作为一定社会成员利益的集合，本质上是每个成员的利益有机联系的统一整体。个人在社会和集合体中的活动，既是为了他人，也是为了自己，他提供给集体和社会的价值越大，其自身的发展和进步的速度就越快，个人的价值和利益实现的程度也就越高。在发展中国特色社会主义过程中，个人利益的不断实现、个性的全面发展，归根到底要靠社会整体事业的巩固和发展。大学生道德素质教育应教育学生辩证地看待个人利益与整体利益之间的关系，强调个人利益与整体利益的协调，增强学生维护整体利益的自觉性和主动性，并在社会性与自我性的融合中追求个体利益、个人价值的实现。统筹物质利益与精神利益。利益是由物质利益与精神利益构成的，两者是相互关联的、不可分割的、对立统一的整体。目前，大学生的思维方式已经发生了很大的变化，即价值理想的实用化，也就是从重理想转向重现实。一些学生重功利、讲实惠的人生价值取向突出，注重物质利益和短期的回报，而对长远利益、远大理想和精神价值的追求显得淡漠。大学生道德素质教育不能忽视或否定学生的物质利益意识，但又不能只停留在满足学生物质利益的基点上，而要充分运用法律、科学的管理以及社会舆论和宣传等手段，引导学生调节和处理好物质利益与精神利益的关系。

第三，统筹人的自我价值与社会价值。在实践中，人们在人的社会价值与自我价值的关系问题上存在形而上学甚至片面的观点：一是只强调社会价值而忽略自我价值。二是只重视自我价值而忽略社会价值。在当代大学生中价值取向问题、一味追求自我价值实现的现象比较普遍。对此，在价值的辨析上以及社会和人的发展上，同样要用统筹兼顾这一根本方法教育大学生。一方面，要认清人的社会价值和自我价值的关系。社会价值与自我价值虽然是不可分割、互为前提的，但社会价值高于自我价值，社会价值是第一位的，自我价值是第二位的，社会价值是自我价值的基础，只有当人的自我价值有利于促进社会发展进步时，才是真正的自我完善。另一方面，要处理好人的社会价值与自我价值的关系。大学生要将实现自身价值和社会价值统一起来，在服务祖国人民中展现自身价值。

第二节 传统美德中的人生观与价值观教育

一、传统美德中的人生观教育

当代大学生是青年中的精英，是青年中文化层次较高的群体，他们肩负着继往开来，把社会主义事业进行到底的伟大使命；肩负着振兴中华，把我国建设成为富强、民主、文明、和谐的社会主义现代化强国的历史重任。因此，他们的素质如何，有着怎样的世界观、人生观，能否树立正确的世界观、人生观，将会直接关系到他们能否完成自己的历史使命，也关系到社会主义的前途和命运。

（一）人生观的认知

要了解人生观的内涵，首先得知道人生的意义。所谓人生就是指人的生存，人的社会生活，是指人从出生直至死亡的整个生命的历程。人是自然界的存在物，人生经历着生命产生、发展和衰亡的全过程，它是一个自然历史的过程，有其自身的运行规律。因此，人生具有自然本性的特征。

人生又是社会化的过程，社会性是人生的最本质的特征。人不仅受生物规律的支配，更要受到社会生活实践及其发展规律的支配。此外，人又是有意识、情感、理想等精神世界的生物，有着自觉的能动性，在人的意识的支配下，人们能够能动地认识世界和改造世界。正是人的这种能动性和创造性使人生活动具有目的性、计划性、意义和价值。因此，人生具有思维属性的特征，正是人的主体自觉意识赋予人生责任和历史使命。

人生是人的自然属性、社会属性和思维属性的有机统一，其中自然属性是人生的基础，是人生的物质载体；社会属性是人的本质属性，对人生起着决定性的作用；而人生的思维属性也是社会的产物，人的精神现象是一种社会现象，它受人们的社会关系制约和决定。因此，应从以上三个方面的辩证统一来理解人生，这才是科学的。

人生观是人们对人生根本观点的总和，是人对于自身生命过程的反思，是主体在社会生活实践中形成的对人生基本问题的根本观点和态度，以及解决问题的基本原则和方法。人生观主要包括三个方面的问题：人生目的，即人为何活着；人生态度，即人应当怎样对待生活；人生价值，即怎样的人生才有意义。

人生观就是人们对人自身的理性思考，是对人自身存在的价值、意义以及发展趋势和规律的理性认识。每个人都有自己的人生观，但不同的阶级、个人有着不同的人生观。有享乐主义人生观、拜金主义人生观、悲观主义人生观、为人民服务的人生观等。人生观之所以如此纷繁，是因为它是社会关系的产物，它的形成与客观外界环境以及人们的生活道路有着密切的关系。可见，人生观就是在主体不断地与客观环境相互作用的过程中形成的。人生实践是人生观形成的前提和基础，人总是在一定的客观历史条件下，在一定的阶级利益下从事人生实践活动，在一定历史范围内的人生实践决定人们人生观的形成不可能超越时代所能提供的条件。

主观认识能力的发展与提高是人生观形成的必要条件。由实践发展的思维能力不仅能够反映人们实践交往活动的过程，而且可以从人生实践中抽象概括出人生的意义，形成对人生基本问题的根本观点和看法，即形成人生观。人生观的形成是一个从实践到认识，从认识到实践的过程。人们在社会实践的基础上产生认识，然后用通过认识获得的人生观来指导实践，再在实践中通过社会交往活动和认识能力的提高，检验和发展对人生的认识，获得对人生观的更高水平的概括和抽象，再把它转化为更高水平的人生实践，这一循环往复的渐进过程，表明人生观的形成和发展是以实践为基础的客观因素和主观因素相互作用的运动过程。

1. 人生观的主要特征

人生观是人所特有的精神现象，是社会意识的一种形式。它是社会物质生活条件，即社会存在的反映。因此，它具有自己的特征。

（1）人生观具有社会性特征。人的本质不是单个人所固有的抽象物，在其现实性上，它是一切社会关系的总和。换言之，人是社会的人，总处于一定社会关系中，具有社会性。因此，人的人生观也必然具有社会性特征。作为社会中的人，其人生观的形成和发展也离不开一定的社会关系。社会的经济关系，物质资料生产，政治法律制度，道德、风俗习惯，科学文化，周围环境等，对一个人人生观的形成和发展都有着十分重要的影响，其中经济关系起着决定性作用。任何人人生观的形成和发展都不能超越一定的社会关系，人生观是一定社会关系在个人身上内化的结果，也只有在一定社会关系中，人生价值才能得以实现。可见，离开社会性的人生观是不存在的。

（2）人生观具有历史性特征。人生观来源于社会实践，是一定社会存在的产物，即它是特定社会经济、政治、文化等的反映，社会存在是发展变化的，所以人生观也必然随着社会的发展而变化。人生观也是历史的产物，处于不同历史阶段的人们，由于对客观世界和人生认识的深度、广度以及正确程度不同，就产生了不同的人生观。换言之，不同的历史条件下会产生不同的人生观，人生观必然会打上时代的经济、政治、文化、道德的标志。正如没有所谓永恒的、不变的和超越历史时代的人性一样，也没有永恒的、不变的和超越历史时代的人生观。科学的人生观为人生指出正确的方向，因而是人类精神的精华。人生观的变化和发展，也正是人类在历史的长河中不断自我完善与发展的必然趋势。

（3）人生观具有阶级性特征。在阶级社会中，经济基础总是属于一定阶级的，经济基础的阶级性，就决定了作为经济基础反映的人生观的阶级性。由于在阶级存在的社会中，每个人都处于一定的阶级地位，因此，各种思想无不打上了阶级的烙印。

（4）人生观具有相对独立性特征。人生观是一定社会历史文化或民族传统文化的累积、沉淀和演化，它一旦形成，便具有相对独立性。一方面，它具有超越社会现实的超前性，另一方面，它也具有落后于现实的滞后性。新的人生观虽然离不开对旧人生观的继承和改造，但它并不是在新的社会存在完全产生之后才产生的。

2. 人生观的重要作用

人生观对于人的人生价值、人生目的、人生理想和人生道路都具有十分重要的指导意义，对人的一生起着基础和关键的作用。其重要作用主要表现为五点。

（1）人生观是人生道路的指南，决定一个人的发展方向。众所周知，人的行为受思想支配，人的思想指导着人们的实践活动。人生观是把握人生方向、抉择人生道路的指南。人生观决定着一个人要成为怎样的人以及做人的标准，人生观能帮助人们辨别和选择方向、道路，使人朝着既定的目标前进。但是，不同的人生观对人生起着不同的指导作用：正确的人生观能够指导人们采取正确的行动，沿着正确的方向前进；而错误的人生观，特别是腐朽阶级的人生观，能使人变得悲观、沮丧，引导人们走上歧途，陷入深渊。

（2）人生观是人生的精神支柱，决定一个人的理想信念。每个人都有自己的人生理想，但是，实现人生理想却是一个艰苦奋斗、努力拼搏的长期过程，在这一道路上会有许多艰难险阻，如果没有一个正确的人生观做精神支柱和精神动力，就很难以坚韧不拔的精神和坚强意志去战胜困难，就无法实现自己的人生理想而成才。树立正确人生观的人，则必定有着自己远大的理想和坚定的信念，并以此为他的精神支柱，促使并激励他全身心地、勇敢而坚毅地为实现自己的理想而奋斗。

（3）人生观决定一个人的做人标准。人生观的不同，决定了一个人所追求的人生目标的性质及其大小的不同，决定着是做一个有着高尚的道德品质和理想人格的人，还是做一个只为自己、家庭或小集团活着的人。衡量一个人的人生不是看有多长，而是看是否有意义。因此，"学校要积极工作，充分调动学生积极性，加强与社会、家长的联系，多方共同努力，帮助大学生确立正确的人生价值观"[①]。

（4）人生观是促进或阻碍社会发展的巨大精神力量。人生观属于社会意识范畴，它是由社会存在决定的，即由社会物质生活条件所决定。人生观一旦形成，就对社会物质生活条件有着巨大的能动的反作用。不同的人生观对社会发展起着不同的作用：凡是那些反映社会先进经济关系、符合社会发展趋势的人生观，就对社会发展起促进作用；凡是那些反映落后经济关系、与社会发展趋势背道而驰的人生观，就对社会发展起阻碍作用。判断一种人生观是起进步作用还是起反作用，要看它所产生的社会经济关系的性质。如果社会经

① 温春继. 当代大学生人生价值观误区及对策分析 [J]. 教育与职业，2009（29）：160.

济关系是先进的，则在此基础上形成的人生观也是先进的，起进步作用。

（5）树立正确的人生观是抵制腐朽思想的强大思想武器。加强人生观教育尤其是加强对当代大学生的人生观教育就具有非常重要的意义。当代大学生必须树立正确的人生观，这不仅是大学生人生道路的指南和成才的重要内容，而且是大学生实现理想的精神动力、精神支柱，同时也是大学生抵制各种错误思想的强大思想武器。因此，当代大学生必须树立正确的、积极的人生观，抵制各种错误的、消极的人生观。

（二）正确人生观的树立

人生观是人生目的、人生态度和人生价值的统一。因此，当代大学生要树立正确的人生观，必须做到以下方面：

第一，追求高尚的人生目的。当代大学生必须树立为人民服务的人生目的。首先，树立为人民服务的人生目的，是党和人民对大学生的要求。当代大学生只有自觉树立为人民服务的人生目的，才能在服务人民、奉献社会的实践中创造人生价值，从而实现建设中国特色社会主义的使命。其次，树立为人民服务的人生目的，是大学生成长的内在要求。在社会生活中，每个人既是服务的给予者，又是服务的接受者，大学生在确立人生目的时，应立志为人民服务，在为社会做贡献的同时，不仅可以获得物质利益，更能获得才智的锻炼、精神的提升。

第二，确立积极进取的人生态度。所谓人生态度，指的是人们通过生活实践所形成的对人生问题的一种稳定的心理倾向和基本意图。人生态度的形成既是一定社会环境影响的结果，也是一个复杂的心理过程。人生态度是人生观的重要内容，一个人有怎样的人生观就会有怎样的人生态度。当一个人对人生观作出某种明确的选择，实际上就决定了他在实践中将以怎样的方式处理各种人生问题。

二、传统美德中的价值观教育

"当代大学生价值观问题不仅是大学生个人的人生思考和定位，而且关系到一个国家的发展与未来"①。随着市场经济体制改革和社会结构的不断变迁，当代大学生的人生价值观受到了较大的影响。因此，运用价值观教育对当代学生具有重要的意义。

（一）大学生价值观解析

---

① 李里．关于当代大学生人生价值观偏差的思考 [J]．继续教育研究，2010（12）：110．

1. 价值观的独特性

价值观是对价值的理解和认识，是人们关于什么是价值、怎样评判价值以及如何创造价值等问题的根本观点。价值观又是社会关系的产物，是由社会物质生活条件决定的。价值观在上层建筑中属于社会意识的一种形式，价值观的形成离不开现实的物质条件。价值观的内容，一方面表现为价值取向、价值追求，凝结为一定的价值目标；另一方面表现为价值尺度和准则，成为人们评判事物有无价值以及价值大小的评价标准。因此，价值观是人与社会精神文化系统中深层次的、较为稳定的、起主导作用的部分。价值观是世界观的组成部分，是人生观的核心，它支配并调节人们的一切行为，是驱使人们行为的内在动力，是人生和事业中最重要的精神追求、精神支柱和动力所在。

大学阶段是人生心理发展的过渡期，是人的世界观、人生观、价值观形成的关键时期。大学生是社会中一个独特的群体，这一年龄阶段的特点决定了他们生理发育基本成熟，具有成年人的生理特征；而在心理上，由于尚未完全走入社会，心理的发育并没有完全成熟，他们的意志、情感等都还在发展；从成长经历来看，他们大多是在改革开放中成长起来的独生子女一代，普遍受到社会和家庭的呵护，成长顺利，少受挫折，阅历相对简单；在社会知识结构中，他们是人类先进科学知识的学习者和掌握者，是社会期待的建设性人才，但还没真正地把知识应用于实践，这些都决定了大学生是充满矛盾的、介于成熟与不成熟之间的特殊群体，决定了大学生与其他的社会群体相比，其价值观具有其独特性，主要表现在以下三点：

（1）价值观的稳定性和可变性。大学生对价值观的思考是经常的、较为深刻的，从一定意义上来看，他们的年龄、经历决定了他们已经形成了较为稳定的价值观。但他们所处的易于受熏陶的环境和学习的状态又决定了他们富于变化的特点。

（2）价值取向的多样性和差异性。大学阶段是人生需求最多的阶段，生理、心理的需求，物质、精神的需求，生存、发展的需求等，这些需求不断地推动大学生获取对需求的满足，也不断地促使大学生去认识这些需求的价值，形成大学生价值观的多样性、丰富性。大学生的任务主要是学习知识，知识价值成为他们追求的主要目标。兴趣的不同、对知识有用性的认知的不同，形成了不同的知识价值观。大学生对物质、精神、文化等的追求形成了大学生的政治价值观、经济价值观、审美价值观、人际关系价值观等一系列的价值观，而这些价值观的相互作用形成了大学生的主导价值观——人生价值观。

（3）价值取向的独立性和从众性。大学生在主观上独立性很强，愿意彰显个性，反对千篇一律；愿意独立思考，不愿受人支配。但他们的不成熟性、可变性又决定了他们容易受到外来因素的影响，容易从众，这是由于大学生有着大体相同的成长环境，大体相同的学习方式和生活空间，诸多的相似性决定了群体内部相互影响是不可避免的。从众是大学生价值观的明显特征，主要表现在：从整个社会群体之众，从同龄人之众。

2. 大学生价值观变化的成因

市场经济具有平等性、自主性、开放性、竞争性等特点，正是它的这些特点，对当代大学生价值观的变化产生了深刻的影响。

（1）市场主体的平等性、自主性导致大学生价值主体由集体本位转向个体本位。在计划经济体制下，传统价值主体是立足于集体本位来建立人生目标的。为人民服务和无私奉献曾是几代大学生价值选择的根本特征。但随着商品经济的不断发展和社会主义市场经济的逐步建立，当代大学生越来越强烈地认识到，市场的竞争是激烈的，要想在市场中赢得重要地位，就必须具备过硬的本领，还要有胆识、有智慧，能够抓住机遇，应对挑战，而这一切的主体都是自己；竞争是公平的，机会是平等的，命运完全掌握在自己手中，因此，个体有着更加明确的自主性和选择性，大学生的人生理想更贴近自身实际和现实境遇。

（2）市场经济本身的主体性、功利性决定大学生价值选择的功利性。在激烈竞争的市场经济条件下，利益至上，优胜劣汰。优和劣的标准又往往取决于获得物质利益的能力。在市场的作用下，踏踏实实做学问、搞科研的人少了，很多大学生都选择应用学科，使得基础学科、理论学科受到了冷遇。当代大学生的价值取向从单纯的以精神为衡量标准逐步向世俗化、功利化方向发展。当前，大学生的物质利益要求日趋强烈，出现了重物质而轻精神、重实惠而轻道德的倾向，大学生对自我价值的思考越来越功利化。

（3）市场经济的兼容性和经济成分的多样性导致大学生价值评价的相对化和多元性。在市场经济中，一切生产要素必须走向市场，在供求关系中实现自己的价值。大学生作为即将走向市场的人才，也要按照市场的要求塑造自己，完善自己。市场需求的多样性、人才评判标准的多样性导致了大学生成才观念的多样性。此外，多元的经济结构和利益关系导致当代大学生价值观的多元性，每个人都可以根据自己的特长去寻找能够发挥自己潜能的职业。

（二）价值观教育的体系

价值观是人内在的思想观念，渗透并反映在行为的各个方面，它是多层次、多角度的。根据大学生价值观的多样性，树立大学生的价值观也要从政治、经济、道德、爱情、就业等多方面着手，构造一个全方位的价值观教育体系。

1. 人生价值观教育

人生价值指的是人的生活实践对于社会和个人所具有的意义和作用，人生价值观是对人生价值的主观认识。人生价值观是价值观的根本和核心，它影响着人们的政治价值观、经济价值观以及其他各种价值观。因此，对大学生进行人生价值观的教育是最为根本和最为必要的。

人生价值观既要符合社会发展的需要，又要兼顾个人发展的需要，既要发扬传统人生价值观的有益内容，又要分析市场经济对人生价值观影响的规律性，吸取其合理成分，发挥其积极作用。在现实基础上，帮助大学生树立积极的人生价值观要注意：一是集体主义仍然是人生价值观的核心内容。集体主义人生价值观是以辩证唯物主义和历史唯物主义为理论基础的，它吸收了人类文明的有益成果，是在正确认识人的本质的基础上创立和发展的。市场经济与其他经济形态相比，更强调个体积极性的发挥，但它并不否定集体主义的原则，而是对个人与集体的关系提出了更高的要求。在市场经济体制下，个人不再像计划经济时期那样无条件地服从，但他必须自觉地维护集体利益。因此，在市场经济条件下，追求个人利益是允许的，但个人对集体的服从也是必需的，集体主义仍然是人生价值观的核心内容。二是建立新型的价值评判标准，在兼顾自我价值和社会价值的过程中实现人生价值。不同时期的人生价值评判标准是不同的。很长时间以来，社会价值取代了人的自我价值，社会要求人们立足集体本位来确立人生的目标。但是，在新的历史条件下，一味地要求学生只讲社会价值而不讲自我价值是不现实的。在社会主义市场经济条件下，劳动者同国家、集体一样已成为利益关系的主体，个人的正当利益应当受到保护和重视。所以，在强调学生实现社会价值的同时，也要承认其自我价值的合理性。只有正确处理好国家、集体和个人的关系，兼顾自我价值和社会价值才是符合时代要求的价值观。

2. 政治价值观教育

政治价值观是对一定的社会政治事务和政治现象之意义的评价，是大学生价值观体系的主导部分。它反映的是大学生对政治现实和政治理想的一般评价、心理倾向及行为取舍，是大学生关于社会政治生活的价值评价的观念的总和。大学生是国家的未来，他们的政治价值观将有可能影响到国家的前途命运。因此，对大学生进行政治价值观教育是任何一个国家都非常重视的问题。政治价值观之于青年，正如灵魂之于人一样，具有十分重要的意义。当代大学生必须在三个方面树立正确的政治价值观。

（1）爱国主义教育是大学生政治价值观教育的重要内容。爱国主义是中华民族的宝贵精神财富和优良传统，是中华民族生生不息、发展壮大的精神动力，是加强民族凝聚力的有力保障，是大学生政治价值观教育的灵魂和核心。当代大学生应当自觉地把个人命运融入国家、民族的命运中，承担起祖国赋予大学生的社会责任。

（2）坚持社会主义道路和中国共产党的领导是中国国情的要求和历史的选择。坚持走中国特色社会主义道路是历史的选择，是被实践证明了的正确选择。

（3）维护政局稳定和社会安定是实现我国现阶段根本任务的客观要求。当前，必须以经济建设为中心，大力发展生产力，这就必须摒弃一切干扰，以稳定的政治局面、社会局面为前提。因此，当代大学生必须树立大局意识，自觉维护政治稳定和社会安定。

3. 道德价值观教育

道德是一种特殊的社会意识形态，它通过社会舆论、传统习俗和人们的内心信念来维系，是对人们的行为进行善恶评价的心理意识、原则规范和行为活动的总和。改革开放以来，受市场经济和国外各种思潮的影响，大学生的道德价值观发生了较大变化。总的来看，大学生的道德价值观是健康的、积极向上的，但是，在变化过程中也存在道德滑坡的现象。当代大学生道德价值观的变化主要表现为两种趋势：一种是反传统性，他们对一些传统道德观念提出了质疑和挑战，在道德的价值取向上不再盲目追随统一的道德模式。另一种是功利性加强，当代大学生的道德价值观念中融入了不少功利色彩，变得很务实。总而言之，加强当代大学生的道德价值观教育是一个十分迫切的问题。

加强大学生的道德价值观教育，一方面，要整合道德价值观念。盲目地否定西方的道德价值观与一概吸收和继承中华民族传统道德都不能解决当代大学生中存在的道德价值观问题。要构建符合时代的大学生的道德价值观，既要注意加强对他们的中华传统道德教育，使其摒弃那些阻碍时代发展的旧道德、旧观念，又要加强中西方文化交流，使他们对西方的道德价值观有一个清晰的整体的把握。另一方面，还要坚持道德价值观教育的时代特色。基于时代的特点，进行道德价值观教育必须树立几个观念：首先，要兼顾国家、集体、个人利益，注重经济效益，培养脚踏实地、求真务实的精神；其次，要倡导竞争，破除陈旧观念，激发大学生在学习、生活、工作中的积极性和创造性；最后，要树立平等互利的社会主义道德观念，并把它与"为人民服务"的原则结合起来。

总体而言，在当前形势下，人生价值观教育、政治价值观教育和道德价值观教育的问题在大学生群体中显得尤为突出。此外，在这三种价值观教育的基础上，引导大学生对经济价值观、爱情价值观、职业价值观等建立正确的认识也很有必要。

第三节　传统美德中的学生创业道德教育

一、传统美德中学生创业道德教育的地位

（一）学生创业道德教育是核心内容

目前，我国大学生创业教育的实施过程中，存在着一种急于追求成功的趋势，通常只侧重于传授创业技能和知识，却忽视了创业道德教育的必要性。这导致了许多大学生在创业观念、综合素质方面存在着较大差异，创业教育的成效也相应不尽如人意。因此，大学生创业道德教育不仅是高职院校创业教育的核心内容，更是创业素质培养中不可或缺的要素。

第一，良好的道德品质是创业的基础。道德品质，又称品德，是个人的根本和生存立足之本。缺乏良好品德的个体通常会受到社会和他人的唾弃，且难以取得成功。在大学生创业实践中，追求最大利益往往成为学生们的主要动机，这部分源于利己主义在人类生活中的根深蒂固。另外，大学生创业面临着资金短缺、经验不足等种种困难，因此，创业者在争取生存的同时，也承受着压力和竞争。这种情况下，如果没有良好的道德品质，就容易为了获利不择手段，导致道德滑坡，如制假造假、欺诈等行为。创业道德教育旨在提高创业者的道德意识，培养其良好的道德品质，使其能够正确平衡创业中的利益与责任义务关系。只有拥有良好的道德品质和人格，才能引导创业者朝着正确的创业道路前进。

第二，创业需要正确的价值引导。在大学生创业过程中，个人的价值观形成受到自身和社会等双重因素的影响。一方面，个体的道德素质和水平对其创业观念的形成具有制约作用，缺乏道德观念的学生可能简单将创业等同于金钱至上和追求最大利益。另一方面，社会的道德观念也会对大学生的创业态度产生影响，尤其是当前社会存在的道德问题可能对学生的价值观产生负面影响。在信息时代，社会的低层次文化观念不经过滤地涌入到大学生的思想中，这使得学生在未能形成稳定的道德判断能力之前，容易受到不良观念的诱导，错误地理解了创业的本质和目标。因此，创业道德教育的实施可以正确引导学生的创业行为，通过持续的启发、监督和教育，将学生的创业观念引导至正确、符合社会创业要求的方向。长期的引导有助于养成良好的道德行为习惯，同时，在创业实践后，学生的创业观念也将发生进一步的演变，形成良性循环，相互促进，取得更大的创业成功。

（二）学生创业道德教育是重要环节

学生创业道德教育是重要环节，即社会或阶级针对人们遵循特定道德准则以及自觉承

担社会和他人义务的能力，通过有计划、有组织的方式向人们和下一代传授道德知识和道德经验，并采取各种方法和手段对其进行道德影响的活动。在高等院校素质教育中，大学生德育教育占据着重要地位，其任务是培养高素质人才和合格的接班人。高职院校的德育教育从传统道德文明中汲取了有益的精神内涵，将之与现代社会和大学生个体的特点相结合，从而实现了传统道德文明的传承。此外，高职院校的德育教育也应对社会不良风气提出批判性观点，有助于改善社会道德生态，维护社会公德的有效性，并提高大学生的道德标准和品行的判断能力。可以看出，德育教育对每个大学生的健康成长至关重要，也直接关系到整个中华民族素质水平的提高。然而，我国的高职院校德育教育尽管在教育实践和理论研究方面取得了显著的进展和提高，但仍存在一些问题。特别是在德育教育内容方面，往往未能与实际相结合，教育方法和手段也不够科学合理，未能完全适应社会的发展需求，同时缺乏对新问题和新事物的深入研究。创业道德教育的缺失问题就凸显了其亟待解决。缺乏创业道德教育的高职院校德育教育是不完整的。

第一，从内容的角度看，高职院校德育教育的内容并不充分。道德教育不仅仅源于生活实践，而且存在于生活实践之中。从心理学角度看，个体的道德观念是在生活实践中形成和发展的。因此，德育教育的内容应包括道德知识，更应涵盖现实生活中的热点问题和新的道德挑战。创业作为近年来出现的新问题，吸引了大量参与者，但也伴随着不良行为的增加。然而，高职院校的德育教育对创业道德问题的研究和教育却仍然有限，缺乏针对性和实际性。考虑到大学生是创业的重要参与者，他们的道德认知水平和社会经验相对较低，因此，需要受到有效的创业道德引导和前期教育。创业道德教育在现代高职院校的德育中不可或缺。

第二，从人才素质培养的角度来看，高职院校的德育教育不完整。大学生的综合素质应包括科学文化知识，同时也需要培养道德品质和思想观念。高职院校的德育教育主要任务之一是培养具备道德品质的高素质人才。在经济全球化的今天，国家更加需要大量具备创业精神的高素质人才。如果高职院校的德育教育未能涵盖创业道德教育，将无法培养出合格的创业者，这将影响到国家核心竞争力的提升。

第三，从道德影响的角度来看，缺乏创业道德教育的德育教育对社会道德环境的影响也不完整。个体的道德状况构成社会道德环境的一部分，而社会道德环境也在潜移默化中塑造个体的道德观念。高职院校的德育教育应当有助于塑造良好的社会道德环境。然而，如果高职院校的德育教育未能包括创业道德教育，那么社会道德环境可能会面临一系列挑战和不良趋势。因此，高职院校的德育教育不仅仅是培养个体道德品质的问题，更是关系到整个社会的道德健康和发展。创业道德教育的加强将有助于培养出更多具备高度道德素养的创业者，推动社会道德环境向更加积极、公正和诚信的方向发展，最终有益于整个社会的繁荣和进步。因此，创业道德教育在高职院校的德育教育体系中不容忽视，应成为重要的教育内容之一。

二、传统美德中学生创业道德教育的作用

（一）创业道德教育有助于大学生正确价值观的形成

创业是创业者发现和识别商业机会，组织各种资源，通过生产产品和服务，创造经济利益的过程。价值是指客体对主体需要满足的作用和意义，反映的是主客体之间的效应关系。价值观是一种存在意识，是对社会存在的客观反映和个体对周围客观事物是否具有意义的评价和看法，往往被当成人们相互评价行为、事物的规范和标准。大学生创业价值观是创业的先导，它构成了创业者的创业动力，是从事创业活动的强大驱动力。一个大学生去不去创业或者能不能创业，他的创业目的、创业途径以及创业的实施过程，都会受到创业价值观的影响。

起到行为导向作用的创业价值观，随时随地对创业行为起到调节和指导的作用。市场经济的发展，利益主体的多元化，使得个人的独立性、自主性地位逐渐得以确立和提高。此外，教育的首要功能在于"明德"，在于升华受教育者的人格。当今的创业教育不应该仅仅是创业知识、创业技能的教育，更应该注重创业精神、创业道德和创业价值观的教育，特别是要针对当前大学生创业价值观的偏见现状，采取有效教育手段加以正确引导，帮助大学生形成正确的创业价值观。

（二）创业道德教育有助于融入创新型社会

当前，我国科学技术日新月异，知识经济方兴未艾，人们的生产和生活方式发生了重大的改变，这一切都得益于创新的力量。创新型国家建设关键要靠创新人才，创新人才的关键在于教育。因此，高职院校开展学生创业道德教育，把创业人才教育融入人才培养全过程，培养具有创业精神和创业能力的高素质人才，是高等教育服务国家发展建设的要求，是面向现代化、世界和未来的必然选择和趋势。

创业人才是创新型国家建设的重要力量。经济建设是创新型国家建设的重要内容，是国家富裕、民族强盛的保证，而创业正是经济发展的原动力和解决就业的有效途径，创业者正是经济活动的主要实施和参与者，创业人才是创新型国家建设的重要力量。从创新型社会人才需求的角度来看，创新型社会建设需要大量具有创新能力和素质全面的建设者，随着经济社会的快速发展，国家对创业人才的需求越来越迫切，对创业人才的质量越来越

依赖，特别是对高素质的创业人才更是求贤若渴。

事实上，现如今许多用人单位，特别是知名企业对员工素质的要求不断提高，甚至有的已经是"准创业者"的素质要求。同时，创业者具有优秀的创新、竞争能力，创办企业和开创事业过程的本身就是创新活动，就是建设创新型国家的一部分。因此，创业人才是建设创新型国家不可或缺的重要力量和坚强后盾，在高职院校培养大学生优秀的创业素质，有利于所有学生的长远发展。

创业道德教育符合创新型国家的人才培养需求。大学生是未来国家各项事业建设者，接受创业道德教育，拥有较高的创业综合素质，就可以满足创新型国家的人才需求。将来进入到社会以后，哪怕不从事创业活动，也可能是其他创新事业的推广者和实践者。学生创业道德教育提高了受教育者的创业意识和创业素质，使其在良好的创业文化氛围中成长，接受系统全面的创业教育，形成基本的道德共识，就能够主动融合到创新型社会的需求中。因此，加强对在校大学生的创业道德教育，提升未来创新人才的创业道德素质，既是知识经济时代人才培养的需要，更是建设创新型国家的需要。

第四节　传统美德中的高职院校德育教育

一、高职院校德育教育优化的必要性

尽管我国在新时期高职院校教育中加强了大学生道德工作开展的力度，但不可否认的是，随着社会的不断变化和发展，高职院校道德建设仍存在着一定的问题，而且这些问题足够引起整个社会的警觉。普遍的观点认为目前的高职院校德育并不适应当前的社会环境，无法被受教育者所接收。例如高职院校对德育的重视度不够，德育课内容过于陈旧，无法取得教育成效；德育教学方式过于形式主义，讲述的内容都是条条框框，与人文化的社会现实无法匹配，以至于受教育者不能积极主动地去接受等，这些事件都给高职院校敲响了警钟，只有对高职院校进行德育模式的改革才能最终有效地防止此类问题的再度发生。

想要有效进行改革和优化，就要走出理论的约束。要将教育的双方都摆在社会的场景之下，以实践活动的开展为依托，从实践中找到理论依据，从而实现教与学的统一。为学生们创造一个良好的实践环境，让他们发挥学习的主观能动性，在实践中学习，用一种积极向上的态度去接受品德教育。并进一步将教育的成果转换成自身的道德素养，从根本上实现德育的成效。

（一）德育教育环境变化的要求

1. 提升德育教育整体效果

提高德育实效，就要尊重社会主义市场经济发展的必然规律。物质决定意识，经济基础决定上层建筑。我国的政治制度、文化制度都随着经济社会的发展而不断发展革新。纵观整个历史长河，不难发现，经济体制是主导，经济是推动整个国家的政治、文化等各个方面全面发展的主要核心。从文化制度方面来说，经济的发展决定了文化的发展。文化制度随着经济的发展打破了单一文化体系的束缚，形成以具有中国特色的文化为主导。

我国改革开放40多年来发生了深刻的变化，从单一制的公有制经济结构向以公有制经济为主，多种非公有制经济并存的经济结构转型。与之相配套的，我国的分配方式也从单一的分配方式转型成为以按劳分配为主，多种分配方式并存的分配制度。确实实现了生产力与生产关系的相互依存，相互促进，齐头并进。公有制、按劳分配的主导地位决定了社会主义的主导地位和集体主义的价值取向，而多种所有制并存的经济模式又促使人们的思想拥有多样化的发展，从而形成多重价值取向。正因为人们的思想有了多元化的萌芽，高职院校德育应向主导性和多样性相统一的道路探索，从而符合社会需求。

如今社会正处于迅速发展时期，经济的高速发展带动政治、文化均呈现生机勃勃的态势。从好的方面来看，人们的生活水平显著提高，生活方式发生了多样化的变化。物质水平的提高带动人们的需求也朝着更高、更多元化的方向发展。物质条件的充裕满足了人们不同的兴趣和爱好，也引发人们对生活有着多样化观念、态度的追求。大部分人和人之间能够相互带动、相互影响。

然而，社会的发展也导致一些新情况、新问题的发生。例如网络的普及让人们更清晰地了解了其他的生活方式，相互影响，一些不好的观念和习惯也悄悄渗透到人们的生活中。拜金享乐主义就是其中的典型。一旦这些消极的思想和不良社会现象从人们生活中蔓延开来，必定会影响到"三观"尚未成型的大学生。因此，高职院校德育的作用更显得尤为重要。若是采用传统的理论学习加批评德育模式很难取得实质效果。尤其是在国际国内形势深刻变化的背景下，如何创新德育模式显得尤为重要。目前的德育存在着学习模式枯燥、学习方法滞后等多项弊端，不能适应多变的社会需求。因此，我国高职院校要从根本上改变传统的德育方法必须痛下决心，不断更新观念，创新德育方法，从而适应我国的发展变化，使这些社会的未来栋梁都能符合社会建设的需要，并以清醒的头脑应对复杂的国际和国内形势。

2. 有针对性的丰富德育内容

随着经济全球化进程不断加速，我国改革开放的日趋深入，世界上不同种类、形式各异的文化都可以通过网络、影视、传媒等方式冲击当代大学生的思想和行为。原来已有的本土文化与新进来的外来文化进行实际意义上的碰撞，其实在当今社会人们是需要多元化发展，对待文化是求同存异的。而且大学生又处在一个对新鲜事物非常有兴趣的年纪，当处在这个多种文化相碰撞的大环境中，可以使他们的价值观与不同的文化形式强烈冲击，在这个多元文化的背景中，部分大学生的价值观变得模糊，甚至迷失了方向，失去了理想信念，无所适从。然而，社会价值取向多元化对大学生的思想有积极的一面，但也不能忽视对大学生的消极影响。市场机制的利益原则使大学生过分追求物质利益，甚至把"经济实惠""利益最大化"作为自己的评判、选择、判断的唯一标准，个人主义、功利主义、享乐主义无度滋长，责任意识缺失，理想与信念迷失，催生了大学生急功近利、虚假浮躁的一面。随着改革开放的深入进行，各种价值观念将会继续以不同方式继续影响大学生的思想道德。他们的价值取向、思道德观念、行为方式的选择不可避免地还会受到更加强烈的冲击与影响。为应对社会价值取向多元化对高职院校大学生的挑战，坚持以为人民服务为核心的道德原则，将价值观教育贯穿于提升大学生整体素质与促进他们全面发展的始终，这必将要求高职院校德育模式改革与时俱进、有针对性的丰富德育内容。

（二）学生主体自身发展的要求

1. 学生主体意识强、责任意识差

在这个多元化的社会中，学生的主体意识要不断增强，更要注重自己主体性的发挥，追求一种自我价值的实现。现在的大学生较过去拥有更多的资源优势和权利优势，比以往的大学生显得更有"主体性"。大学生可以通过互联网获取各种资讯，从资讯中了解到各种社会现象和人们看待这些社会现象的观点和看法，从而学习到更多的知识以及形成自我的判断以及看待问题的方式。大学生善于利用手中的权利，例如使用教育的资源的权利，参与教育教学活动的决策权等来实现自我的价值。但是，如果这些大学生无限制地扩大这样主体化的自由度，势必与"社会化"的要求形成矛盾的关系。高职院校德育就是要将大学生主体意识的觉醒统一到社会化的要求中去，在整个社会道德框架下自由发挥学生的主体意思，形成"主体化"和"社会化"高度统一的良好局面。学生作为整个德育过程中的主体，必须发挥其主体作用，在高职院校德育教师的带动下参与整个德育过程。成功的德育能够吸引大学生真正吸收和接纳整个社会的道德标准，并自觉自愿地践行到日常行为规范中，从而在大框架下更好地实现自我价值。宽容和包容是关键，让学生追求自我的主

体价值，同时理解和尊重其他主体的价值可以有效地解决新时期德育所遇到的瓶颈问题，从而最终实现德育的目标。高职院校交往教育就是一种不错的方式，通过教师之间、师生之间，学生之间的三方互动，相互作用、沟通，参与者通过理解和对话将德育交往变得合理，从而取得高职院校德育的实效。

2. 大学生价值诉求多，目标不稳定

作为高职院校教育的主要对象，新时期的大学生在一些方面存在着很大的优势。从政治思想上来说，大学生能够坚决拥护党的领导，拥护党的方针、政策和路线，积极响应国家的政策，思想道德认识普遍比较高。从学习能力上来讲，新时期大学生的学习能力强，能够很好地接受各类信息的灌输。随着社会发展，科学技术突飞猛进，改革开放的成果惠及百姓，人们的生活水平显著的提高。然而在网络高度普及的同时，一些负面的思想正悄然影响甚至腐蚀大学生并不成熟的人生观和价值观。特别是一些不良社会风气以及西方国家价值观的多重冲击，让部分大学生的思想产生了动摇，这些动摇表现在一些学生开始出现盲目的个人极端主义的倾向，将自身利益和个性放到了最大；一些大学生盲目拜金，金钱至上的观念让他们丢弃了自己的思想道德；也有一些大学生盲目地崇洋媚外，不分精华糟粕，认为一切国外的东西都是好的。大学生正是形成"三观"的重要时期，正处在思想活跃，追求个性的年纪，总想要证明自己。在这些冲突的价值观的冲击下，极易产生对自己决定的怀疑和否定，对追求的目标也非常容易发生变化。这时，高职院校德育工作者若能突破传统教育观念，对学生们的困惑和迷失加以引导，这对大学生积极乐观的生活态度和健康"三观"的形成能够起到决定性的作用。所以，高职院校德育工作者应当顺应形势的发展，与时俱进地对德育方式进行创新，同时不断加强自身能力的培养和建设，在大学生遇到德育疑虑时能够正确疏导，在大学生产生问题时能够追根溯源，透过现象看本质，有针对性地将问题解决。这样，大学生的德育水平才能真正提高，高职院校德育工作者的能力也能不断加强。

3. 愿意关注社会，缺乏理性思考

在社会主义社会，国家倡导每个公民都树立共产主义崇高理想，为社会主义事业奋斗终身。然而当代的大学生中少数人放弃了这些高尚的理想，他们的人生目标的规划急功近利、目光短浅。例如在入党问题上，有的人是为了更好地发展机会、找到好工作、能有机会升官发财，而不是真正信仰共产主义理想、为了为社会做贡献。在择业的时候，大部分学生考虑的是社会地位、经济收入，仅有少部分的人会把充分发挥自己的才能，更好地为社会服务作为首要因素考虑。可见部分大学生缺乏理性思考。

（三）网络高速发展的要求

网络的高速覆盖在今天的大学生中产生了明显的思想和价值观念的影响。随着智能手机和高速互联网的普及，大学生日常生活中的信息获取和交流方式发生了翻天覆地的变化。这种便捷的信息获取方式使得他们更容易接触到各种观点和信息，从而塑造了他们的思想。然而，这种变化并非总是积极的，因为大学生的思想受到了各种各样的影响，有时候难以分辨哪些观点是值得信仰的，哪些是需要警惕的。

大学生的价值观和伦理道德观也呈现出个性化、多元化、复杂化的趋势，这给德育工作带来了挑战。传统的价值观传递和伦理道德教育往往难以适应这一多元化的局面，因为大学生的背景和生活经历差异较大。他们在网络上接触到的各种文化、观点和价值观形成了一个错综复杂的思想体系，这使得德育工作需要更加灵活和多样化的方法来应对。

网络不仅使大学生的思想多元化，还导致其中一些受到西方国家的价值观影响。随着互联网的普及，西方文化的影响力也逐渐扩大。大学生在网络上接触到西方国家的文化、价值观和生活方式，这些影响常常与传统的本土文化产生碰撞。这种文化冲突和伦理冲突使得大学生在伦理认知、伦理感情、道德意志和道德行为方面产生困惑。他们需要在各种文化和价值观之间进行权衡和选择，这对于他们的成长和发展来说是一项巨大的挑战。

伦理作为社会道德规范的准则也随着科技进步和信息科技的发展不断变化。全球信息化加剧，网络带来了各种文化冲突和伦理冲突。网络为相对主义提供了技术平台，导致个人思想崇拜和责任滥用。同时，网络也成为了不同意识形态和文化思想的交锋和竞争平台，引发了激烈的斗争。大学生在这个竞争激烈的网络世界中很难分辨是非，这进一步影响了他们的自身价值观的形成和塑造。

网络环境对大学生的伦理和道德教育产生了深远的影响。网络环境导致了大学生社交中情感的缺失和简化，增加了距离感，无法替代主流社会交往。这种情感的亏缺对伦理判断和道德意志产生了不容忽视的影响。网络的虚拟性、开放性和交互性为道德缺失者提供了掩饰平台，进一步影响了大学生的伦理判断。网络信息的膨胀使大学生难以分辨有用信息，需要依赖个人判断，这对伦理和道德判断构成了挑战。另外，网络特性扩大了信息的接收和发布能力，但难以管控，导致社会舆论在网络中失去了优势。

要解决这些问题，有必要采取多种措施。需要丰富德育教育内容以适应网络信息量的挑战，提高大学生的道德素质。德育教育应当包括对伦理和道德判断的培养，以及在虚拟社交中的行为规范。这将有助于大学生更好地应对网络环境中的道德困境。学校应将网络发展视为创造有利条件传播道德教育知识和价值观的机会。道德教育不应仅仅停留在传统

第一篇 传统美德及其教育基础

课堂上，而应将其融入到网络社交和媒体中，将道德教育视为社会信息传播的重要组成部分。这样可以更好地引导大学生在网络中维护道德和伦理价值观。

二、高职院校德育教育优化的路径

（一）有效整合德育教育教学内容

1. 社会主义核心价值观教育

社会主义核心价值观在高职院校的德育工作中扮演着引领和塑造的重要角色。作为中国特色社会主义的基石，社会主义核心价值观深受广大人民认同，不仅具备核心地位，还在塑造国家凝聚力和国际影响力方面发挥着直接而深远的影响。

中国特色社会主义核心价值观包括了富强、民主、文明、和谐，自由、平等、公正、法治，爱国、敬业、诚信、友善等二十四字价值取向，这些价值观已经深刻融入了国家发展的各个层面。在高职院校，德育工作应该与这些价值观保持一致，以培养符合这些价值观的公民为根本目标。高职院校的德育工作可以从国家、社会、公民三个层面展开，以确保学生养成积极的社会主义核心价值观。

（1）加强大学生理想信念教育。大学生理想信念教育的重要性不可低估。大学生的理想信念是他们未来追求的指引，直接关系到他们的品行和生命方向。因此，必须在大学阶段加强这方面的教育。首先，大学生的理想信念需要融合个人追求和社会主义共同理想，以实现社会主义事业和个人发展的有机统一。这意味着大学生应该在追求个人梦想的同时，也要关注国家和社会的需要，积极参与建设。其次，大学生在追求理想和目标时必须保持正确的理念，避免迷失方向。这需要教育机构提供正确的思想引导和伦理道德培养，以帮助学生坚守初心，不忘使命。

（2）加强民族精神宣传教育、民族精神的传承和弘扬对于国家的凝聚力至关重要。为此，在高职院校应建立民族精神传播基地，以宣扬爱国主义和自强不息的民族精神。这些基地可以通过展览、讲座、文化活动等方式，向学生传达中华文化的魅力和历史的伟大，激发他们对祖国的热爱和对自己的自强精神。这样的教育不仅可以促进思想的统一，也可以培养出一代代有强大爱国热情的青年，他们将回报祖国，为国家的繁荣和进步贡献力量。通过这两方面的教育，高职院校可以培养出更有理想信念和民族精神的大学生，为社会和国家的发展注入更多正能量。

（3）寻求高职院校德育的改革和创新。随着社会的不断发展，道德教育也需要不断改进，以确保学生具备良好的品德和价值观。在这一过程中，道德楷模事迹成为了现代高职院校德育的首选教材。

道德楷模事迹作为教育资源，具有独特的教育价值。这些楷模的生活经历和行为举止，能够深刻地触动学生的内心，激发他们积极向上的动力。不仅如此，高职院校德育还应采用多方面的正能量，包括传统道德观念、对社会主义中国的热爱、对人民群众的情感，以及个人品德、职业情怀和民族气节等。

这些正能量的引导和塑造，不仅仅依赖传统的教育方法。高职院校可以通过创新性的教学方式，如讲座、研讨会、实践活动等，将这些正能量注入学生的日常生活。同时，高职院校还应积极培养学生的批判性思维能力，让他们能够理性思考、辨别是非，形成独立的道德判断。

此外，高职院校还应注重德育与专业教育的融合。培养学生的职业情怀，让他们不仅在职业上有所作为，同时也能积极参与社会公益活动，回馈社会。通过将道德观念融入到专业教育中，高职院校可以培养出更加全面发展的人才，他们具备了坚实的专业知识，同时也具备了高尚的品德和社会责任感。

社会主义核心价值体系在高职院校的德育工作中扮演着至关重要的角色。作为中国社会最主流的价值观念之一，它既符合国情又具有广泛的社会影响力。本文将探讨如何将社会主义核心价值体系有机融入高职院校的德育工作，通过实践影响学生，创造良好的道德氛围，以培育高尚思想道德境界的大学生。

社会主义核心价值体系的融入需要高职院校将其有机地融入德育工作中。这可以通过多种途径实现，如开展课程教育、举办主题活动、引导学生参与社会服务等方式。通过这些实践，学生将能够亲身体验核心价值观的重要性，并逐渐将其内化为自己的信仰。此外，高职院校还应拓宽道德实践活动，例如志愿者服务、道德讲座等，以丰富学生的道德体验，培养他们的高尚思想道德境界。

除了实践，高职院校还应利用高尚的精神和榜样力量来引导大学生自愿认同社会主义核心价值体系。这包括教师、校友、社会公众等各界人士的积极参与，以及对那些践行核心价值观的学生的表彰和鼓励。通过创造良好的道德氛围，学校可以让学生感受到社会主义核心价值观的魅力，从而自觉地接受和践行这些价值观。

高职院校的使命不仅仅是传授专业知识，还包括培养学生的基本道德素养。这意味着学校应该设定明确的德育目标，并制定相应的教育计划。通过系统性的德育教育，高职院校可以帮助学生树立正确的价值观，培养出爱国、敬业、诚信、友善等核心价值观，从而促进积极向上的社会风气。

综上所述，社会主义核心价值体系的学习是高职院校德育的核心。它有助于提高大学生的思想认识，统一思想，培育社会建设需要的人才。高职院校应该充分认识到社会主义核心价值观在德育工作中的重要性，将其有机融入教育体系，并通过实践、榜样力量和系统性的德育教育，培育出道德高尚的学生，为社会的进步和发展贡献力量。社会主义核心价值体系不仅是高职院校德育的基本出发点和引领者，更是塑造未来社会的重要力量。

2. 生命道德教育模式

生命德育，作为一种新的德育模式，旨在塑造具有尊重和敬畏生命观念的学生。在这个模式中，学生被看作是自我生命的实现者，拥有自我保护和自我完成的生命力。这一观念深刻地强调了生命的重要性，并将其置于教育的核心位置。学校的使命不仅仅是传授知识，还包括引导学生领悟并展示生命的力量。

个体的活力和生命力是独立于客观世界的存在。生命被认为是人存在的首要要义，因此，教育的目标是唤醒和引导学生展示生命的力量，使之变得透明。这意味着教育应该不仅仅关注学科知识的传授，还应该培养学生的道德品质和生命观。德育作为教育的重要组成部分，超越了自然生命，成为人之为人的道德作用的体现。

高职院校的德育活动与社会性活动密切相关，旨在推动个体与社会生命的发展相互结合。德育对生命的发展和各种活动产生直接影响，因为道德是生命的基础，对生命的发展具有相对作用力。通过德育，个体生命被激励和引导，以超越自我，实现更高的道德境界。高职院校德育的对象是鲜活的生命，需要紧密关注个体的需求、个性和思想，只有这样，德育才能真正具备意义。

高职院校德育的逻辑起点是生命教育，它要求回归生活世界，唤醒大学生的热爱生命和敬畏生命的生命意识。只有通过这种方式，学生才能真正成为具有高度道德意识和生命力的个体，为社会生命的发展和进步贡献积极的力量。生命德育模式的引入，为教育体系注入了新的活力，强调了生命的尊严和重要性，为学生的全面发展提供了更广阔的空间。

3. 高度重视理想信念教育

大学生理想信念问题一直是引起广泛关注的话题。部分大学生中存在着对中国特色社会主义性质和内容的不清楚认识，以及对其怀疑的态度。这一问题在一定程度上反映了教育体系中的一些不足，需要加强理论教育和共同理想的树立。

为了解决这一问题，应该将现实与远大理想、个人与社会理想、实践与理论教育结合起来，以中国特色社会主义理论和核心价值观为基础，加强对大学生的教育。通过培养崇高理想和良好道德观念，可以改进大学生的理想信念教育。这需要大学教育系统更加注重理论教育，确保学生在校期间能够深入理解中国特色社会主义，并将其内化为自己的信仰。

理想信念的形成是一个系统性工程，不仅仅依赖于学校的教育工作。除了学校骨干队伍的努力外，社会和家庭教育也是关键影响因素。因此，需要建立联系机制，使学校、社会和家庭能够共同参与大学生的理想信念教育。社会和家庭可以通过各种途径，如社会实践和家庭教育，为大学生提供更多的理想信念教育资源和支持。

此外，大学生普遍认为专业课教师对理想信念教育重视不够。然而，研究表明，专业课教育与理想信念教育可以相互促进。因此，教师在专业课程中积极挖掘相关材料，提升政治素质和育人素质，可以显著提高理想信念教育的效果。这需要教师更加注重教育的全面性，不仅仅关注专业知识的传授，还要注重学生的思想教育和价值观的引导。

4. 高职院校创业精神教育

创业不仅仅是开设公司和赚取资本，它更是一项综合性的社会活动，包括社会融入、资源整合、社会改造，以及个人与社会价值的实现。在这个背景下，创业教育变得至关重要。它有助于促进理想信念教育，使学生在社会体验、责任感、理想树立、信念强化、能力培养和梦想追求中实现自我价值。这篇文章将探讨大学生创业教育如何提高创业意识、创业精神和创业就业能力，同时也是理想信念教育的有效形式。

创业教育响应了新时代理想信念教育的"中国梦"时代主题，体现了以人为本的价值理念。在中国梦的愿景下，创业教育不仅仅是为了个人成功，更是为了国家和社会的繁荣。它培养了国家和社会关注与奉献的精神，符合"中国梦"中的爱国主义与改革创新要求。通过创业教育，学生能够深刻理解自己的理想信念与国家发展的联系，将个人追求与社会责任相结合。

创业教育不仅仅关注创业本身，还强调团结协作，是能力培养的重要组成部分。在创业的过程中，团队合作是成功的关键。学生需要学会协作、沟通和解决问题的能力，这些技能不仅在创业中有用，也在日常生活和职业中起到重要作用。创业教育通过培养这些能力，有助于学生更好地适应现代社会的需求。

然而，创业不是一帆风顺的过程，它需要面对各种困难和挑战。在创业的实践过程中，强调理想信念、心态和进取精神至关重要。创业者必须坚守初心，克服种种障碍，不断提升个人理想与责任感。创业教育有助于培养学生坚韧不拔的品质，使他们在面临挫折时能够坚持前进，实现个人理想。

当前的就业形势非常严峻，大学生需要积极努力，不断提升自身综合能力素质，以实现个人理想。创业教育为他们提供了一个拓展职业道路的途径，让他们更具竞争力。通过创业教育，大学生能够培养创业精神，发展创业技能，不仅可以创造自己的就业机会，还可以为社会创造更多的就业机会，共同实现自我与社会的共赢。

（二）创新德育实践形式

1. 发挥德育实践课程作用

（1）建构科学的课程体系，强化学科、学术建设。为了巩固学科建设和学术发展，需要重新设计科学课程体系。大学生是否能够认同和接受纯理论教育，是大学理想信念教育的核心问题。中国特色社会主义理想信念教育在不断发展演进中，不断丰富和完善，其方法也需要不断调整。因此，需要不断更新高职院校的政治理论课程，将新的时代特点融入其中，以促进其不断发展，同时与学生的政治兴趣保持一致。

（2）结合课堂教育和社会实践。高职院校教师需要系统地把握教育理论内容，特别是关注焦点、热点、疑点和难点，以便进行深入的教学研究。这是为了确保他们能够提供高质量的教育，满足学生对知识的需求。

高职院校教师应努力促进理想信念教育与学生实际、实践内容的结合。这包括增加学生的参与，使他们能够更深入地理解和内化理想信念教育的核心价值观。只有通过将理想信念与学生的生活和实践相结合，教育才能更加有深度和影响力。

高职院校教师应积极创新教学形式和方法，注重学生的主动参与。避免简单的强制性灌输和空洞的说教，而是鼓励学生积极思考和参与讨论。这有助于激发学生的学习兴趣和动力，使他们更好地理解和吸收知识。

高职院校教师还应该深入理解学生的思想、心理特点和行为方式。这有助于教师更好地引导学生，在教育和社会实践中发挥他们的主动性。只有了解学生的需求和特点，教师才能更有效地满足他们的教育需求。

此外，提高学生的识别能力也是很重要的。这包括促进不同理想信念的识别，帮助学生抵制错误思想和腐朽文化的影响。教育不仅仅是传授知识，还包括培养学生的判断力和道德观念，以便他们能够在社会中做出明智的决策。

实现德育功能主要通过高效的政治思想理论课程来实现。这需要教师积极引导学生，促使他们自我约束，并转化为特定的价值理念、思想道德与行为规范。政治思想理论课程应该不仅仅是理论的传授，还要具有实践性，使学生能够将所学知识应用到现实生活中。同时，德育教师的言行一致也至关重要。他们应该成为学生的榜样，强调人生信仰和人格魅力对学生的深刻影响。只有通过言传身教，教师才能真正培养学生的道德观念和行为规范。

然而，高职院校德育课堂仍然存在一些问题，如灌输多于交流、学生缺乏学习主动性、理论阐述与问题解决失衡以及学生逃课现象。这些问题需要认真解决，以确保德育课堂的有效性和教育质量。

师生互动、教师引导和学生的积极思考是课堂教学的关键。这不仅需要在课堂上积极发展和完善，还需要在整个教育体系中贯彻下去。只有通过积极的师生互动和教育方法的不断创新，才能实现高职院校德育教育的目标，并使教师自身的价值得以实现。

2. 建立稳定的实践教学基地

鼓励大学生积极参与校外志愿活动、三下乡调查和社会实习，以了解社会、服务社会。这不仅有助于他们建立更广泛的社会视野，还培养了他们的社会责任感。

经常开展群众性创建活动，例如文明礼仪教育、争当"感动校园人物"、建设优良班级等。这些活动可以培养学生的全面素质，包括领导力、团队协作和沟通技巧，为他们未来的职业和社会生活奠定坚实的基础。另外，大学生应积极参加各种丰富多彩、贴近生活与现实的文体活动，以引导校园文化健康向上发展。这有助于丰富学生的课余生活，培养他们的审美观和文化修养。

大学生的三下乡和社区服务等实践活动需要有效组织，以提升德育效果和学生精神素质，同时满足时代的需求。这意味着学校需要为学生提供更多机会，使他们能够参与有意义的社区服务和实践项目。

合理安排大学生的专业实践，以拓展专业知识、增强职业意识和培养爱岗敬业思想，为更好地服务社会打下基础。这意味着学校需要与行业合作，为学生提供实践机会，使他们在专业领域有更多的经验积累。

3. 加强对网络德育的重视

在加强网络德育方面，应采取措施以确保学生在网络空间中也能够培养出良好的道德品质和行为规范。要充分利用网络平台实现德育目标，加强学生的网络法规认知和责任感，提高自律和安全意识。随着网络已成为新的生存空间，学生需要了解网络伦理和规范，以避免不当行为并维护网络空间的秩序。

建设懂德育和网络的队伍，以推动网络德育教育的实施。这意味着学校需要培养一批懂得如何有效传达道德价值观的教育者，并提供他们所需的支持和培训。他们可以通过各种方式，包括在线课程、网络宣传等，向学生传递道德教育的信息。

另外，弘扬中华文化和其他民族的优秀文化，使网络成为弘扬主旋律和开展德育活动的重要平台，增强高职院校德育的时效性。通过网络平台，学校可以向学生传递传统文化和价值观，同时促进跨文化交流和理解。这有助于培养学生的文化自信和国际视野。

（三）积极强化德育师资队伍建设

作为德育教师，首要的是拥有扎实的专业知识和深刻的思考，同时需要采用富有激情的教育方法。教师要在课堂上树立一个充满激情的榜样，以此来启发和感染学生，以实现教学的目标。

1. 加快师资队伍专业化进程

（1）改革德育人才的任用制度。

第一，岗位责任制的明确化被视为一项重要的改革措施。这一制度的实施使得德育工作人员的职责范围更加清晰明了，从而有助于提高工作效率。德育工作的目标和职责得以明确界定，有助于员工更好地理解自己的任务，提高德育工作的精准度和针对性。

第二，引入聘用制度是另一个突破性的改革措施。这一制度的出现打破了过去存在的论资排辈观念，使得德育人才的选拔和任免更具竞争性。竞争激烈的环境鼓励着每位德育工作人员充分发挥自己的才能和创造力，以争取更好的职位和职业发展机会。这种制度变革不仅仅提高了德育队伍的整体素质，也激发了员工的工作积极性。

第三，提高使用程序的透明度，强化监督机制。通过确保相关程序的公开和透明，政府和教育部门能够更好地监督德育人才的选拔和任用过程，防止腐败和不正当行为的发生。此外，这一改革还促进了德育队伍的新陈代谢，使得更多有潜力和才华的人才有机会加入德育领域，为教育事业的发展注入新鲜血液。

（2）改革德育人才的选拔制度。为了确保选出最适合的德育人才，引入竞争机制成为一项必要的改革。这一机制的实施拓宽了选择范围，让更多有潜力的人才有机会竞争德育职位。竞争激烈的环境迫使每位申请者提高自己的综合素质，从而提高了整个德育队伍的水平。

在德育人才的选拔中，德才兼备和择优录取原则被强调。这意味着选拔者不仅需要具备出色的德育专业知识和技能，还需要在其他方面具备综合素质，如沟通能力、团队合作能力等。这一原则的执行有助于确保德育人才在各个层面上都能胜任自己的工作，提高德育工作的质量。

此外，改革还强调主观意愿和公开选拔。主观意愿的尊重使得申请者更加积极参与德育工作的选拔过程，提高了他们的投入度。同时，公开选拔确保了选拔过程的公平和公正，减少了人为干扰的机会，维护了制度的权威性和可信度。细致比较候选者综合素质的做法也有助于选出最适合的人才，为德育工作的成功提供了坚实的基础。

2. 重视德育队伍的培训

加强对培训、队伍素质提高的重视。提高高职院校德育的时效性最终需要优良德育队伍的落实来保证。重视德育队伍的培训才能保证德育队伍素质的不断提高，因此，要常抓不懈。

（1）促进学习培训的积极开展。作为提高高职院校德育队伍素质有效的途径，学习和培训能够确保德育人员与社会发展形势贴合，达到高等教育工作的适应要求。高职院校德育工作应当重点培养和提高德育队伍素质，进行长远规划，做好政策支持的加强，资金投入的加大，德育工作者学习深造、科研等机会的增加。用分层培训制对不同学历层次、年龄结构的人员实行培训，如岗前、岗位培训，先培训后评聘等，确保德育工作者上岗前都经过培训，在职德育人员每年都有一次机会进行系统培训，包括理论学习活动的经常开展，新理论、新思想的时刻自我武装，业务理论水平的提高等。

（2）加强理论研究。作为以人的思想道德发展规律和德育教育规律为研究对象的学科，德育有着严密完整的逻辑体系与学科体系。高职院校德育工作实效性的提高在客观上要求德育工作者有较高理论水平和科研能力，实践经验的不断总结，学生成长规律的深入研究，对德育教学的科学规律遵照，这样才能适应社会现状的多变性，找到有效的德育工作方法，使得高职院校德育工作实效性切实提高。高职院校德育工作由于长期以来得不到足够重视，队伍的理论研究工作相对滞后，为提高其理论研究水平，德育课程应当成为高职院校工作中社会学科的重点学科，根据实际的工作需求，确定研究课题，探索其规律，使高职院校德育实效性逐步提高。

（3）进一步加强德育队伍实践锻炼。高职院校的德育队伍在今天的社会环境中扮演着至关重要的角色，因为社会各方面的影响对于塑造学生的世界观、人生观和价值观具有深远的影响。因此，德育工作者应该认识到，仅仅在学校内部开展教育和研究已经不够，他们需要加强实践环节，深入社会，及时了解社会发展动态，以更好地培养出具有高度社会责任感和道德水准的大学生。

第一，德育队伍需要关注学生的实际需求和社会变化。社会不断发展，技术、文化、价值观都在不断演变，这直接影响着年轻一代的思想和行为。为了更好地引导学生，德育工作者应该紧跟社会的步伐，了解新问题和挑战，以便能够在德育教育中传授与之相关的道德观念和价值观念。例如，随着科技的飞速发展，德育工作者应该帮助学生理解数字伦理和网络安全等重要议题，这些是现代社会不可或缺的一部分。

第二，深入社会可以提供更多的教育机会和学习资源。学校德育教育通常受到时间和

第一篇 传统美德及其教育基础

空间的限制，但社会是一个丰富的学习场所。德育工作者可以组织学生参与社区服务、志愿活动、实习或企业合作项目，这些经历可以让学生更好地理解社会的多样性和复杂性。通过与不同背景和价值观的人互动，学生可以培养开放的思维和跨文化的交流能力，这些是塑造世界观和人生观的重要因素。

第三，德育工作者在社会中也可以充分发挥示范作用。他们作为榜样，积极参与社会活动和社区建设，可以激发学生的积极性和社会责任感。通过亲身实践，他们可以向学生传递道德和价值观的重要性，而不仅仅是口头上的教导。德育工作者的言行一致将有助于树立学生的良好道德榜样，引导他们在社会中成为有益的公民。

（四）优化德育教学体制管理

1. 构建科学的德育管理决策调控机制

理论联系实际作为德育实践教学的核心，需要是实践教学紧密结合理论教学。但一些实践教学活动在实际中没有紧密联系理论教学，目的性和针对性缺乏，实践教学效果受到影响。所以，德育实践教学需要正确定位，实践教学和理论教学关系正确定位，实践教学与学校教学计划融合。

构建科学的德育管理决策调控机制需要从以下方面着手：

第一，建立德育目标体系：明确德育的目标，并将其细化为可操作的具体指标，如学生的道德素质、行为规范、思想品质等方面的具体要求。

第二，德育决策的民主化：在德育管理过程中，要充分听取各方面的意见和建议，包括教师、学生、家长、专家学者等，提高德育决策的科学性和民主性。

第三，德育计划的制定与执行：根据德育目标，制定具体的德育计划，明确德育活动的时间、内容、方式等，并严格执行计划，确保德育工作的落实。

第四，德育评价与反馈：建立科学的德育评价机制，对德育工作的效果进行评估和反馈，及时发现问题和不足，调整和优化德育管理策略。

第五，德育资源的整合与利用：合理整合和利用各类德育资源，包括学校、社会、家庭等各方面的资源，形成德育管理的合力，提高德育管理的效果。

第六，德育工作人员的培训与提高：加强对德育工作人员的培训和提高，提高他们的专业素质和管理能力，为科学的德育管理提供人才保障。

第七，德育管理机制的创新与发展：在实践中不断探索和创新德育管理机制，适应时代发展的需要和学生个体差异性的需求，推动德育管理的持续发展。

总而言之，构建科学的德育管理决策调控机制需要从目标、计划、执行、评价、资源等多个方面入手，形成全面、系统、科学的德育管理体系，以更好地实现德育管理的目标。

2. 构建规范的德育运行协调机制

（1）使德育工作具有制度化的保障。中共中央在关于加强和改进学校德育工作的文件中指出，相关法制保障是德育工作的成功的保证，这些保障要包括相应地位、任务的规定，主要方针、原则权威性和稳定性的确定，并且使得教育者与受教育者两方一同遵守。根据当下时代发展的趋势，必须将这一问题纳入法制建设。

（2）保证德育经费专用化。要做好教育经费筹措、使用和管理工作，巩固成果，稳定来源，促进增长。对重大项目资金使用管理工作切实到位，监管体系进一步完善，教育经费绩效评价和审计监督进一步加强，国有资产使用和处置的管理更加严格。中共中央在关于加强和改进学校德育工作的文件中指出，德育方面经费要切实得到教育行政部门和高职院校的协调，增强和理性和实施性，切实保证预算列入。德育工作需要由学校提供必要的场所和设备，条件不断改善，手段不断优化。

（3）促进高职院校辅导员配备的合理化完善。教育部在关于辅导员队伍建设的规定中指出：辅导员在高职院校教育队伍中具有教师与干部的双重身份。高职院校年轻教师作为辅导员任职资格的基础，要以有能力处理班级、年级的突发事件作为准则，从而更好地服务学生，提高高职院校德育实效性。

3. 完善社会家庭联防监督机制

学生成长的基础环境为家庭，家庭对学生的思想会产生重要影响，对其人格形成、发展具有深远意义。因此，要重视建设家庭环境，营造积极、平等、和睦的家庭氛围，做好德育工作，促进高职院校德育实效性的提升。温馨和谐家庭氛围的营造，让大学生在充满亲情与爱的氛围中健全思想人格，得到全面健康的发展。但是，在父母经常吵闹甚至离异的家庭环境中，感受不到浓郁亲情也没有得到正面教育的大学生往往容易形成悲观、孤僻等不良性格。

因此，家长要注重温馨和谐家庭环境的打造，让学生成长的更加健康快乐。新时期大学生德育教育的改进，思想道德水平的提高，非学校或社会单方面的责任，家庭教育在其中也发挥着相当的作用。学校德育想要取得更好的成效必须注重三者的配合、补充。家庭教育作为学校教育的重要补充和延伸，要实现家庭与学校的良好沟通与合作，打下学生健康全面发展的最坚实基础。由此，认识、了解子女所在学校的基本教育内容与方法模式是对家庭成员的客观要求，子女思想变化的及时关注，和谐沟通的有效进行，家庭德育工作配合学校教育工作的计划性、针对性开展，使得家庭与学校的德育教育同步协调发展。广大学校德育工作者也应该对受教育者家庭的基本情况有定期的了解和分析，提出良好的指导方法给需要帮助的家庭，不断促进家庭成员的自我学习，提升其思想政治与科学文化两方面的素质，使其教育子女的能力不断提高，实现家庭与学校两者德育的最大限度良性互动。

4. 健全定性与定量相结合的考核评价机制

教学活动中的重要环节包括德育实践教学多元化的评价考核，这也是重要的检验教师教学效果与学生学习效果的尺度。课程教育的实效性一定程度上受到考核评价科学性的影响，因此公开、公平、公正应成为高职院校德育教育考核的基本要求。理论学习知识情况与学生实践表现需要在德育考核中同时体现，德育考核在考核学生的理论知识掌握程度外更重要的是对学生德育后思想及行为变化的检验和理论分析、实际问题解决能力的培养。因此，考核评价体系的建立要客观、全面、动态。首先，针对不同门类的学生进行不同的考核方案设计，对学生思维的个体性差异做到充分尊重。其次，要对考核过程更加重视，课内外、平时期末以及理论与实践等方面对学生学习指标的考核进一步细化，考核与监控在过程中进一步加强。此外针对动态性、特殊性的德育学习，知行统一应该作为考核的重点。通过四年的大学生活，对学生进行院系与平时活动、从事学生工作的部门相结合的全程联动考核，考核的结果结合四年的情况在最后一年的最后学期给出。学生的德育总成绩将受此直接影响，学生的道德修养和德育践行也能由此更好地加强。

三、社会实践实效性的提升与道德教育社会环境的优化

（一）大学生社会实践的分类

实践被视为认识和验证真理的独特途径。组织高职院校的大学生参与社会实践已成为高等教育的重要组成部分，不仅是全面贯彻党的教育方针的核心要素，也是推进大学生素质教育的重大举措和不可或缺的环节，同时也代表了高职院校应该传承和弘扬的卓越传统。大学生社会实践活动被视为人类实践活动的一部分，涵盖了学习知识、理论与实际相结合并进行创新性应用的过程，同时也包括了在成长过程中改造个人主观世界、促进自身全面发展的活动。此外，它还涉及了大学生融入社会、参与生产劳动并与人民群众互动的过程，以适应社会并承担社会责任。

大学生社会实践可分为教学计划内和教学计划外两个主要方面。教学计划内的实践环

节包括教学实践、专业实习以及军政训练等，而教学计划外的实践活动则包括社会调查、生产劳动、公益活动以及志愿服务等。近年来，高职院校越来越注重培养学生的综合素质和参与拓展类社会实践活动，这些活动旨在帮助学生更好地了解社会、接触人民群众、培养实际能力并增强个人才干。我国目前的大学生社会实践活动可主要分为两类，即勤工助学和志愿服务。

1. 大学生勤工助学实践活动

勤工助学是为学生个人或集体以改善学习条件为主要目的的一种教育经济活动，其本质在于将教育与学生社会实践密切结合，全面培养学生的素质和能力，该实践可分为校内和校外两个主要方面，其差异主要体现在以下方面：

第一，在工作地点方面，校内勤工助学通常提供相对安全可靠的工作机会，而校外的勤工助学活动则在复杂多变的外部环境中进行，存在各种意外因素，其安全性较难确保。此外，校外勤工助学需要更多的时间和精力投入，而校内勤工助学不仅在工作难度上较低，而且更节省时间和精力。此外，校外兼职通常具有较高的薪酬水平，而校内勤工助学的报酬相对较低。

第二，高职院校通常设立了勤工助学部门，旨在帮助学生提高综合素质，尤其是那些家庭条件较为困难的贫困学生。虽然高职院校的勤工助学部门在结构和运作方式上可能存在差异，但它们提供的工作职位通常包括家教和校内商业实体的工作。家教是一种常见的勤工助学方式，因为大学生具备胜任家教工作的能力，市场也承认他们作为家教的能力。另外，校内商业实体如超市、书报亭、文印店等通常提供售货员、服务员、打字员和实体经理等工作机会，这些职位为学生提供了在实际工作中锻炼自己的机会。

第三，校外兼职活动允许大学生更加直接和广泛地融入社会，实践自身能力，实现个人价值。这些兼职工作通常与学生所学的专业相关，主要分布在企业和媒体领域。然而，在校外兼职过程中，除了关注安全问题外，学生还需要了解如何维护自身权益。这些校外兼职经历有助于学生培养实际工作能力和社会适应能力，同时也为他们提供了更广泛的社会交往机会。

2. 大学生志愿服务实践活动

大学生志愿服务实践活动与大学生社会实践活动相似，主要分为校内和校外志愿服务两类。

（1）校内志愿服务活动。

第一，意志品质培养：大学生的意志品质在大学时期形成和强化，是高职院校教育的关键方面。校内志愿服务活动通常由团委或团支部组织，以班级为基本单位开展。这些活动包括义务清洁活动和公益知识宣传等。

第二，公益服务活动：校内志愿服务的核心是公益服务，它有助于锻炼学生的社会实践能力，培养公众意识和社会服务意识。这包括环境保护宣传和献血服务宣传等。

第三，专项大型志愿服务活动：这些活动具有较高的综合性，有助于提高学生的社会实践能力和综合素质。例如，为大型会议提供翻译、接待和会务组织服务，以及在迎新、毕业、校庆和院庆等活动中提供志愿服务。

（2）校外志愿服务活动。

第一，大学生志愿服务西部计划：该计划鼓励大学生前往西部地区和基层，为贫困地区的教育、卫生和农技等社会事业做出贡献，促进当地社会的发展，这也为学生提供了就业和创业的机会，培养了具备现代科学文化知识和基层工作经验，以及社会责任感的优秀青年人才。

第二，大型经济、体育、文化活动及社会公共活动场所志愿者服务：这些活动包括奥运会、亚运会等大型体育赛事，以及申报世界级文化遗产和创建全国优秀旅游城市等。志愿者在活动中担任讲解服务员，既能服务群众，又能增长知识，提高综合素质。

（二）大学生社会实践的特征

1. 目标性特征

社会实践在思想道德教育中具有明确的目标和特征，其主要目的是通过社会活动来评估思想道德教育的成果，帮助大学生将课堂学习的理论知识应用于实际实践中，实现知识的转化。高职院校应该确保其实践教育目标与思想道德教育的总体目标相一致，以便在实践中验证理论教育的效果并利用理论知识来引导实际行动。思想道德教育的目标通常包括以下方面：

（1）知识目标：在人生观教育中，通过将理论与实践相结合的教育，帮助学生认识到哪些实践经验和感性知识必须通过实践获得，从而加深他们对思想道德教育的理解和领悟。

（2）能力目标：能力目标是思想道德教育的重要组成部分，对于塑造大学生的思想道德品质具有积极作用。这一目标通过组织实践活动或协助学生参与校外实践来实现，从而使学生能够将所学的知识从理论到实践有一个明显的跃升，提高大学生的综合素质。

（3）教育目标：教育目标强调了思想道德教育的"育人"功能，即通过实践活动来培养大学生的品格和价值观。这一目标强调了"寓教于行"的理念，即通过实践考验和磨炼，帮助学生在实践中认识社会、理解人生、接受教育、学会做人，从而提高大学生的个人思想道德素质。

（4）政治素质目标：政治素质目标旨在通过实践教育培养大学生成为中国特色社会主义事业的建设者和接班人。这一目标不容忽视，因为合格的思想政治素质是我国大学生为社会主义建设事业不懈努力的基本动力。

2. 主体性特征

大学生社会实践最为基本和核心的特征，即实践性。这种实践性在很大程度上受到实践主体的积极性、主动性和创造性的影响，它决定了实践活动的具体方向和最终结果。因此，社会实践的成效与质量紧密相关于参与实践的主体。传统的思想道德教育体系侧重于传授理论知识和教师的作用，而现代思想道德教育更加注重挖掘和利用学生的潜能，将社会实践视为塑造人生观的核心。

实践教学的目标在于培养和提高学生的主体性，而非仅仅是灌输政治观念和理论知识。现代思想道德教育实践教学注重学生的积极参与和亲身体验，将学生置于主导地位。从实践课题的选择、资料的搜集，到具体实践活动的策划和开展，都需要学生的主体性参与。事实上，离开学生的主体性参与，无论是人生观的理论教育还是实践活动的实施，都将难以完成，更不用说获得最终的良好效果。因此，学生的主体性参与被视为实践教学的本质特征之一，在人生观教育过程中应给予充分重视。

3. 多样性特征

大学生社会实践具有多样性特征，其形式和内容并没有固定的模式，而是应根据教学对象的特点、校园环境以及社会条件进行灵活的规划和操作。通过上述讨论，我们了解到大学生社会实践具有多种类型，而同一类型的社会实践也可采用多种不同的组织形式。例如，大学生社会服务型社会实践可以包括志愿服务、政策宣讲、支教、支农等多种方式。

在大学生社会实践中，组织者应根据实际情况和教育目标的需要，选择适当的形式和内容，以满足不同学生的需求和发展。这种多样性特征有助于提供更加丰富和全面的教育体验，使学生在实践中能够更好地发展自己的素质和能力。

4. 经验性特征

辩证唯物主义认识论强调实践是认识的基础，认为获得知识既要重视直接经验，即通过亲身实践获得的经验，也要学习间接经验。为了更好地理解事物，丰富和发展间接经验，人们必须通过实践活动来把握课堂传授的间接经验。思想道德教育实践性教学致力于引导学生亲自动手，通过实际实践来获得对事物的直接经验。

在大学生社会实践中，学生通过参与各种实践活动，不仅可以积累直接经验，还能够培养问题的发现和解决能力。在亲身体验和获取直接经验的过程中，他们逐步形成自己的世界观和人生观，不仅理论上了解问题，还具备了实际应对问题的能力。因此，经验性特征是大学生社会实践的重要特点，有助于学生全面发展，并形成正确的价值观和世界观。

（三）提升大学生社会实践实效性的途径

大学生社会实践性的提升必须与具体的社会实践方式相结合，建立并稳固大学生社会实践的有效载体，才能从根本上提高大学生社会实践的实效性。

1. 推进社团型社会实践

社团在大学校园中是一种非常常见的学生组织形式，其特点在于它们并非由学校正式组织成立的校方机构，而是由志趣相投的学生自发组织而成。这些社团拥有各自的目标、组织章程以及独特的活动方式，吸引了广泛的学生群体。社团在社会实践方面具有惊人的号召力，因此，高职院校应该加强对学生社团的管理，并引导大学生参与积极向上、健康有益的实践活动。

（1）树立以学生为本的服务理念：高职院校应该树立以学生为本的服务理念。这意味着要深刻理解和认同学生思想道德教育以学生为本的观念，尊重学生的主体地位，并充分考虑青年学生的身心性格特点。同时，要尊重大学生的成长规律，因为只有理解他们的需求和期望，才能更好地开展社团型社会实践活动。这种理念是做好大学生思想道德教育工作的基础。

（2）建立大学生社团型社会实践的机制：高职院校需要建立适用于社团型社会实践的机制。虽然社团是自发形成的组织，拥有自己的规则和章程，但从组织形式和人员框架来看，社团通常并不像正式机构那样严密和稳定。因此，高职院校的相关部门应该承担主要的管理和引导职责，以确保社团的稳定和健康发展。

2. 加强组织管理，建立健全社会实践的运行机制

目前，我国的大学生社会实践活动呈现出越来越社会化的趋势，其中社会化概念包括了以下两个主要方面：

（1）社会化的实践活动发展。大学生社会实践活动逐渐演变成一个涉及社会、学校和学生的系统工程。在这一系统工程中，大学生社会实践不再局限于教育部门或学校的单一职责，而是已经成为一个能够广泛调动社会各方力量的社会性工作，这使得大学生活动从过去学校和学生的单向行为转变为社会多方互动的行为。

（2）社会化的个人发展因素。大学生社会实践活动越来越成为促进学生个人社会化发

展的重要因素。这一发展拓宽了大学生的生活领域，丰富了大学生社会化的内涵和途径，以满足学生成长和发展的需要。此外，由于社会对大学生素质的要求日益提高，大学生面临着更大的就业压力，因此，学生参与社会实践活动的积极性和自觉性也得到了增强。高职院校应高度重视社会实践，采取以下措施：

第一，从思想上高度重视社会实践活动，包括高职院校领导和实践组织部门。实践活动的成功实施需要上下结合，高职院校领导应加强对社会实践活动的支持和指导，与社会实践组织部门紧密合作，以科学合理的方式统筹安排活动。

第二，规范组织管理机制，确保社会实践活动的顺利实施。建立组织管理机制需要明确定义社会实践的目标，并明确学校组织系统中各个部门（如团委、宣传部、教务处等）在大学生社会实践中的职责，以保证各项措施的规范实施和应对突发事件的能力。

第三，丰富实践形式和内容，根据时代背景和学生的身心特点组织具有时代特征的社会实践。社会实践还应与社会的发展结合，如支教、医疗下乡、科技下乡、文艺下乡以及法律援助等，这些活动不仅能够锻炼大学生的社会实践能力，提高综合素质，还能为地区的发展做出贡献。

第四，完善监督、考核和评价机制，确保社会实践活动的质量。社会实践应考核学分，并可考虑建立社会实践资信证书制度，将社会实践与学生的就业挂钩，以提高学生参与社会实践的积极性。

第五，加强社会实践活动的策划与指导，包括主题策划和指导教师的选择。明确的主题可以引导学生围绕教育主题开展自我教育。选择合适的指导教师，特别是领队教师，对于社会实践活动的顺利实施和处理各种突发事件至关重要。

第二篇

高职院校教育及其质量评价

第五章　高职院校教育及其管理探究

第一节　高职院校教育理念与组织系统

一、高职院校教育的相关理念

（一）高职院校教育的人本理念

人本观念建立在对人的认识的基础之上，人本管理就是"以人为本"的管理理念，即以"人性"为核心，实现人的自我价值，提高人的整体素质，以谋求使人获得更为全面的自由发展，从而实现组织目标，保证人与组织协调可持续发展的一种管理活动。"以人为本"理念需要在教育中弘扬和尊重人的价值，全力开发人力资源，激发人的潜能，发展人的个性，谋求人的充分、和谐、全面、自由发展为最终目的的管理。以人为本的核心是把握人的心理规律，以关心人、尊重人、激励人的柔性管理为出发点，改善人际关系，激发人的积极性、主观能动性和创造性，从而提高效率。高职院校教育的目标是培养德、智、体、美等方面全面发展的高素质技术技能人才，因此，高职院校教育需要重视人本观念。

第一，对于教师，要确立在办学治校过程的核心地位。高职院校"在学术上要保障他们自由探索的权力和学术研究的条件，在决策时应尊重教师们的愿望和要求。"① 学校教育的本质是一个人文过程，是一个以人（教师和学生）为中心的过程，在所有资源中，人才是最重要的。因此，不但在学术上发挥专家、教授的积极作用，在管理上也要发挥专家、教授的积极作用。

---

① 张一平. 高职院校教学管理概论 ［M］. 北京：北京理工大学出版，2020：19.

第二，对于学生，要树立以学生为本的思想。高职院校要落实学生在教学过程中的主体地位，全面推进素质教育。深化教学改革、创新人才培养模式、提高教学质量成为学校全面推进素质教育的核心工程之一。学校应致力于创新教学模式的实验与研究，建立以培养学生自主学习能力、创新精神与实践能力为主旨的教学体系，把调动学生学习积极性、加强学生学习指导性、提高学生学习有效性作为评价教学质量的基本标准。在教学活动中，要重视师生互动，创造和谐氛围；要鼓励学生互动，培养自我调控能力；要为学生创造自我表现的机会，使学生不断有成功的体验；要通过"设疑、讨论、交流"等教学形式的创新激发学生的主观能动性。

（二）高职院校教育的系统理念

系统理念是运用系统理论中的范畴和原理，对组织中的管理活动和管理过程（特别是组织结构和模式）进行分析的理念，系统理念的要点包括：组织是一个系统，是由相互关系、相互依存的要素构成的；根据需要，可以把系统分解为子系统，子系统还可以再分解。如为了研究一个系统的构成，可以把系统分解为若干个结构子系统；为了研究一个系统的功能，可以把系统分解为各个功能子系统，而对系统的研究就可以从研究子系统与子系统之间的关系着手。高职院校的教学管理是一项复杂的系统工程，运用系统的思维和方法来进行计划、组织、协调、控制，才能提高高职院校教育的效率，取得最佳管理效果。高职院校教育的系统理念主要体现在以下方面：

第一，更新教学理念，创建"学习型组织"。学习型组织是一种普遍适用的组织形式，凡是有人群的地方，不论其种类、层次之不同，规模之大小，都可以建立学习型组织。走向学习型组织将成为高职院校组织的必然选择，无论是教师的教还是学生的学，都以学习为前提，因此，教师自身的继续教育与持续学习显得格外重要。

第二，加强教学的考核评价工作。任何一个系统，只有通过信息反馈，才能实现有效的控制，从而达到预期目的。教学考核评价是诊断与改进的依据。教学考核评价主要由教学专家、教育行政管理部门、领导、教职工、学生等从不同角度来实施，考核评价对象涉及教学过程的各方面，考核评价的方式主要有问卷、访谈及讨论，宏观与微观，定性与定量，即时与跟踪，过程与结果，总结性评估等，应根据评估的内容和结果的选择使用，以获得全面而准确的数据。教学评估的结果对改进下次或下一个教学项目，有很好的参考价值和指导意义，可以使教学绩效更高。

第三，处理好突出重点和整体提高的关系。高职院校教育是一个整体，整体的优化取决于各组成部分之间关系的优化与协调，因此，高职院校的教学管理必须有开放性，以重点带动一般的方式促进整体教学水平的提高。

总而言之，高职院校教育教学要树立系统的观念，不断研究高职院校教学管理中的新问题，探索切实可行的管理模式，以提高管理的整体效益和效率，为教学管理建设服务。

二、高职院校教育的组织系统

高职院校是中国教育体系中的一个重要组成部分，其教育组织系统在培养技术和职业型人才方面具有重要作用。高职院校的教育组织系统通常包括多个方面，如学校管理、学院与专业设置、教学计划与课程设置、教师队伍、学生管理、教育资源、质量保障、学生支持服务和教育合作与交流。下面将深入探讨这些方面，并强调它们在高职院校教育中的关键作用。

（一）学校管理层次

高职院校的学校管理层次是学校管理体系的核心，它扮演着协调、决策、规划、监督和执行的重要角色。

第一，校长是高职院校的最高管理者，担负着学校的领导和管理职责。校长通常是一所高职院校的领导代表，负责制定学校的长期发展战略、目标和政策。校长还需要在学校内部和外部代表学校，促进校际合作，与政府和社会各界保持联系，以确保学校的资源和声誉都能够不断提升。同时，校长也需要协调学校内部各部门的合作，确保学校的各项工作有序推进。

第二，副校长在高职院校的管理中扮演着重要的协助角色。他们通常分管学校的某个方面，如教学、科研、行政管理等。副校长负责协助校长处理学校内部的具体事务，确保学校各部门的工作顺利进行。他们需要与校长密切合作，共同制定学校的发展战略和政策，同时也需要协调学校内部各个部门之间的合作，以保持学校的高效运作。

第三，教务处在高职院校的管理层次中负责教务工作。这包括教学计划的设计、课程设置、学生选课、考试安排等方面的工作。教务处需要确保学校的教育质量得到保障，学生的学术需求得到满足。他们还需要与教师和学生合作，以改进教学方法和课程设计，以适应不断变化的教育需求和趋势。

第四，学工部是高职院校管理层次中关注学生综合素质教育和生活管理的部门。学工部的任务包括学生的心理健康支持、生活辅导、社会实践组织、文体活动策划等。他们致力于帮助学生在校期间全面成长，培养学生的领导能力、创新思维和社会责任感。此外，学工部还关注学生的生活质量，提供住宿、饮食、医疗等生活保障服务，以确保学生在学校的舒适和安全。

（二）学院与专业设置

高职院校的学院与专业设置是学校教育体系中的基础组成部分，它们的科学合理性对于学校的教育质量和学生的就业前景至关重要。在深入探讨这一主题时，我们可以更详细地了解高职院校的学院设置和专业规划。

第一，学院的设置对于高职院校的教育管理至关重要。通常情况下，学院是按照学科领域或相关性来组织的，例如，理工学院、文法学院、医药学院等。每个学院负责管理和组织特定领域的教育教学工作。学院的设置不仅反映了高职院校的学科布局，还有助于提高学校内部的管理效率。学院应该在教育资源的分配、教师招聘和学生管理等方面具备一定的独立性，以更好地满足各个领域的需求。

第二，专业的设置是学院教育的核心。每个学院下设若干个专业，这些专业通常代表了特定的教育领域或职业方向。高职院校的专业设置应该灵活多样，以适应社会的需求和行业的发展趋势。学校应该密切关注市场需求，及时调整、新增或合并专业，确保学生毕业后能够胜任和适应社会各种职业要求。此外，专业设置还需要与教学资源、实践机会和就业市场相协调，以提供全面的专业教育。

第三，学院与专业设置需要紧密协作，以确保教育教学的有效性。学院应该为各个专业提供适当的资源和支持，包括教材、实验室设备、师资力量等。学院还可以促进不同专业之间的合作，推动跨学科研究和项目开发，以培养具备综合素质和跨领域能力的学生。同时，学院也需要关注教师队伍的培养和发展，提供持续的教育培训，以提高教师的教育水平和教学质量。

（三）教学计划与课程设置

高职院校的教学计划和课程设置是学校教育体系中至关重要的组成部分，它们不仅直接影响到学生的学术水平和综合素质，还紧密关联着学校的教育质量和竞争力。

第一，教学计划的制定是高职院校教育管理的核心。教学计划是学校对每个专业的课程结构和学术安排的规划，它需要充分考虑国家教育政策、行业需求和学校的教育目标。教学计划通常包括学科核心课程、选修课程、实践环节和毕业设计等，它们应该构建一个有机的课程体系，确保学生能够获得全面的知识和技能。教学计划的制定需要不断更新，以适应快速变化的社会和行业需求，保持与市场需求的匹配性。

第二，课程设置是教学计划的具体体现。课程设置包括每门课程的内容、教材选择、教学方法和考核方式等方面的安排。高职院校的课程设置应该紧密贴合学科领域的最新发展，引入最新的理论和实践成果，以提供学术前沿和职业实践的双重培养。此外，课程设置也应该注重跨学科和综合性，鼓励学生跨专业学习和参与跨学科项目，培养综合能力和创新思维。教师在课程设计和教学实践中扮演着重要角色，他们需要不断改进教学方法，激发学生的学习兴趣和创造力。

第三，教学大纲是课程设置的核心文档。教学大纲详细规定了每门课程的教学目标、内容概要、教学方法、考核要求和参考教材等信息。它是教师教学的依据，也是学生学习的指南。高职院校的教学大纲应该具有明确的教学目标，突出实践能力和职业素养的培养，同时注重知识的系统性和连贯性。教学大纲的编写需要反映学科领域的最新研究成果和教育理念，保持与国内外高水平教育标准的接轨。

（四）教师队伍

高职院校的教师队伍是教育事业的中流砥柱，其素质和水平直接决定了教育质量和学生成长。

第一，高职院校需要招聘和培养一支合格的教师队伍。教师是教育过程中的关键因素，他们负责传授知识、指导学生、开展科研等重要工作。合格的教师不仅需要具备扎实的学科知识，还需要具备良好的教育教学能力和职业素养。因此，高职院校在教师招聘过程中应该注重选拔有潜力和热情的候选人，并提供相关的培训和支持，以帮助他们适应教育工作的需要。

第二，教师的素质和水平对教育质量至关重要。高职院校的教育目标是培养具备实际工作能力和职业素养的应用型人才，这要求教师不仅要了解学科理论，还要能够将理论知识与实际应用相结合，引导学生掌握实际技能。因此，教师队伍的素质需要包括学科深度、教育教学能力、职业素养和实践经验等多个方面。高职院校可以通过不断提高教师的绩效评估标准、鼓励教师参与科研项目和实际工作等方式，激发教师的积极性，提高他们的教育水平。

第三，为了吸引和保留高水平的教师，高职院校需要提供有竞争力的薪酬待遇和发展机会。教师是教育事业的重要组成部分，他们的工作应该得到应有的回报。高职院校可以通过提高教师的薪资水平、设立奖励机制、提供晋升机会等方式，吸引和留住优秀的教师人才。此外，高职院校还可以为教师提供充分的科研和教育发展机会，鼓励他们积极参与学术活动，提升教育质量。

第四，终身学习和教育培训也是教师队伍发展的关键。教育领域的知识和教育方法不断更新和演进，教师需要不断学习和适应新的教育需求。高职院校可以建立健全的教师培训体系，为教师提供定期的培训课程和学术研讨会，帮助他们不断更新知识和教育方法，提高教育质量。

（五）学生管理

高职院校的学生管理是确保教育质量和学生全面发展的关键要素之一。

第一，学生管理体系应包括招生工作。招生是高职院校的生命线，关系到学校的生源质量和规模。高职院校需要制定招生计划，根据市场需求和专业设置，招募具有潜力的学生。在招生过程中，学校应该注重学生的学术背景、兴趣爱好和综合素质，以确保学生的多元性和全面发展。

第二，注册和学籍管理是学生管理体系的重要组成部分。高职院校需要确保学生的注册流程顺畅，学籍管理准确无误。这包括学生的课程注册、选课、成绩管理等方面。通过建立健全的学籍管理体系，学校可以更好地跟踪学生的学术进展，及时发现和解决问题。

第三，奖助学金管理也是学生管理的关键环节。高职院校应该设立奖助学金制度，鼓励和奖励学术优秀和表现突出的学生。奖学金不仅可以激励学生努力学习，还可以减轻其经济负担，帮助他们专心学业。

第四，学生活动是学生管理中的重要组成部分。学校应该鼓励学生参与各种课外活动，如学术研讨会、社会实践、文体比赛等。这些活动有助于学生培养社会技能、创新能力和团队合作精神，提高他们的综合素质。

第五，学生管理也应关注学生的心理健康和职业规划。高职院校应提供心理咨询和辅导服务，帮助学生应对学业压力和生活困扰。此外，学校还应该为学生提供职业规划指导，帮助他们了解就业市场和职业发展路径，为将来的就业做好准备。

（六）教育资源

高职院校的教育资源是支持教育教学工作的重要支撑，它们对于提供高质量的教育和培养具备竞争力的毕业生至关重要。

第一，教室是教育资源的重要组成部分。高职院校需要拥有足够数量和大小合适的教室，以容纳不同规模的课程和学生群体。合理的教室配置可以确保教学活动的顺利进行，提供学生良好的学习环境。

第二，实验室和实践基地是支持专业教育的重要资源。高职院校通常开设各种专业课程，需要提供实验和实践机会，以培养学生的实际操作能力。因此，实验室和实践基地的充足与质量对于专业教育至关重要。

第三，图书馆是知识资源的中心。高职院校的图书馆不仅需要拥有丰富的纸质和电子书籍，还需要提供学生和教师的阅读和研究空间。图书馆的资源管理应当与课程和研究领域保持一致，以满足学术需求。

第四，计算机设备和网络基础设施也是现代高职院校不可或缺的资源。教育教学过程中，计算机和互联网技术的应用已经成为常态。高职院校需要提供足够数量的计算机设备，并确保网络畅通，以支持在线教学、科研工作和学生学习。

第五，教育资源的合理配置和更新是至关重要的。高职院校应当定期评估和规划教育资源的使用情况，根据学校的发展需要进行调整和更新。特别是在科技发展迅猛的背景下，不断更新设备和技术，以适应新的教育需求和教学方法的变化。

（七）质量保障

高职院校的质量保障体系是确保教育质量持续提升的关键要素，具体如下：

第一，课程评估是质量保障体系的重要组成部分。高职院校需要定期审查和评估各个专业的课程设置，以确保课程内容与市场需求和行业趋势保持一致，这包括检查课程的实际教学效果，是否满足学生的学习需求，以及是否具备先进的教育理念和方法。通过课程评估，学校可以不断优化课程设置，提供更具竞争力的教育内容。

第二，教学评估是质量保障的核心环节。高职院校需要建立有效的教学评估机制，对教师的教学方法、教育成果和学生反馈进行全面评估。这可以通过学生问卷调查、教师自评和同行评审等方式实现。评估结果应当用于改进教学质量，鼓励教师采用创新的教育方法，提高他们的教育水平。

第三，教师评估是质量保障体系的关键环节。高职院校需要定期评估教师的教育背景、教学经验、科研成果以及学术影响力。这可以帮助学校保留高水平的教师，提供有竞争力的薪酬和发展机会，同时也可以发现和支持潜力教师的成长。优秀的教师队伍是高质量教育的关键因素之一。

第四，质量保障体系还应包括外部评估机制。高职院校可以邀请外部专家或机构对学校的教育质量进行独立评估。外部评估可以提供客观的视角，帮助学校发现潜在问题和改进空间。这种独立的评估可以加强学校的透明度和信誉，提高教育质量的可信度。

第五，高职院校还应鼓励教学方法的创新和教育研究。教育领域不断发展，新的教育理念和方法不断涌现。学校应该鼓励教师参与教育研究，探索有效的教学策略和教育技术。创新的教育方法可以提高教育质量，培养具备创新精神的毕业生。

（八）学生支持服务

学生支持服务在高职院校中扮演着至关重要的角色，旨在帮助学生实现综合素质的提高、职业规划的顺利进行以及心理健康的维护。

第一，职业咨询是学生支持服务的重要组成部分。高职院校应提供专业的职业咨询服务，以帮助学生更好地了解自己的兴趣、优势和职业目标。这包括帮助学生选择适合自己的专业，提供职业规划建议，以及介绍实习和就业机会。职业咨询有助于学生明智地选择未来的职业方向，增加就业机会，并提高职业满意度。

第二，心理辅导是学生支持服务中的关键环节。大学生面临各种压力，包括学业压力、生活压力和人际关系压力等。高职院校应提供心理辅导服务，帮助学生有效应对压力，解决情感问题，提高心理韧性。心理辅导可以帮助学生保持心理健康，提高学业表现，更好地适应大学生活。

第三，就业指导也是学生支持服务的重要组成部分。高职院校应提供就业指导，包括职业技能培训、简历和面试技巧培训、就业市场信息提供等。就业指导帮助学生更好地准备就业，提高竞争力，找到合适的工作机会。这有助于学生顺利过渡到职业生涯，并为未来的职业成功奠定基础。

第四，学校还应提供其他学生支持服务，如学习辅导、社交活动组织、文化艺术活动等。这些服务有助于学生全面发展，培养综合素质，提高社交能力，增强自信心，提升学习兴趣。

第五，学校应不断改进学生支持服务，根据学生的需求提供有针对性的帮助。通过提供全面的学生支持服务，高职院校可以更好地关心和关注学生的身心健康和职业发展，为他们的未来成功和成就提供坚实的支持。这些支持服务是高职院校教育体系中不可或缺的一部分，有助于培养更有竞争力和综合素质的毕业生。

（九）教育合作与交流

教育合作与交流是高职院校发展的重要战略之一，它不仅有助于学校获取更多的资源和支持，还能够推动教育质量的提高、学生实践能力的培养以及就业机会的提供。

第一，高职院校可以与企业建立合作关系，开展教育合作项目。这种合作可以包括校企合作培训、实习实训基地建设、企业赞助奖学金等。通过与企业的合作，学校可以更好地了解市场需求和行业趋势，为学生提供与实际工作相关的教育和培训，提高他们的就业竞争力。同时，企业也能够受益于学生的专业技能和创新能力，有机会挖掘人才并推动企业发展。

第二，高职院校可以与其他高校建立合作关系，进行科研合作。科研合作可以涵盖学术研究项目、科研成果共享、联合研究中心等方面。通过与其他高校的合作，学校可以整合各方面的资源和优势，开展更有影响力的科研工作，提高学术水平和科研能力。这有助于高职院校在学术领域的声誉提升，吸引更多的高水平教师和学生。另外，高职院校可以与政府部门合作，推动人才培养项目。政府部门通常会制定人才培养计划和政策，为高职院校提供支持和指导。学校可以积极响应政府的号召，根据国家和地区的需求调整教育方向和专业设置，以培养符合市场需求的高素质人才。政府部门也可以提供资金支持、项目合作等方式，促进高职院校的发展。

第二节　高职院校教育改革的战略思考

加强高职院校全面建设、促进高职院校教育健康发展是高职院校教育改革发展的重点。"在高职院校教育改革的道路上，首先要更新发展理念，理清发展思路。"① 高职院校教育发展的思路可以包括：以满足社会多方面人才特别是高等技术应用型人才或高技能人才的需求、更好地服务行业发展为宗旨，牢固树立产学结合的办学思想；以瞄准岗位技能需求、促进就业为导向，建立健全产学研合作教育机制；以提高学生就业能力为目标，推进产学研一体化，大胆创新人才培养模式，突出技术应用和实际动手能力的培养。

高职院校教育改革需要重视理念（科学定位）、操作（产学结合）和规范（形成制度）。科学定位需要思考：一是整个高职高专教育要培养怎样的人；二是职业教育的人才怎么培养；三是要找准每一所学校在整个高等教育中的定位；四是要科学地定准每一所学校在社会经济发展中的位置，瞄准这个位置，持之以恒，办出自己的特色，办出自己的水平。产学结合需要充分利用社会的物质资源；充分发挥社会智力资源的作用；拓展高职院校的职能，把高职院校职能扩张成三个部分，即全日制学历教育、非全日制的学历教育、在职人员的培训提高。形成制度就是要有自己独到的东西，不断探索，在改革和发展过程中逐步形成并确立具有高职院校教育特色、真正属于高职院校自己的一整套制度和规范体系。

高职院校的特点是面向行业或行业群，针对社会各种工作岗位的实际需要，培养市场所需要的各类专门性的高技能人才，因而无论在人才培养目标、基本规格、质量标准，还是课程设置和教学要求等方面，均与精英教育有所区别，更具有职业特色，因而在教学过程中重点是突出技术应用和实际动手能力的培养。高职院校教育改革发展的战略思考，需要注重以下方面：

第一，大众化教育的属性与产学结合。一是大众化教育的属性。大众化教育是指教育

---

① 江静岚. 新时期高职院校教育改革的方向及对策 [J]. 教育与职业，2013（32）：40.

资源和机会向更广泛的社会层面开放，以满足不同群体的教育需求。大众化教育的属性决定了高职院校教育必须充分考虑社会多方面的人才需求，特别是高等技术应用型人才或高技能人才的培养。高职院校的任务之一是为社会提供多样化的教育，以满足不同层次、不同需求的学生。二是产学结合的办学思想。为了更好地服务社会和行业，高职院校应树立产学结合的办学思想，这意味着学校需要积极了解企业的人才需求，根据社会需要和市场需求，灵活设置专业，确立产学结合的办学理念。高职院校应该具备主动了解企业人才需求的意识，能够根据企业的生产需要设置专业、培养人才，这将有助于确保学生毕业后能够顺利就业，并为社会和行业的发展做出贡献。

第二，培养职业性、应用型人才的任务与产学研合作。首先，培养职业性、应用型人才的任务。高职院校的使命之一是培养职业性、应用型人才或知识技能型人才，这些人才具有明显的职业指向性、技术应用性和岗位适应性，能够迅速适应市场需求并为行业发展做出贡献。因此，高职院校教育必须以瞄准岗位技能需求、促进就业为导向。其次，产学研合作教育机制。为了更好地实现培养职业性、应用型人才的目标，高职院校需要建立健全的产学研合作教育机制，这一机制涵盖了学校、企业和研究机构之间的合作，以确保学生获得与职业相关的知识和技能。产学研合作教育机制要求学校与企业在平等互利的基础上共同建立机构，用于人才培养、科研开发和技术培训等领域的合作。企业可以参与制定人才培养方案，提供实践机会，帮助学生就业。研究机构可以提供前沿科研成果和技术支持，这种模式有助于确保高职院校教育更贴近市场需求，提高学生的就业能力。最后，产学研合作教育机制的重要性。产学研合作教育机制的建立对于高职院校的发展至关重要。它不仅有助于学校瞄准岗位技能需求设置专业，培养适合企业发展需要的高等技术应用型人才或知识技能型人才，还有助于促进和保障学生的就业，这一机制使企业能够参与人才培养方案的制定、实施和监督，从而更好地满足自身的用人需求。同时，学校也能够与企业建立更紧密的联系，获得实践机会和实际工作经验，有助于提高学生的职业素养。

第三，面向行业需求与提高学生就业能力。一是面向行业需求的特点。高职院校的特点之一是面向行业或行业群，培养具备高技能的人才，这些人才对于行业发展至关重要，因此，高职院校必须紧密关注行业需求，确保培养出符合企业要求的毕业生。二是提高学生就业能力。为了更好地满足行业需求，高职院校必须以提高学生就业能力为目标，这意味着学校需要不断创新人才培养模式，突出技术应用和实际动手能力的培养。学校应该注重实践教育，为学生提供更多的实际工作机会和职业培训，使他们具备适应行业发展的能力。三是推进产学研一体化。为了更好地提高学生就业能力，高职院校需要推进产学研一体化，这一模式能够帮助学校更好地满足行业需求，培养出符合企业要求的高技能人才。

通过建立合作关系，学校可以获得更多的实践机会和行业洞察，有助于学生更好地适应职业要求。

第三节　高职院校教育的管理及其创新

一、高职院校教育的管理方法

（一）过程管理法

过程管理法是通过不断优化操作过程、提高效率等手段，达到解决目标问题的方法。这种方法的主要工作过程必须与预先设计的目标和任务一致。在高职院校中，每个部门就是一个相对独立的系统，有各自的职能和责任，但其中有些职能和责任是重合的、跨部门的（如招生的过程、教学计划实施的过程、教学辅助过程、考试过程等），需要进行跨部门合作。高职院校教育的过程管理法主要包括以下内容：

第一，建立教学规章制度：高职院校应制定清晰的教学规章制度，以确保教育过程的有序进行。这些规章制度应包括岗位责任制、管理工作制度和考核奖惩制度。岗位责任制可以明确每位教职员工的职责和任务，从而实现工作的定员、定额、定质、定量和定时。管理工作制度规定了管理过程中的规范要求，有助于教育活动的正常开展。考核奖惩制度则用于对工作成绩进行评价，鼓励和激励教职员工履行职责，同时也对不当行为进行制度化的处罚。

第二，建立教学例会制度：会议是高校内部管理和决策的重要工具，通过规范的教学例会制度，可以提高会议的效率和实效。高职院校应该明确会议的类型、规则和议程，以确保会议的目的明确，能够集中解决必须经过一定会议才能解决的议题。同时，会议应该发扬民主，形成决策，以确保各方的声音都被听取和考虑。

第三，建立各类报表制度：报表制度可以帮助高职院校管理者更好地了解教育过程的情况，并进行统计、归档和备案。各类报表包括教师教学周报表、教师调课申请表、教学日志、教学运行统计表等。这些报表不仅提供了有关教学活动的详细信息，还可以帮助管理者及时发现问题和制定改进措施。

第四，建立各类检查制度：检查是确保计划执行和目标达成的一种关键手段。高职院校可以采用常规检查、抽样检查、专题检查等方式来监督教育过程。其中，常规检查是基本方式之一，它要求管理人员深入教学第一线，进行日常事务性检查，直接参与教学活动，以获得真实可靠的数据。常规检查具有分散、及时、灵活等特点，有助于确保教育过程的有效管理。

（二）项目管理法

项目管理法是一种系统的方法，旨在通过有效地规划、组织、实施和控制所有相关资源和活动，以成功完成特定任务。其实施涉及专门的项目小组，该小组的所有活动必须与项目的具体运营目标和最终目标紧密相关。在高职院校的教育管理背景下，项目管理法主要涵盖了优秀教师队伍建设、教学改革研究（包括专业建设和课程开发建设）、教学工作检查，以及教学质量评估等项目。

第一，针对优秀教师队伍建设项目，教育机构必须认识到教师队伍的层次和结构对教学质量具有至关重要的影响。因此，在制定项目时，需要充分考虑高职院校的实际情况和未来发展方向，以确保项目切合实际且可行。为了提升学校的教育质量和学术声誉，高职院校需要积极引进杰出高层次人才，并采取切实可行的方法来促进他们的融入。此外，高职院校还应该重点培养专业领域的杰出教师，通过选拔和培养带头人和青年骨干教师，以促进人才的成长和培养。

第二，教学改革研究项目是高职院校教育管理中的重要任务之一，其质量直接影响到教育管理工作的成功，这类项目通常包括课程开发建设项目和专业建设项目。课程开发建设不仅有助于深化教学改革和提高教学质量，还是教育工作的一项战略性基础设施建设。专业建设则是培养高素质人才的重要支持，因此，高职院校必须树立精品专业的意识，将品牌和特色专业视为提升高职专业建设和改革的新增长点。

第三，教学工作检查项目是确保高职院校教育质量的关键环节之一。定期进行教学工作检查不仅是教育管理的必要步骤，也是保障教育质量的首要条件之一。通常情况下，教学检查工作由主管教学的副校长领导，教务处处长和学校教学督导组负责人担任副组长，教务处相关工作人员和督导组成员担任组员，共同组成高职院校教学工作检查小组，以对学校的教学工作进行全面的检查或抽查。

二、高职院校教育的管理制度

"高职院校若要为社会经济发展服务并输送掌握科学知识和熟练操作技能的高素质技术技能人才，就必须在积极发展的同时提高教育教学管理水平，其关键是要以人为本，加强教育管理制度建设，把高职院校的办学水平和管理水平提升到一个新的高度。"[1] 高职

---

[1]　张一平.高职院校教学管理概论［M］.北京：北京理工大学出版，2020：114.

院校必须明确自己的定位，强化自己的特色，才能促进自身的发展，同时，还要针对市场需求、针对学生来源、针对高职特点建立包括多种教学模式、满足个人全面发展的现代教学管理制度，实现自身的科学定位和培养目标。高职院校教育管理制度的建设需要包括以下内容：

（一）灵活的专业设置与调整制度

为了满足高职院校培养人才适应社会经济需求的迫切要求，有必要采取以下措施：

第一，需要建立专业社会调查制度。这一制度将允许教师根据各个专业的独特特点，有计划有组织地在寒暑假期间深入企事业单位进行调查研究，这样的实地调研可以帮助教师更深刻地理解社会的需求，并通过深入了解企业来进行毕业生的跟踪调查。通过这种方式，高职院校可以及时获取用人单位对专业知识和技能的需求信息，从而灵活地调整专业培养计划、课程设置和知识传授，使之更加贴合人才市场的需求。这不仅有助于提高高职院校的专业设置的科学性，也能够促使教师更紧密地结合社会需求传授知识，同时有助于培养具备实践经验的"双师型"师资队伍。

第二，需要建立按职业方向分流的培养制度。高职院校应该将就业作为主要导向，根据市场用人需求采取灵活的措施来进行专业调整。根据区域经济发展趋势和市场调研的结果，应在每个专业内部划分不同的职业方向，并对学生进行分流培养，这种有针对性的培养将有助于学生更好地发展其专业技能，增强其就业竞争力。通过这种方式，高职院校可以更好地满足市场的用人需求，提高毕业生的就业率。

第三，需要建立学生自由选择职业方向的制度。现代教育强调教学要适应学生的个性和遵循教学规律。高职教育作为现代社会的一部分，应该充分遵循这一原则。因此，高职院校应该允许学生在掌握了专业基础课程后，根据自己的兴趣、特长和能力自由选择职业方向，这将有助于保证学生的个性发展与所选择的职业方向相一致。为了支持这一制度，高职院校需要提供相应的专业课程讲授、职业证书考核辅导和职业技术训练。通过这种方式，可以构建一个符合高职院校定位的现代教学管理制度新体系，既可以激发学生学习专业知识的积极性，也可以最大程度地满足学生的就业需求，这一制度将有助于培养更加适应社会经济发展需求的高素质人才。

（二）突出定位的技能培养制度

第一，为了实现高职院校的长足发展并突出其定位，必须建立一个强调技能培养的制度。现代教学体系包含多种教学模式，高职院校在充分考虑其特点的基础上，应构建符合高职定位的人才培养模式，涵盖知识结构、能力结构和素质结构等多个方面。课程设置应紧密围绕高职教育的培养目标，将课程目标与高职教育的目的相互衔接，这意味着职业技术教育应成为核心，以社会需求为导向，突出职业技能和实际操作能力的培养。同时，课程设置还应将技术教育与职业认证结合起来，不忽视对学生人文和科技素养的培养，确保理论知识的必要性和实用性，以及技能训练的充分性和合理性。基于这些原则，需要构建一个与高职人才培养定位相符的高职教育课程体系，并通过现代教学管理制度规范每个环节的课程结构体系。

第二，高职院校的技能培养任务需要通过校内外的职业技术训练来加强学生的实际操作能力。一方面，校内实践教学和理论教学的安排应合理平衡，确保每学期有足够的时间用于综合职能培训。实践教学应根据专业知识教学的需求，灵活地安排在理论教学前、后或中间，以实现实践和理论的有效衔接，从而达到职业训练和知识掌握的协同效果。另一方面，高职院校应积极拓展思路，积极建设校外实训基地。为了使校外实训基地真正发挥作用，必须引入市场机制，与企业建立互利共赢的有效合作机制，采取项目合作等方式，使企业与学校相互嵌入的教学和实训组织形式成为现实，这不仅可以引进企业的先进设施和设备到校内，还可以让学生在企业中参与生产并接受技能训练，这样的做法有利于企业为学生提供长期有效的实践训练条件，也有助于学生及时掌握市场所需的新技术、新工艺和新规范。

通过以上措施，高职院校可以更好地培养出适应社会需求的高素质人才，为学生提供实践和技能培训的机会，同时与企业建立紧密的合作关系，以满足市场的要求，实现高职院校的长期发展目标。

三、高职院校教育的管理创新

信息技术的迅速发展推动了很多产业和行业的变革，使科技创新逐渐成为提升社会生产力的主要抓手，"为了促进高职院校教育的健康发展，各高职院校还需积极更新教育理念，基于创新教育理念出发，改进教学管理、学生管理、校园文化管理以及招生宣传管理等方面的工作。"[①] 作为职业教育的重要组成部分，高职院校的教育管理创新迫切需要借助信息化技术的发展。通过积极发展和应用信息技术，可以创新现代职业教育的形式、内容、模式和体系，使其具备数字化、信息化、时代化和自动化的显著特征，从而更好地促进我国职业教育的健康发展。

---

① 段俊. 基于创新教育理念的高职院校教育管理改进对策 [J]. 科教导刊-电子版（上旬），2021（2）：68.

教育管理信息化的实现可以依托全面的网络基础设施，在高职院校内部建立物联网场景，将各类信息资源整合，以为教育服务管理提供有力的数据支持。通过实现数据的数字化和网络化转变，可以有效改进传统的纸质教育管理方式。借助数字化形态，可以高度整合和分析各类信息，而且可以借助主系统的定向化操控结构，实现对终端服务设定的协调处理，从而进一步提高教育管理资源的利用效率。同时，管理信息化的实施可以有效应对大数据时代信息资源的急剧增加，建立实时性和共享性的信息平台，对海量数据进行逻辑性和有序性的处理，将教育管理视为一种数字化调控手段，为相关教育功能提供辅助支持。

从长期发展的角度来看，教育信息化是教育改革的不可避免趋势。管理系统和信息平台的综合化建设不仅可以实现信息的有效整合，还可以为各类教育管理提供必要的数据支持，以确保各类信息整合和应用的效果。这符合高职院校长期发展的要求，可以真正体现数字化应用的实际价值，为高职院校各项工作提供坚实的基础保障。高职院校的教育管理信息化建设和创新需要从以下方面着手：

（一）确立全新的发展理念

高职院校需要重新审视教育管理信息化的重要性，将其纳入核心发展理念中。这包括提高高职院校对教育管理信息化的认知，将其视为提高管理效率和质量的不可或缺的工具。

第一，数据化管理理念：数据化管理理念在高职院校的应用不仅是一种趋势，更是一种必然。这一理念的核心在于将数据作为决策的基础，以优化教育管理流程，从而提高管理效率。首先，数据化管理意味着高职院校需要将信息技术与管理相融合，实现数据驱动的决策。通过收集、分析和利用各种类型的数据，学校可以更好地了解学生和教职员工的需求，制定更精确的教学计划，优化资源配置，提升教育质量。此外，数据化管理还可以帮助高职院校更好地跟踪和评估学生的学习进展，识别潜在的问题并及时采取措施。例如，学校可以通过数据分析来发现某一门课程的通过率下降，然后迅速调整教学方法或内容，以提高学生的学习成果。

第二，共享理念：共享理念在高职院校的管理中也扮演着重要的角色。在信息化时代，共享是一种强大的工具，可以加强不同部门之间的协作和信息流通。高职院校应该积极弘扬共享理念，确保各个部门之间的信息共享，避免信息孤岛的出现。这意味着学校需要建立有效的信息共享平台，使教职员工能够便捷地访问所需的信息，促进团队之间的协作。此外，共享理念还可以促进高职院校与外部机构和企业之间的合作。通过共享数据和资源,学校可以更好地与行业合作伙伴合作,开展实践项目和研究合作,从而为学生提供更多的机会和资源。

第三,用户为主的管理导向:高职院校应该以师生和管理人员的需求为导向,提供易于使用和高效的信息化工具,以重构传统的管理体系。这意味着学校需要不断改进和优化管理系统,以确保用户能够方便地访问所需的信息和服务。此外,为了实现用户为主的管理导向,高职院校还需要积极收集用户的反馈和建议,不断改进信息化工具和服务。这样可以确保学校的管理系统能够真正满足师生和管理人员的需求,提高他们的满意度和参与度。

(二)做好顶层设计规划

要实现教育管理信息化,高职院校需要进行科学的顶层设计规划,具体如下:

第一,战略规划是信息化建设的基石。学校应该制定科学的战略规划,明确信息化建设的长期和短期目标。长期目标可以包括未来五到十年内实现的愿景,而短期目标则可以涉及每年或每学期的具体目标和里程碑。这将有助于学校更好地优化资金分配,确保资源的有效利用。例如,如果学校的长期目标是建立一套先进的在线教育平台,那么每年的预算就可以优先考虑用于技术基础设施和师资培训等方面。

第二,评估体系和治理结构是确保信息化建设顺利推进的关键。学校应该构建科学的评估体系,用于监测信息化建设的进展和效果。这可以包括定期的自评估和外部评估,以确保项目按计划推进,并对项目效果进行客观评估。同时,明确治理结构,可以帮助确保决策层面的透明度和责任划分。学校可以设立信息化建设委员会或小组,由各相关部门的代表组成,负责决策、监督和协调信息化项目。这有助于确保决策的合理性和透明度,防止信息化项目出现偏离轨道的情况。

第三,数据衔接与管理是信息化建设的另一个关键因素。信息化建设的成功依赖于数据的有效性。高职院校应确保各部门的数据衔接,建立数据维护和管理机制,以保证数据的准确性和可用性。这可以通过采用统一的数据标准和格式,以及建立数据共享和交换的协议来实现。此外,学校还可以投资于数据管理系统,以确保数据的及时更新和备份。只有确保数据的高质量和可靠性,信息化建设才能更好地支持学校的教育和管理需求。

(三)完善信息化建设机制

信息化建设需要协同管理和培训,以便将所有相关部门纳入整个过程,具体如下:

第一,协同管理是高职院校信息化建设的重要环节。学校应该积极加强不同部门之间的协同管理,打破信息壁垒,确保信息的流通和共享。为此,学校可以建立统一的信息化平台，使各部门能够便捷地分享数据和信息。此外，可以设立跨部门的信息化项目团队，由各个关键部门的代表组成，以协同推进信息化项目，确保项目的一致性和协调性。这将有助于提高工作效率和协作能力，推动信息化建设取得更好的成果。

第二，信息化意识和技能培训是关键。高职院校应该积极推广信息化意识和技能培训，以确保师生和管理人员都能够适应信息化环境，掌握必要的技能。培训内容可以包括信息安全意识、数据管理技能、在线教育工具的使用等。学校可以定期举办培训课程、研讨会和工作坊，以提高师生的信息化素养。此外，还可以建立在线培训平台，让师生可以随时随地学习相关知识和技能。通过培训，可以提高学校整体的信息化水平，更好地应对未来的挑战。

第三，建立合理的信息化建设机制至关重要。这包括资源分配和项目管理。学校应该制定明确的资源分配策略，确保资源的合理分配和利用。这可能包括预算规划、技术设备采购、人员配置等方面的考虑。同时，学校还应建立有效的项目管理体系，确保信息化项目按计划推进。这可以包括项目计划、进度监控、风险管理等方面的措施。此外，建立项目评估机制，用于监测项目的效果和成果，及时调整项目方向和资源分配。合理的信息化建设机制可以提高资源的利用效率，确保信息化项目的成功实施。

（四）建设教育管理信息系统

为了实现高效的教育管理信息化，高职院校需要建设强大的信息系统，具体可采取以下措施：

第一，整合各类信息资源是信息化建设的关键一环。高职院校应该努力整合各类信息资源，确保资源的合理配置。这包括课程管理、学生档案、财务数据等各个方面的信息。通过整合这些信息资源，学校可以实现跨部门的信息共享和流通，避免信息孤岛的出现。例如，学校可以建立一个统一的学生信息系统，将学生的课程信息、成绩记录和学籍档案整合在一起，以便教职员工能够更方便地获取和管理学生的信息。这将有助于提高教育管理效率，优化资源配置，提供更好的教育服务。

第二，系统维护是信息化建设的必要环节。信息化系统的可靠性至关重要。高职院校应该定期维护软件和硬件设备，确保系统的稳定运行。这包括及时安装和更新软件补丁、维护服务器和网络设备、备份重要数据等操作。通过定期的系统维护，可以预防潜在的故障和安全漏洞，确保信息化系统的可用性和安全性。

第三，数据支撑是信息化系统的核心。信息化系统应提供强大的数据支撑，为校园信息化服务工作提供支持。这包括数据存储、分析工具、报表生成等功能。高职院校可以建立数据仓库，用于存储和管理各类数据，以便进行数据分析和报告生成。通过数据支撑，学校可以更好地了解学生的需求和趋势，优化教育管理流程，制定更有效的政策。同时，数据支撑也可以用于监测信息化系统的运行情况，及时发现和解决问题。

（五）加快建设信息化教师队伍

信息化教师队伍的培养和发展对于实现教育信息化至关重要，具体如下：

第一，教育理念的转变是高职院校应该积极推动的重要任务。教师需要适应信息化时代的需求，将传统的教育理念转变为更符合现代信息化教育的理念。这包括强调学生的主动学习、个性化学习和跨学科综合能力的培养。教师应该认识到信息技术可以成为教学的有力工具，帮助学生更好地获取知识和发展技能。为实现这一目标，高职院校可以举办教育理念的培训和研讨会，鼓励教师积极参与教育创新项目，以推动理念的转变。

第二，技术应用于教学服务是信息化时代的必然趋势。教师应该积极将信息技术应用于教学服务中，培养互联网思维，以提高教育质量。这可以包括使用在线教育平台、虚拟实验室、教学应用程序等工具，以增强课堂互动和学习体验。通过技术的应用，教师可以更好地个性化教学，满足不同学生的需求，并提供更灵活的学习方式。学校可以提供技术培训和支持，以帮助教师更好地利用技术资源，改进教学方法。

第三，全面发展教育信息化是为了满足学生多样化的学习需求。高职院校应该在课程设计、在线教育和在线测评等方面促进教育信息化的全面发展。这包括设计多样化的在线课程，提供在线学习资源，以及使用在线测评工具来评估学生的学习成果。通过全面发展教育信息化，学校可以更好地满足不同学生的学习风格和需求。例如，一些学生可能更喜欢在线学习，而另一些学生可能更喜欢传统的课堂教学。通过提供多样化的教育信息化选项，学校可以更好地满足学生的多样化需求。

综合来看，高职院校需要采取综合性措施，从多个层面推动教育管理信息化的建设与创新，以提高教育管理的效率和质量。通过确立全新的发展理念，做好顶层设计规划，完善信息化建设机制，建设教育管理信息系统，以及加快建设信息化教师队伍，高职院校将能够更好地适应信息化时代的需求，为学生提供更好的教育服务。这一过程不仅将提高管理效率，还将推动教育质量的提升，为高职院校的可持续发展奠定坚实的基础。

第六章　高职院校教育中的人才培养

第一节　高职院校中的教师与学生培养

一、高职院校中的教师培养

高职院校的教师培养可以从以下方面着手：

第一，需要注重培养教师的能力结构，主要包括四个方面：一是强化教师资格的培训，鼓励专业教师获得相关专业技术证书，以提高他们的专业素养；二是加强在职培训，以提升教师的实践经验和教育技能；三是通过专业培训，提高教师的教育水平，采用有计划的分期培训，包括高职教育理论和教学模式的培训；四是实施工学结合，培养教师的科研能力、创新能力和技术应用能力。

第二，重要的是培养教师的教学设计能力。现代职业教育的教学设计应以工作任务为中心，鼓励学生通过完成具体工作任务来建构相关理论知识，并发展职业技能。高职教师在特定职业领域的教学中，应该结合自己的职业工作任务和实践，运用职业教育学和职业教学理论，制定职业教育课程，并根据自身教学实践进行研究，以促进专业素养的不断提高。

第三，要培养教师的教学实施能力。高职教育的课程体系、内容和教学方法的改革对学生的发展至关重要，而高职教师是这一改革的主要推动力量。通过优化课程体系、内容和教学方法，可以提高教师的教学实施能力。为实现这一目标，需要转变教师的观念，将传统的学科教育理念转变为适应高职教育的理念，使教师更加关注大众教育和职业教育。

第四，重要的是培养教师的心理素质。教师的工作对象是学生，他们的心理状态直接影响学校的教育功能和学生的品质发展。因此，需要重视提高教师的心理素质，采取适时的措施来调节他们的心态和情绪。同时，要创造一个良好的工作环境，促进教师之间的良性竞争，建立平等、团结和温馨的学校氛围。此外，在强调教师道德建设的同时，还要提高他们的生活水平和福利待遇，增强他们的职业认同感，并努力营造良好的人际环境。

二、高职院校中的学生培养

(一) 将工匠精神贯穿职业素养教育

1. 有效形成职业素养培养系统

(1) 建立协作平台:职业素养培养系统应该充分利用科技,以网络为基础,提供必修、选修和在线课程。在入学时,学校可以进行职业素养调查预评估,根据结果进行分层教学。同时,课程内容应该融入职业素养教育,覆盖各个专业、年级和教育阶段。为确保课程内容的质量,需要规范化的制度建设,包括制定操作行为规范、行为认知度、诚信行为和态度等指标,以构建职业行为和职业道德观察指标体系,贯穿整个教育过程。

(2) 融入工匠精神的思政课程:思政课程的改革可以将工匠精神融入其中。教师可以在课堂上引入工匠精神的概念,通过专题课程和小组讨论,让学生参与社会热点话题的研究。另外,在课程开始阶段,可以组织宣讲会,讲述大国工匠的事迹或播放相关视频,以传达工匠精神的价值观。此外,推动思政课程的实践化,安排学生进行实地考察,让他们亲身感受工匠的工作氛围和价值。

(3) 建立校企协作平台:高职院校可以通过两种方式实现校企合作。首先,引入企业项目到教学中,确保项目的组织、流程和标准符合企业要求。其次,聘请企业师傅作为指导教师,建立现代意义上的师徒关系,帮助学生进行生涯规划、指导实践操作、塑造职业态度,并推荐职业岗位,这样的合作可以充分利用企业的资源,包括人力和物质资源,实现学校和企业的互利共赢。企业可以提前培养学生所需的职业素养,通过内部培训、校内工作坊和企业师傅进校园等方式实现校企合作。

2. 构建职业素养信息库以及证书体系

(1) 建立行业标准数据库:高职院校可以在学校的文化模式基础上,融入企业岗位课程结构,以工匠文化为基础,创建符合高职教育文化的标准化和高效的模型,这个模型应该在课程目标中反映工匠文化,并以工作为导向,将企业岗位的课程结构与高职教育文化结构有机融合,以确保校园文化与企业生产模式相契合。教学内容应定期更新,包括与工匠精神和企业所需素养相关的内容,以适应市场需求并保持与时俱进。

(2) 建立与职业素养信息库相对应的资格证书体系:通过建立资格证书体系,可以对学习者已达到的水平进行认可,提供后续学习计划,学习者获得资格证书后即可具备相应的从业资格。统一的职业素养资格证书体系有助于确保教育质量,激发学习者提高自身素养的积极性，并实现教育体系的协调一致。高职院校可以参考职业资格认证部门的内容，以确保考核内容的一致性，实现职业教育和资格认证的顺畅衔接。

通过以上步骤，高职院校可以构建一个与行业需求紧密关联的标准化职业素养信息库，并建立一套相应的资格证书体系，以确保学生获得的素养与从业要求相符，促进高职教育与职业实践之间的有机结合，这样的体系不仅有助于提高教育质量，还能够满足市场需求，为学生提供更好的职业发展机会。

（二）树立学生基于兴趣的专业态度

要提升高职院校学生的职业素养，最根本的便是使学生将素养内容进行心理内化，实现其内在的认同。

1. 尊重学生职业素养培养的意识

学生作为受教育者，不仅仅是知识的接受者，更是积极参与者和未来职业的策划者。他们应该被视为认知和实践活动的有目的的承担者，是自己成长道路上的主体。高职院校应该积极培养这种学生的主体性，尊重并挖掘他们的个性，使他们更好地了解自己的优势和职业目标。以下将详细探讨高职院校如何培养学生的职业素养，强调了丰富人才培养标准内涵、创建以人为中心的课堂以及创设有利于个性化发展的氛围等方面的方法与策略，旨在帮助高职院校更好地培养具备自主性和职业素养的学生。

（1）丰富人才培养标准内涵。高职院校需要不断更新人才培养标准，以确保其与时俱进，更好地满足学生的需求。其中，以下方面尤为重要：

第一，明确自我定位和职业认知：学校应该帮助学生明确自己的职业定位和发展目标，这可以通过提供职业生涯规划课程、职业咨询和导师制度来实现。学生应该了解自己的兴趣、价值观和技能，以便更好地选择适合自己的职业方向。

第二，强化价值观领域的考查标准：价值观教育应该成为高职教育的重要组成部分。学校应该鼓励学生自主探索、追求价值本质，培养他们的情感价值。情感是内在尺度的来源，它在教育中扮演着重要角色。情感价值教育有助于学生树立正确的情感价值目标，形成健全和独立的人格。

第三，激发自主性和创造力：高职院校应该创造一个以人为中心的学习环境，培养学生的自信心和自主性，这可以通过以下方式实现：首先，创设具有挑战性的学习任务，鼓励学生积极参与问题解决和创新活动；其次，传达职业的意义和社会价值，让学生了解所学知识与未来工作的联系，提高他们的学习动机；再次，培养自我效能感，鼓励学生相信自己可以克服困难，实现目标；最后，培养问题意识，通过实际问题解决让学生在实践中积累经验。

第四，创设有利于个性化发展的氛围：高职院校应该注重学生之间的合作，通过团队协作提升学生的自我价值感。学校可以鼓励学生展示自己的特长，并为其提供展示和发展特长的机会，这有助于形成集体荣誉感和责任意识，培养学生的领导能力和团队协作能力。

（2）创建以人为中心的课堂。高职院校应该创建以人为中心的课堂，以更好地培养学生的职业素养和自主性。以下是一些具体的方法：

第一，发挥目标效应：引导学生确立可分解性的目标，逐步实现小的目标，为长期目标做好铺垫，这有助于提高学生的自信心和自主性，让他们感到自己的努力是有意义的。

第二，传达职业的意义和社会价值：学校应该使学生了解未来所从事职业的意义和社会价值，这可以通过与行业专家的互动、实地考察和实际案例分析来实现。学生需要明白自己的工作对社会的贡献和影响。

第三，培养自我效能感：自我效能感是学生成功的关键。教师应该鼓励学生相信自己有能力解决问题和取得成就。通过阶段性的鼓励和正面引导，帮助学生从积极的角度看待自己的能力。

第四，树立问题意识：在实践课程中，学校应该建立真实的工作情境，让学生面对实际问题，这有助于强化学生的参与感，让他们在解决问题的过程中积累经验，提高职业素养。

（3）培养有利于个性化发展的氛围。高职院校应该创造一个有利于个性化发展的氛围，以尊重和发掘学生的个性。以下是一些具体的策略：

第一，多元化的学习机会：学校应该提供多元化的学习机会，包括不同类型的课程、实践活动和项目。这样，学生可以根据自己的兴趣和需求选择适合自己的学习路径。

第二，强调自主学习：高职院校应该鼓励学生进行自主学习，让他们在学习过程中有更多的自由度和选择权，这可以通过提供学习资源和支持自主研究项目来实现。

第三，个性化指导和辅导：学校可以为学生提供个性化的指导和辅导，帮助他们规划职业发展和学术道路。导师制度可以起到重要作用，导师可以根据学生的兴趣和目标提供个性化建议。

第四，促进学生互动和合作：学校可以组织各种社交和合作活动，鼓励学生互相交流和合作，这有助于学生建立人际关系和团队合作能力。

第五，创建利于个性化发展的氛围：高职院校应该注重学生的个性化发展。学校可以提供多样化的课程和活动，以满足不同学生的兴趣和需求。同时，鼓励学生积极参与社团和实践活动，展示和发展自己的特长。

第六，建立反馈机制：学校应该建立反馈机制，让学生可以及时获得反馈并改进自己的学习和职业发展，这可以通过定期的评估和反馈会议来实现。

2. 强化学生职业素养培养的机制

职业素养的培养在高职院校教育中具有至关重要的地位。学生的职业素养不仅关系到他们的个人职业发展，还直接影响到国家和社会的发展。因此，高职院校应该建立和强化一种有效的机制，以确保学生的职业素养得到全面培养和提高。以下探讨两个关键方面，即重视个体间的正面影响和树立实践意识①与生涯规划意识，以强化学生职业素养培养的机制。

（1）重视个体间的正面影响。

第一，教师的职业素养提升。高职院校的教师扮演着重要的角色，他们与学生朝夕相处，对学生的职业素养培养起着至关重要的作用。因此，首先需要重视教师的职业素养提升。教师应该具备高度的职业操守和严谨敬业的态度，成为学生的榜样和表率。下面探讨一些方法，可以帮助提升教师的职业素养：一是自我约束和自我提升：教师应该不断反思自己的教育实践，寻求改进和提高。他们应该参加专业培训和学术研讨会，保持教育理念和方法的更新。二是学生认可与鼓励：教师应该积极发现学生的闪光点和优势，并及时予以认可和鼓励，这可以激发学生的自我认同感，增强他们对职业素养培养的积极性。三是表彰优秀学生：学校应该定期总结学生的日常行为表现，表彰那些表现优异和有所提升的学生，这有助于建立正面竞争氛围，激发学生的积极竞争意识。四是以工匠精神为指导：教师可以将工匠精神的内涵融入课堂教学，引导学生自我提升。工匠精神包括追求卓越、精益求精、不断改进等核心要素，这些要素可以指导学生在自己的领域中追求卓越。

第二，学生间的正面影响。学生之间的相互影响也是非常重要的。学生在校园生活中与同学建立友谊和合作关系，这些关系可以对他们的职业素养培养产生积极影响。一是团队合作：学校应该鼓励学生参与团队合作项目，让他们学会与他人合作，分工合作，共同解决问题。团队合作有助于培养学生的团队精神和协作能力。二是同辈互助：学生可以相互帮助和支持，分享学习和生活经验。同辈互助可以提高学生的学习效率，同时也有助于建立良好的人际关系。三是集体荣誉感：学校可以组织各种竞赛和活动，让学生代表学校参与，培养他们的集体荣誉感和责任意识。集体荣誉感可以激发学生对学校和团队的归属感。

---

① 实践意识是指个体或组织在行动中对于实际问题和现实情况的敏锐感知和适应能力。

（2）树立实践意识和生涯规划意识。

第一，实践意识的培养。学生在培养职业素养时，需要将理论知识应用于实践。为了培养实践意识，高职院校可以采取以下措施：一是实践活动模拟：学校可以引入企业实训流程，让学生在模拟的实际工作情境中进行实践，这可以帮助学生培养职业道德、责任意识和规范意识。二是解决实际问题：在教学中，学校应该建立真实的工作情境，将真实问题呈现给学生，让他们在解决实际问题的过程中提高自己的参与感。三是引导创新和实验：学校应该鼓励学生进行创新和实验，提供支持和资源，让他们尝试新的想法和项目，这有助于培养学生的创造力和创业精神。

第二，生涯规划意识的培养。学生需要明确自己的职业发展方向和目标，这需要培养生涯规划意识。高职院校可以采取以下方法来培养学生的生涯规划意识：一是强调职业的意义和社会价值：学校应该使学生了解未来所从事职业的意义，以及当前摄取的知识与工作岗位的联系，这可以增加学生的学习动机。二是自我效能感的培养：自我效能感是指个体对自己能够完成任务的信心。学校应该帮助学生树立自信，培养自我效能感，这可以通过鼓励自主学习和提供正面反馈来实现。三是生涯规划课程：学校可以开设生涯规划课程，帮助学生制定可操作性的生涯目标，了解不同职业领域的要求和机会。四是提供就业信息：学校应该提供关于各个企业和就业平台的具体要求以及就业信息，让学生明确自己的定位和未来努力方向。

第二节　高职院校教育人才培养模式及其创新

一、高职院校教育人才培养模式的体系

（一）以课程观为依据的人才培养模式

课程观是指人们对课程的概念、编制、实施、评价等方面各种认识和看法的总称，它主要出自哲学、心理、技术和教育等学科方面的原理、主张，从而进一步形成课程基本性的观念认识。高职院校的课程观在高职院校教育人才培养模式的改革中起到了明确教育改革方向、目的作用，对在具体的课程体系改革中所涉及课程内容，课程所涉及的价值取向，授课场所、课程实施的相关配套基础设施等方面均能起着指导的作用。随着我国经济、社会的快速发展，社会对职业技能的需求量迅速增加，这对高职教育的人才培养也提出了更高要求。在国家的宏观管理和指导下，全国各大高职院校，社会各界相关专家、学者对我国的高职教育人才取向进行了反复研究和探讨。近年来，所形成的主流人才培养观

点认为，我国的高职教育人才培养在课程体系、教育内容的设置上应该冲破学科本位观念的约束和束缚，要与当前的普通中、高等教育有着本质的区别，走出一条符合国情、符合社会、符合学生自身特点的职业特色教育之路，应将培养和适应服务社会生产、建设、管理等基层社会的技术实用性强、应用范围广的各类高等专业性人才为主。高职教育应在观念上和普通中高等教育区分开来，高职教育在日常教学中以理论课程为辅、实践课程为主的教学结合方式，使得高职教育课程体系在运行起来达到工学一体、产学研结合的目的，实现由传统的学科本位到现代的实践能力本位的转变。

（二）新兴的多元化能力培养模式

我国的高职教育人才培养在建设初期，国内各大高职院校的专业模式普遍采用以培养学科性人才为主的培养模式，即"三段式"的培养模式，即公共、专业基础课、专业课的结构模式以及理论课、实践课的模式，这种模式最大缺点就是将公共课、专业基础课和专业课三者之间的内在相互关系硬性区别开，这在学生的具体学习实践当中，非常不利于自身的职业技能应用能力的养成和提高，更不利于以技能实践为主的高职教育。近年来，全国各地的高职院校、社会各界的专家、学者根据当地的经济社会发展实际，纷纷提出有自己见解、观点的多元化高职教育人才培养模式。如黑龙江信息化技术职业学院提出"3+X"模式，即以培养学生的中文、英语和计算机能力的 3 个最通用的个人能力为核心，兼备培养学生具备 X 个职业技能能力的高职教育人才培养模式。此外，在培养学生的 X 个职业能力时，该高职院校还提出了借鉴起源加拿大，近年流行于北美的 CBE 职业教育模式，以相关职业的能力或者岗位要求作为高职教育的出发点，以能力作为教育基础，建立"能力模块式"高职课程体系教育模式，并以此为蓝本，对全院 20 个专业的学生核心职业能力课程实施过程进行了分解和设计。

二、高职院校教育人才培养模式的改进措施

（一）按需求进行教育，强化学生的技能培养

逐步脱离和淡化传统的具有学科属性的"三段式"高职教育人才培养模式的相关培养方案和方式，根据社会实际需求和学生职业能力要求来进行高职院校的人才培养模式组成。我国高职教育专业课程体系改革的方向是运用符合职业需要的专业模块进行教学。在实际的日常教学中，应以加强学生的技能培养为核心，使得大学生经过在校几年的理论学习和技能培养，毕业上岗后能够在最短的时间内适应并迅速成为所在企业岗位的骨干型人才。因此，在专业的设计和实施过程中，公共课、专业基础课、专业课三者缺一不可，基

础要为专业服务。在日常教学中，学生能够灵活、娴熟地综合运用自身所学到的各学科理论知识和实践技能来处理在实际工作当中所遇到的问题是职业教育的最终目的，一定要脱离和摒弃传统的阻隔公共课、专业基础课、专业课三者之间内在联系的"三段式"学科培养模式。

第一，参考借鉴加拿大的 CBE 模式。CBE 模式是以一种能力为基础的培养模式，它强调职业所必备的知识、技能、行为能力是将来学生从业的根基，所以，在教学中必须以学生的能力表现为教学目标，注重学生的"学以致用"。因此，借鉴 CBE 课程模式符合我国的实际国情，它不仅改变了我国传统单一的"学科本位"教育模式，还大力提倡岗位能力本位的思想，并在教学中全程贯彻提升学生综合职业能力、素质这一条主线，很显然，CBE 课程模式所取得的成效同我国高职教育人才培养改革所要求的方向相吻合。

第二，参考部分院校所提出的人才培养改革模式。例如，广东科学技术职业学院的高职教育课程改革思路可借鉴性较强，实用价值大，具有实际可操作性。高职教育课程的改革应符合所在地区经济社会发展实际，并按照当地用人企业单位的实际技能需求来对学校自身岗位职业技能目标进行设计。目标在设计上以"实用"为主，对于学生应掌握的理论基础课程必要和够用即可，不必追求传统的学术完整性。该学院提出的基础专业训练课程设计模式由三部分组成，主要包括目标课程、专业课程和理论课程等，此外，该体系的培养模式还附加了一部分为拔高学生基础技能的选修课程，如计算机、外语等基本技能课程。

上述这种人才体系培养模式的最大特点是在确定以社会生产一线的需要为目标办学，突出学生的能力和素质培养为核心，突出专业特色，加强理论基础知识的应用总方针后，能够结合学校所在地区的各种具体实际情况，其教学课程、目标和内容不是一成不变的，可以根据社会实际需求，岗位变化以及实际应用灵活重组，使高职教学质量能够更加切合社会生产实际需要。

（二）逐渐完善自我，提升教师的综合素质

"榜样的力量是无穷的"。教师是传道、授业、解惑的主体，教师是高职院校人才培养的主要实施者，教师自身品德的好坏对学生的影响深远，同时，榜样也意味担负着更多的责任。教师在培养学生的同时首先要从自身做起，自己的人格是教育学生前提和基础，自身日常的各种自觉不自觉的言行举止时时刻刻都在影响着学生，有些自己不在意的言行可能会深刻留在学生脑海中甚至会影响他们的一生。因此，教师第一要有高度的责任感和使命感，这种责任感、使命感主要体现在自身的爱岗敬业上、对教育的责任心上、对学校教学的务实上、对学生学习的负责上。在具体日常教学当中，教师能够以较强的责任心和事

业心全神贯注地投入到教学工作当中去，那么，就会产生伟大的人格魅力，感染着身边的学生，激发出他们强烈的责任感意识，成为现实教学中的最有效、最生动隐性课程。所以，作为高职院校的教师，在日常教学当中，应该用自己的人格魅力，执着的事业追求，高度的敬业精神和负责精神来教育和感染学生；应该用自己的优良品德，自身端庄的行为举止来引导和影响学生；应该用扎实的教学理论知识，自身渊博的学识，严谨的教学态度来打动学生。

（三）贴合实际，将职业资格培训纳入课程体系

职业资格标准通常是指对社会上某一职业内其中的岗位所涉及的岗位技能、素质、综合知识和职业道德素质等方面的规定和要求。将职业技能资格鉴定证书的有关培训纳入高职教育人才培养模式当中，可以使得日常的高职教育人才培养体系能够更加符合社会发展实际，有效地推动我国的高职教育人才培养模式改革。高职教育的自身特点决定了职业资格鉴定制度和高职教育培养目标二者是完全一致性的，高职教育从本质上讲是为社会各行业的职业需要培养有能力、有水平的技术人才。因此，高职教育在专业课程体系设置上必须依据职业资格标准，将职业资格标准当中所要求达到的职业知识、技能、素质完全融入高职教育课程当中去，并且作为高职教育教学大纲中的重要考核点。

第三节 高职院校创新创业教育与人才培养的融合

"创新创业是经济社会发展的一个过程，也是一种结果，是人类特有的认识能力和实践能力，伴随着新思维和新能力，能带来革命性的变化"①。创新创业教育旨在培养大学生的创新意识和创业能力，通过系统的教育方法，针对不同创业阶段和水平的群体进行创新思维和创业技能的培养。其最终目标是培养具备创业素质和创新思维的人才，从而推动社会创新和创业观念的普及。

一、高职院校创新创业教育与人才培养融合的必要性

第一，有助于树立学生科学的就业观。创新和创业教育在高职院校中扮演着至关重要的角色，它们的目标不仅是传授知识，更是培养学生的实践和动手能力。这种教育方式尤其适用于高职院校的学生，因为它可以激发学生内在的创新创业潜力，提高他们的学习积极性。通过注重实践，学生们能够更深刻地理解知识，并将其应用到实际情境中。这种经

---

① 刘雪飞.高职院校创新创业教育与人才培养的融合［J］.黎明职业大学学报，2019（2）：68.

验不仅有助于他们的专业发展，还塑造了符合社会需求的价值观和就业观。

创新和创业不仅仅是理论性的概念，更是一种实践能力。高职院校的学生通过参与创新和创业项目，积累了丰富的经验，这不仅为他们未来的职业道路奠定了坚实基础，还提高了他们的就业竞争力。新技术的涌现速度快，要求人们不断适应和创新，而创新创业教育正是为了培养这种可持续发展的职业能力而设计的。

第二，有助于提升学生可持续发展职业能力。高职院校的使命之一是培养高素质技术型人才，他们需要不仅具备专业知识，还要能够将个人价值与工作紧密结合。创新创业教育强调的正是这种综合能力的培养。学生们通过参与创新项目和创业实践，不仅掌握了实际技能，还培养了创新思维和解决问题的能力。这些能力将在他们未来的职业生涯中大有裨益，使他们能够更好地适应变化迅速的工作环境。

高职院校的学生在创新创业教育的指导下，不仅能够获得理论知识，还能够在实践中发展出创新的产品和解决方案。这种实际经验将使他们更有信心，更有能力在就业市场上脱颖而出。因此，创新创业教育不仅是为了提升学生的就业竞争力，还是为了培养可持续发展的职业能力，使他们能够在不同领域取得成功。

第三，有助于形成强大的教育合力。教育合力包括建立多样化的创新创业人才培养模式，建立保障机制，构建高水平的教学团队，以及促进课内外创新创业实践的结合。

多样化的培养模式可以满足不同学生的需求和潜力。有些学生可能更适合在课堂中学习创新理论，而另一些可能更喜欢通过参与创业项目来积累经验。高职院校应该为学生提供多种选择，以便他们可以根据自己的兴趣和能力来选择最适合自己的教育路径。

建立保障机制是确保创新创业教育质量的关键。高水平的教学团队可以提供专业知识和指导，以确保学生获得高质量的教育。此外，将课内教育与课外实践相结合，可以为学生提供更全面的培训和经验，使他们更好地应对未来的职业挑战。

二、高职院校创新创业教育融入人才培养的措施

在当前社会背景下，包括"大众创业，万众创新""互联网+"和"共享经济"，高职院校应该积极融入人才培养全过程，以更好地支持学生在创业实践中发挥其潜力。这可以通过这些方式来实现：引领高职院校教育改革，将创新创业理念融入教育体系，使其成为教育改革的推动力量；完善创新创业激励体制和机制，制定政策来鼓励高职院校学生积极参与创业；建立创新创业实践平台，提供创业培训和指导，鼓励学生积极参与创业实践。

（一）以创新创业理念引领教育

创新是科学发展的第一动力，民族兴旺发达的不竭动力，符合"创新、绿色、协调、

开放、共享"五大发展理念。在当今世界,创新不仅是科学发展的推动力量,更是国家民族兴旺发达的关键。中国秉持着"创新、绿色、协调、开放、共享"的五大发展理念,将创新置于国家战略的核心地位。特别是在高职院校这一关键教育领域,创新创业教育的重要性愈发凸显。

高职院校应将创新创业教育融入教育理念,普及基础教育并与专业教育结合,提升学生创新能力,增强就业和创业基础,提高适应社会发展的能力。教育的初衷不仅仅是传授知识,更应该培养学生的综合素养和实践能力。高职院校应当从教育理念出发,注重培养学生的创新思维和实际动手能力,使他们在毕业后能够更好地适应社会的需求,为国家的发展做出贡献。

课堂教学建设是关键,需要创新课程内容和形式,改革专业课程体系。传统的教学方法已经不能满足当今社会的需求,因此,高职院校需要积极探索创新的教学方式。这包括更新课程内容,更贴近实际需求,采用多媒体技术,激发学生的学习积极性和独立思考能力。教师的培训也至关重要,他们需要具备创新教育的知识和方法,以便更好地引导学生。只有通过创新教育方法,高职院校才能真正推动创新创业教育的改革。

教学组织形式和考核方式也需要改进。高职院校可以邀请企业家和专家参与教育,让学生能够从实际问题中学习解决问题的能力。案例分析和互动讨论是培养学生创新思维和团队协作能力的有效方式。在这个过程中,高职院校可以进行前期调研,了解学生就业后的需求,与企业建立更紧密的联系,推动校企合作,为学生提供更多创业资源和机会。这种产学研结合的方式有助于将理论知识与实际应用相结合,培养更具创新能力的人才。

高职院校可实行产学研结合,促进创新创业实践,为学生提供良好的实践环境,激发他们的积极性。在校内建立创新创业实验室和基地,让学生能够在安全的环境中进行实践,尝试创业。同时,高职院校还可以与企业合作,提供实习机会和项目合作,让学生在真实的工作场景中积累经验。这些实践机会有助于学生更好地理解创新创业的本质,并为未来的职业生涯做好准备。

(二)科学构建创新创业实践平台

高职院校创新创业教育在提高理论教育质量方面,需要积极实践模拟结合。这一举措的核心是建设实践场所,包括创业模拟基地、创新研发项目基地和创业孵化基地。这些地方将为学生提供一个真实的实践平台,使他们能够将课堂理论知识应用到实际中。此外,校企合作创新创业实践平台也是关键,它有助于教师深入企业调研,改进教学方法,从而提高教育质量。同时,学生将有机会在企业中进行实际操作,培养动手操作能力,推动

"产学研"一体化进程，为未来的创业做好准备。

积极开展社会实践和志愿者活动，与创新创业相关。通过充分利用互联网共享资源平台，高职院校可以与企业创新项目合作，树立自主品牌，并提供必要的公共设备和设施。这不仅有助于学生在实际项目中积累经验，还培养了他们的团队合作和领导技能，为将来的创业做好准备。

此外，建设创业咨询服务基地也是至关重要的。这些基地可以提供法律、工商、税务、管理、融资等方面的创业咨询服务与援助，为自主创新创业的学生提供帮助。这将有助于解决学生在创业过程中可能遇到的问题，提高他们的创业成功率。

高职院校可以加强第二课堂建设，整合校内校外资源，组织多样化的创业讲座、创业训练、创业模拟、创业大赛、典型事迹报告会等活动。这些活动将丰富学生的创业实践经验，培养他们的创新意识和创业精神。通过这些综合性的举措，高职院校可以全面提高创新创业教育的质量，培养更多具备实际操作能力和创业潜力的优秀学生。

（三）有效完善创新创业激励机制

高职院校多层面的创新创业激励机制关键在于为学生和教师提供全面的支持和鼓励。

第一，高职院校可以设立创新创业奖励金。这一机制将用于表彰杰出的创业实践学生和指导教师。更重要的是，这些奖金可以与学生的素质拓展学分挂钩，从而激发学生积极参与创业活动的热情。这种奖励体系不仅是一种精神激励，还能够直接提供经济支持，帮助学生更好地投身创业领域。

第二，高职院校应积极开展创业实践活动。这包括举办各类创业策划大赛、创新科研大赛等，以鼓励学生积极参与。通过这些活动，学生将有机会锻炼创业意识和能力，培养创新的思维方式，为未来的创业生涯做好准备。

第三，建设创业就业见习基地也是至关重要的。这些基地可以提供创新创业项目所需的运行经费，支持学生创业园、创业工作室的日常运营，并为创业团队提供必要的资源和场地。这将有助于学生更好地将理论知识与实际操作相结合，提高创业成功的机会。

第四，高职院校可以设立公益性创新创业基金。这个基金可以为学生创新创业提供资金支持，同时协调与企业和相关部门的合作，以获取更多的资金来源。这将有助于提高学生创业的积极性，同时也促进了学校与外部机构之间的合作和互利关系。

第七章 高职院校教育质量及其评价研究

第一节 高职院校教育质量系统建设与治理价值

一、高职院校教育质量系统的建设

高等教育质量建设是高等教育利益相关者在一定的质量观指导下，为提高教育质量而做出的持续性努力过程。教育者、学习者和管理者是高等教育内部利益相关者，政治组织、企业单位、社区机构和校友会是高等教育外部利益相关者。质量评估、质量保障和质量改进构成了高等教育质量建设体系的三个层次，并形成了有机统一体。"教育质量是教育水平高低和效果优劣的程度，最终体现在培养对象的质量上，衡量的标准是教育目的和各级各类学校的培养目标。"① 学习者当然是最重要的利益相关者之一，除学习者之外，还包括国家机构、企业单位及其他社会主体。高等教育质量不只是体现在高等教育服务满足学习者需求的程度，还包括满足政府机构、企业单位和其他社会主体需求的程度。高等教育质量所要努力去满足的"需求"应当是各个利益相关者需求在多重博弈之后形成的均衡解。能够在多大程度上满足需求均衡，正是高等教育质量的真正内涵。高职院校教育质量系统的建设需要注意以下方面：

（一）高职院校教育质量系统建设的外部主体

1. 契约组织主体

高等教育质量是高等教育机构提供的教育服务产品满足利益相关者需求均衡解的程度。高等教育的产品主要有毕业生人力资源、科学研究成果和社会培训项目等，用人单位、成果受让方、接受培训者等是这些产品的用户或顾客。产品能够在多大程度上满足用户需求是判断质量高低的标准，也是质量建设的根本着力点。高等教育机构与产品用户之间形成了契约关系，这些契约组织是高等教育的重要利益相关者。在这个意义上，高等教育质量建设就是不断地改善高等教育机构与这些契约组织的契约关系。大学就是由利益相

---

① 张妮妮. 论地方院校内部教学质量监控体系的构建 [D]. 济南：山东师范大学：14.

关者组成的社会机构。大学是一系列利益相关者不完全契约的集合体，大学制度就是高等教育利益相关者之间的"契约网"。

在传统高等教育质量建设模式中，这些契约组织只是类似于普通商品消费者一样单纯地使用产品，而不参与到产品生产过程之中。高等教育质量建设的现代模式要求契约组织参与到产品生产全过程中，扮演质量建设的重要主体。一方面，高等院校可以通过市场调研，改变高等教育课程内容和组织模式，通过多样化的教学方式和培养模式来调整人才目标，使得毕业生在增长知识的同时具有相应的技能和良好的合作意识；另一方面，通过与契约组织合作的方式，如在课程设置和课程评价中邀请雇主参加，直接表达雇主对精英人才的切实需求和企业人才发展方向，使教育内容更加灵活机动，形成能力教育。通过高等教育机构与契约组织深度合作的方式，发挥契约组织对质量的管理作用，形成建设性扩张力，进而利用内部能量促成高质量教育局面的形成。

2. 社会公众主体

高等教育机构是处在社会巨型系统中的一个因子，与其他社会公众保持着千丝万缕的联系。对于社会公众，他们一方面作为纳税人与学校有一定的经济联系；另一方面，高职院校的发展有助于促进社会发展和进步，进而保护和增加社会公众的利益。高等教育机构与这些社会公众保持着或直接或间接、或明显或潜在的互动联系。否认这种联系，对高等教育质量建设主体分析就不是全面客观的。

当精英高等教育转向大众高等教育，高等教育竞争空前激烈。高等院校竞争力的核心在于质量，有质量就有品牌，有品牌才有市场。在这一系列的互动环节中，社会公众发挥着重要影响作用。社会公众对高等教育质量的认可度是高等院校质量评价的标准。一方面，如果社会公众对高等院校教育质量认可度高，那么，高等院校能够因此集聚更多的教育资源，使其质量建设进入一个良性循环轨道；另一方面，社会公众对高等教育质量的评价可以作为高等教育质量建设自我检视的镜子。将外部的社会公众引入内部，并成为高等教育质量建设主体，能够有效地改进高等教育质量。

3. 社会团体主体

校友是高等教育质量建设的重要主体之一，校友是曾经的学生，对高等院校发展的历史有比较深入的了解，对学校抱有深厚的依恋情感，这些杰出校友走出校门之后，在社会各行各业建功立业，是社会建设与发展的主力军。他们所创造的物质资源和其他社会资源在服务于社会的同时，也可以为高职院校的建设与发展贡献力量。将分散的校友资源组织化，如建立各地校友会，为高职院校质量教育体系建设贡献力量，是形成高等教育质量大局观的重要手段。在高等教育领域，除校友外，还有大量的学术团体、院校联盟等社会团体也能够成为形成高等教育质量全局发展的重要组成要素。

总而言之，高等教育质量建设的主体是多元的，包括学习者、教育者、管理者、契约组织、社会公众、社会团体等。以高等教育机构为核心，众多利益相关者彼此之间形成紧密的合作伙伴关系。所谓合作伙伴关系是以独立利益为前提的。首先，合作伙伴关系不是简单的集体主义，它不是要用集体利益代替个体利益，而是在充分尊重各方利益基础上的合作；其次，合作伙伴关系力求发现其赖以存在的基础共同利益。在保证各方利益的前提下，利用现有条件发挥出更大的效益，形成更高的改革张力，对教育质量进行更彻底的改革，携手推进高等教育质量建设体系的全面形成和发展。

（二）高职院校教育质量系统建设的内部主体

1. 管理者主体

高等教育机构是一种社会组织，承担着特定的责任和使命，具有相应的人员、部门和制度。在高等教育"去行政化"的改革氛围中，也不能否认高等教育机构的行政职能。高等教育即使能够"去行政化"，也不能"去行政"。高等教育机构这种社会组织的正常运转必然需要依靠一套人员精干、结构完整、功能完备、制度健全、经济高效的组织体系。当前高职院校管理部门出现问题，需要正确的监督和调整方案，为其健康发展保驾护航。其管理人员是高等教育质量建设的具体实施者、组织者和具体负责人。

在高等教育机构管理者团队中，校长是发挥核心作用的领军人，是高等教育质量建设的顶层设计者。在政府主导下的合规格性单向度质量观的时代，校长是政府在高等教育机构中的代表，是政府政策的具体执行者，但缺少足够的办学自主权，具有浓烈的官方特点。在多主体介入表达的合需要性复合质量观的阶段，校长是高等教育利益相关者群体中的"首席"，从财产所有权角度而言，校长的准确定位应该是大学的代理人或受托管理人，在利益相关者视角下，校长是一个反映利益相关者要求，并具体实施的决策执行人。校长角色和地位的变化，让校长真正具备了成为教育家的现实条件。校长及其所带领的管理者团队是高等教育质量建设最重要、最直接的主体，其他利益相关者能够在多大程度上参与高等教育质量建设以及参与的形式和方式都受到管理者的决定性影响。

2. 教育者主体

教育者是教育活动过程中两类重要主体之一，一般而言，教育者就是教师，但在现代教育条件下这种说法太过于局限。在现代高等教育体系中，对学习者实施教育影响的不仅包括传统意义上的教师，还包括社会其他机构中的专业人员，如科研机构的研究人员、行业企业的技能型人才等，这些人员的身份显然不是"教师"，但他们确实经常出现在高等教育机构中对学习者产生了实质性影响。因此，教育者概念比教师具有更大的包容性，也更适合当前高等教育发展的实际情况。

采用教育者概念并没有否认教师，教师仍然是教育者的主体，他们是高等教育形成质量扩张力的主体对象，为教育质量提供了基本发展机会。高职院校教师是高等教育活动的执行者，是实现人才培养、科学研究和社会服务功能的行为主体。不论何时，都没有人会怀疑教师是高等教育质量的利益相关者，没有人会怀疑教师对于人才培养质量的合法性和影响力。在高职院校教师群体中，教授处于领导地位，对高等教育质量建设发挥着直接性的重要影响。大学教授应该是大学人力资源的所有者之一，而且是最主要人力资源的所有者，让教师尤其是有丰富经验的教师承担起更多的教学责任，实现高质量高等教育建设，成为高等教育建设中的骨干力量和支撑。

除了教授带领下的教师团队，活动在高等教育领域的相关人员尤其是编外兼职导师，他们也是高等教育的重要人力资源。当高等教育发挥其经济属性和承担起社会责任之后，高等教育发展必然是符合时代发展要求和顺应时代发展需要的。加强高等教育与社会联系的重要方式就是直接从其他社会机构如企业、研究机构引入智力资源，他们是高等教育的教育者，是质量建设的重要组成部门。

3. 学习者主体

学生是学校的主人，是活动在高职院校里最庞大的一支力量，对课程设置、教师聘任与考核等诸多环节具有决定性作用。随着高等教育发展，学生的地位逐渐受到教师、政府、投资者的影响，但学生作为高等教育重要的利益相关者地位没有发生根本性改变。在知识经济和终身教育时代，传统意义上的学生概念已不能涵盖在高等院校里接受教育的学习者。除了以学习为职业的学生外，还包括各类以闲暇或者职业为目的接受继续教育的成年学习者（在职），后者在现代高等教育机构中所占的比重越来越大。因此，在本书中，我们采用更具有包容性的"学习者"来代替"学生"。

高等教育质量建设应当以学习者为基础，满足学习者需求、形成质量扩张力发展在学生中，并形成一定的价值导向。高等教育机构以及大学的建设都必须以学生为基础，而不是以教师或知识为基础，我们必须以普通学生为起点，把迫切需要学生掌握，并且一个正常的普通学生能够掌握的教学内容作为一所大学的核心，把它看作大学的中心内容和基本组成部分。既然学习者是高等教育质量建设的主体，那么，就应当尊重并提供学习者参与高等教育质量建设的路径和机制。学生参与学校管理的权利应当受到重视和保护，以打破传统二元权力结构的桎梏，重新建构一种以学生利益为中心，以学校发展为目标的由学生权力、学术权力和行政权力三种权力相互制衡、和谐共融的大学内部管理权力关系结构，这是对学生权力的认可，也是对高等教育现有行政权力与学术权力二元格局弊端的有效修正。

二、高职院校教育质量的治理价值

在高等教育普及化时代，多方利益相关者理应共同参与高等教育质量建设。与此同时，必须充分肯定高等院校在高等教育质量建设中的主体地位。在高等教育质量评估、保障或改进等任何一个环节，只有通过高等学校内部系统的运行，外部系统才能真正发挥作用。着眼未来，全社会对卓越高等教育质量的期待更高，在质量承诺、质量绩效、质量问责、质量经营和质量文化等方面，对以高等院校为主体的高等教育系统提出了一系列新要求。

（一）高职院校教育质量治理的价值选择

1. 酝酿期的价值选择

随着我国高等教育的自主权不断提升，国家对高等院校的教学质量的评估也不断加强，也更加规范了对教学质量的考察，具体表现在，高等教育质量的评估种类不断增多，包括高等院校的学术研究水平、学科发展状况、学校的行政和后勤、实验室的管理等诸多方面。此外，社会的发展进步离不开高水平人才，而人才来自科学合理的高等院校保障制度。因此，教育体制改革刻不容缓。

2. 探索期的价值选择

高等教育发展的核心问题是质量，高等教育质量的一个重要保障是国家的高等教育的相关政策。随着我国高等教育的规模不断扩大，其教育质量也受到了一定的影响。我国的高等教育也面临着前所未有的机遇和挑战。高职院校招生规模扩大，学生数量大幅增加，教育资源相对缺乏，学生生源质量也无法得到保证。发展高等教育如果只停留在扩大学生数量方面，而忽视了教育质量的提升，则算不上是高等教育的进步。

3. 创新期的价值选择

目前我国高等教育的质量标准经历了前所未有的变化，高等院校的教育逐渐重视对学生的素质教育，其标准也更加全面、多元。随着更加多样的高等教育质量标准，社会的实际需要、人才的成长都趋于多元化，高等教育质量评估中的主体的价值利益也随之分化，高等教育质量观念也逐渐转变为符合自身发展要求的多元教育质量体系，最终实现高等教育质量管理多元。综上所述，在创新发展阶段，我国高等教育质量管理的价值选择主要以激励为主。

4. 完善期价值选择

高等教育评估实质上是一种价值判断行为，高等教育的价值体现在政府、社会和人民群众等多个方面，政府、社会和人民群众自然是价值主体中的一部分，有权对高等教育作出价值判断，成为评估的主体。在高等教育的发展过程中，高等教育评估在价值观念的认识上也出现过问题，将高等教育评估作为政府评判高等教育的社会性价值工具，但这也影响了社会和人民群众评估主体地位。随着我国高等教育的不断发展，我们对教育评估逐渐有了科学正确的认识，高等教育评估的主体对象也逐渐多元化。高等院校中的师生、社会组织、中介机构等都是评估主体当中的一部分。

高等教育是为培养人才而开展的教育活动的总体性概括。随着人文主体地位逐渐受到重视，学生在决定享受教育时也越来越注重自身的全面发展，满足个人的成长需要。在素质教育的大背景下，为了适应社会和经济的不断发展，我国在培养人才时更加注重"以人为本"，即培养全面发展的人。"以人为本"的教育观念认为，开办高等教育就是为了让每个个体都能得到全面、和谐的发展，突出个体中心的价值观念。而高等教育质量管理则是通过完善质量的标准进而实现受教育者的全面发展。因此，高等教育质量管理行为的落实不能只考虑到社会发展的现实需要，更应该将人的全面发展放在首要地位，并始终以此为目标促进高等教育人才培养的体系完善和发展。

在完善期间，我国高等教育质量管理必须要从人的实际需要出发，这是社会发展和人类发展的必然结果。高等教育质量管理必须以"培养人才为中心"，开展"素质教育"，兼顾资源分配效益和教育质量，实现多元价值目标。

综上所述，酝酿时期，高等教育质量管理是一种权威性工具，主要体现出政治价值；探索期主要作为竞争的工具，体现经济价值；创新期作为激励工具，体现出社会价值；最终发展到完善期的多元价值取向。

（二）高职院校教育质量治理的价值调适

要想解决高职院校教育质量治理过程中的问题，就需要针对反映出来的价值冲突进行相应的价值选择。而要做出正确的价值选择，就必须认清我国高等教育质量管理追求的价值目标与现实实施中的差距，明确在当前社会阶段下，高等教育质量管理应有的价值追求，把握价值冲突背景下高等教育质量管理价值选择的基本趋向，以协调与平衡这些利益冲突，保证高等教育质量管理价值目标的贯彻落实，进而维护我国高等教育质量稳步提升。

1. 满足教育质量治理的价值需求

教育政策能够在一定程度上调节教育的利益，按照其顺序，高等教育质量管理的目的主要表现为，实现保障机构、组织和个人的一致需要。因此，高等教育质量管理需要做到与国家教育需要一致，这是其工具价值的体现。

（1）以社会为本，满足国家和地区的发展需求。国家之所以成为高等教育事业的主要管理者，大力开办高等教育，是因为高等教育是实际参与国际竞争和国内管理的有效途径，通过制订一系列政策方针，让教育不断发展，更好地为国家和社会的发展服务。目前我国的高等教育资源分配原则是：效率优先、兼顾公平，实现投入产出协调进行。不断建立健全高等教育的评估体系和制度，始终坚持以评促改，以评促建，以评促管，评建结合，重在建设的原则，保障各项实践活动有序开展，科学合理地评估办学质量，根据评估的结果，对办学水平较高的学校给予相应持续，促进其继续发展，对于办学水平相对较落后的学校，要及时给予指导，督促其自身不断完善和发展，为现代化建设提供坚实的人才保障。不断完善评估体系主要通过提高行政管理的效率来实现。

（2）以人为本，满足人民的多元需求。国人的进步程度和综合素质都是影响社会发展进步的重要因素。高水平的人才离不开高等院校精密完善的人才培养制度体系。教育系统最终是为社会发展服务的，需要不断为社会提供优秀的人才，也要为社会不断创造相应的文化价值。教育是一种促进人的全面发展的活动，需要按照正确的价值取向不断促进个体实现适应社会需要。因此，教育活动是对这种观念的创新和升华，要促进教育的和谐发展，就必须始终坚持"以人为本"的教育观念，实现人的全面发展。为将这种观念落到实处，我国一直强调简政放权，将高职院校的自主权不断扩大，让更多的个体参与到教育发展的过程当中，尽可能地满足个体的教育需求和权益，不断促进教育的发展进步，实现教育公平、公正。

高等教育的质量保障也必须牢固树立"以人为本"的意识，正确认识全面协调可持续的科学发展教育观念，不断促进高等教育的和谐发展。实现高等教育的高质量发展，需要始终以"全面发展"为根本，充分考虑到个体的全面发展需要，引导其实现个人价值，创造公平、公正的教育机遇，努力提升高等院校的办学资源和教育水平，进而实现高等教育质量的整体提升，促进高等教育发展进步。

2. 优化教育质量治理的价值体系

（1）加强政府与高职院校的联系。教育政策是公共政策的一部分，由于公共政策的公益性质，教育政策在一定程度上也是公益性质的，要以"公平、正义"为核心价值理念。随着社会的不断发展，关于政府的理论也越来越多元化，逐渐出现了新公共管理理论、政府治理理论等新型理论。政府主要通过引导社会组织和人民群众积极参与相关活动，形成符合社会发展特点的多元主体合作的管理模式，政府也是合作主体之一，以此不断提高服务质量，维护社会的公平正义。政府的主要职能是通过公共事务的管理，为社会提供公共服务。因此，政府在一定程度上是公共型和服务型的有机结合，公共服务的核心是"公平、正义"。

在目前的时代背景下，政府与市场之间的关系逐渐明晰，市场主要承担优化经济资源配置的责任，而政府主要进行公平资源的分配。因此，要实现高等教育质量的发展，其关键也在于政府的有力引导，要始终秉承"为人民服务"的宗旨，开办让人民满意的高等教育，以实事求是、贯彻落实的原则，推动高等教育有序发展。在现行的市场经济体制下，政府和教育部门要努力为社会和公众创建公平、公正的教育平台。政府作为资源分配的主体，也是社会正常运行的"神经中枢"，根据实际情况对教育资源进行高效分配，能够保障受教育者的正当权益，这也是高质量教育的实质体现。

（2）改善教育系统，增进教育民主。我国的教育系统主要是通过社会的道德价值规范对受教育者进行行为约束，教育对象所面临的一系列问题都是通过道德标准体现出来的。在接受高等教育的过程中，受教育者的个性也得到了相应的发展。传统意义上的高等院校只是对受教育者进行层层加工，最终输出到社会，难以实现受教育者的个性和全面发展，也缺乏学生的组织特点。地方院校的高等教育政策是否合法、科学、合理以及环境，都在一定程度上影响着高等教育的质量和发展。但多数地方高职院校都始于教育尚未完善的时期，各方面都还没有成熟的发展体系和方法，在实际过程中也面临着诸多机遇和挑战。

高等教育质量保障的核心在于实现优质教育，它是群众的根本利益所在。在大力发展优质教育的过程中，高等院校需要提供充足的师资、设备以及环境，这是受教育者接受优质教育的基本要求，也是高等教育发展一直努力的方向。

3. 高职院校教育质量治理的价值实现

（1）教育要去行政化。教育要去行政化是解决目前高等教育质量提升的最有效的途径。通过去除教育的行政化，高等院校能够将重心放在教书育人上，强化质量意识，真正提升教育质量。要在实践中不断探索和完善教育体系，在学校内部建立教育质量保障体制，不断完善管理结构。要做到教育掌握学术研究权力，将学术自由还给教授，加强教育质量管理。在开展教育工作的过程中，始终坚持以人为本的基本原则，促进学生的全面发展，管理也要体现出人性化的一面。

（2）高等院校要以"培养人"为最终目标，以真正的"大学精神"教化学生。大学所培育出的人才应该具有独立的思想、解决问题的能力、直面困难的勇气等品质，这是教育质量的真正体现。

（3）学校在制订相关政策和规则时，要充分听取师生的意见建议，其中教师的意见尤为重要，是决策实施的重要保障，能够充分调动师生的积极性，为学生的成长和学习创造更加适宜的环境，也能够促进教师不断进取，提升自身综合能力。

（4）教师的综合能力在很大程度上决定了教育的质量。教师的言语和行为都会对学生造成潜移默化的影响，在教学过程中需要形成这样的良性循环，促进教师和学生的和谐发展。高等院校必须充分考虑办学的终极目标，从源头上系统地解决问题，提升教育质量。

（5）高职院校是为学生服务的。高职院校的核心任务是"培养人"，所开展的一系列工作都需要紧紧围绕这个目标进行。高等教育质量管理的原则是要让学生通过教育实现个人的全面发展，成为社会需要的人才。

（6）实行"管办评分离"。"管"即政府对高等院校的宏观调控，"办"即学校的自主办学权利，"评"即社会相关组织的评估。政府在对高等院校教育质量管控的过程中应该扎实推进"管办评分离"的原则，引导高职院校结合自身的特点和学生的需求不断改进现有的办学措施，促进教育质量的提升。

（7）完善高职院校内部的质量保障机制。高职院校应该充分结合自身的办学理念和特点，成立相应的内部质量保障组织，聘请相关领域的专家学者开展质量监督和评估，科学地制定相关制度和规则。

第二节　高职院校教育教学质量监控与评价研究

高职院校教育要办出质量、办出特色，必须重视对教学质量监控与评价的研究，建立并完善切实可行的教学质量监控机制，以保障和提高教学质量。通过对高职院校数字化教学质量进行监控，可以有效地提高基于大数据的教学质量和效率，因此，加强对高职院校数字化教学质量监控非常有必要。

一、高职院校教育教学质量监控

"在学校管理过程中，监控有助于学校管理目标的顺利实现。"[①] 为了加深对高职院校数字化教学质量监控的认识和理解，接下来对高职院校数字化的教学质量监控进行全面分析。高职院校数字化教学质量监控包含以下两方面：

（一）高职院校教学质量监控价值链

通常情况下，针对高职院校数字化教学质量监控领域，需要关注的第一个问题是高职院校教学质量监控价值链分析。高职院校教学质量监控价值链是指，高职院校通过重视学生综合素质、专业技能的培养，优化师资力量，营造校园文明风气等方面的价值链，从而最大限度地提高了高职院校教学质量监控的质量和效率。总而言之，高职院校的教师通过对教学质量监控价值链进行分析，加深了对高职院校数字化教学质量监控的认识和理解，同时，也有助于提高高职院校教师的教学质量和效率，为国家培养更多优秀的人才发挥出至关重要的影响，因此，需要引起教师的足够重视。

（二）基于大数据的教学质量监控步骤

教学质量监控环节主要包含学生的专业课程学习情况、综合素质的培养情况、工作就业情况三大环节，通过及时有效监控并解决教师的教学方法和管理方法存在的问题，提高教师的教学质量，为提高学生的学习能力，培养学生的综合性素质起着积极的促进作用。除此之外，还要对学生在就业单位的实习情况进行监控和调查，确保学校根据企业用人的需求培养学生，从而为企业培养更多优秀的人才。

二、高职院校教育教学质量评价

高职院校教育教学质量评价是确保高职教育持续提高的关键环节。通过科学的评价体系，可以发现问题、改进教学，提高学生的学习体验和就业竞争力。

（一）高职院校教育教学质量评价的重要性

第一，提高教育质量。高职院校教育教学质量评价的重要性在于其能够助力高职院校不断提高教学水平和教育质量。在现代社会，职业教育的质量至关重要，因为它直接关系到学生未来的职业发展和社会参与。通过持续的评价，学校可以识别和解决存在的问题，

---

① 刘明. 高职院校教育教学质量监控与保障体系的研究 [D]. 合肥：安徽大学，2013：29.

改进课程内容、教学方法和资源配置，确保学生获得高质量的职业教育。

第二，满足市场需求。高职院校的任务之一是培养出适应市场需求的毕业生，他们能够胜任各种职业要求。教育质量评价有助于高职院校更好地了解当前和未来的职业市场需求，以便根据这些需求调整课程和教学方法，这种对市场需求的灵敏性有助于确保毕业生具备最新的技能和知识，使他们能够在竞争激烈的职场中脱颖而出。

第三，促进改革创新。教育质量评价的结果提供了宝贵的反馈，可以激发高职院校的改革和创新。学校可以借助评价结果来发现教学上的弱点，鼓励教师尝试新的教学方法和教育技术，推动教育体系的不断进步，这种持续的改进有助于确保高职院校的教育质量与时俱进，适应社会的不断变化和发展。

第四，提高就业竞争力。教育质量评价的一个重要目标是提高学生的就业竞争力。雇主更愿意雇佣受过高质量教育培训的毕业生，因为他们通常具备更强的专业知识和实际技能。高质量的教育教学质量评价可以为学生提供一份有力的履历，吸引潜在雇主的关注，从而增加就业机会。

第五，资源分配。评价结果还可以帮助高职院校更有效地分配资源。通过了解教学中的强项和薄弱点，学校可以有针对性地投入资源，提高资源的利用效率，这有助于确保有限的教育资源得到充分利用，从而提高教育的成本效益。

（二）高职院校教育教学质量评价的方法

高职院校教育教学质量评价可以采用多种方法和工具，以全面、多角度地评估教育质量。

第一，学生评价。学生满意度调查是一种广泛采用的评价方法。通过收集学生的反馈意见，学校可以了解他们对教育教学的看法和建议，这包括教学质量、教材使用、课堂环境和教师的表现等方面。学生的声音是非常重要的，因为他们是直接受益者，可以提供宝贵的反馈信息。

第二，教师评价。评估教师的教育质量和能力也是评价的一部分，这可以通过多种方式进行，包括同行评审、学生评价和自我评价。同行评审通常涉及其他教育专家或同行教师的评估，以确保教师的教学水平达到一定标准。学生评价则可以帮助识别教师的强项和改进点，而自我评价则鼓励教师不断反思和提高。

第三，课程评价。评估课程的有效性和适应性也是教育教学质量评价的一个关键方面，这包括评估教材的质量、教学方法的有效性、课程设计的合理性等。课程评价可以帮助学校确保课程内容符合市场需求和行业标准，从而更好地满足学生和雇主的期望。

第四,毕业生追踪。追踪毕业生的就业情况和职业发展是评价高职院校教育教学质量的一项重要任务,这种追踪可以帮助学校了解毕业生在职场上的表现,以及他们对所学专业的贡献,这种信息不仅可以用来改进课程,还可以用来改进毕业生支持和就业服务。

第五,教学成果评价。评估学生在课程中的学习成果也是重要的评价方法之一,这包括考试成绩、项目作品、实习报告等方面的评估。通过分析学生的学术表现,学校可以了解课程的有效性,确定哪些方面需要改进,这也有助于确保学生获得足够的知识和技能,以胜任未来的职业挑战。

第六,同行评审。除了内部评价方法外,还可以请其他高职院校的专家或教育机构进行评审,以获取外部反馈和建议,这种外部评价可以提供客观的视角,帮助学校识别潜在的问题和改进机会。同行评审也有助于确保评价的独立性和公正性。

(三) 高职院校教育教学质量评价的关键要素

高职院校教育教学质量评价的成功取决于多个关键要素,这些要素确保评价过程全面、客观和有效,具体要素如下:

第一,教师质量。评估教师的教育水平、教学经验、专业知识和教育技能是评价的核心要素之一。教师是教育过程的关键,他们的能力和质量直接影响学生的学习体验和学术成就。因此,确保教师具备必要的素质和能力至关重要。

第二,课程质量。课程的设计、内容和教材也是评价的重要组成部分。课程必须与市场需求和行业标准保持一致,以确保学生毕业后具备实际应用价值的知识和技能。评估课程质量涉及课程目标的设定、教材的选择、教学方法的优化等方面。

第三,学生参与。学生的学习参与度和积极性是评价的一个重要维度。积极参与的学生通常更容易取得成功,因此,评估学生在课堂活动、实验、实习等方面的参与度是至关重要的。学生的主动学习和合作能力对他们未来的职业发展至关重要。

第四,学校资源。学校的教育资源,包括图书馆、实验室、计算机设备等,也是评价的重要考量因素,这些资源必须能够满足教学需求,确保学生获得充分的支持和学习工具。评估学校资源的质量和充足性有助于提高教学效果。

第五,学生成绩。学生的学术表现,包括考试成绩、项目成果等,是评价的一个重要指标,这些成绩反映了学生的学习进展和能力水平,有助于评估教育教学的有效性。学生成绩也可以用来识别学生需要额外支持的领域,以便提供个性化的学术支持。

第六,学生满意度。学生的满意度反映了他们对教育教学的整体体验和满意程度。高满意度通常意味着学校在教育质量和学生支持方面表现良好。通过了解学生的满意度，学校可以识别并改进存在的问题，提高学生的学习体验。

第三节　高职院校教育评价及其指标体系构建

一、高职院校教育评价改革的若干思考

高职院校教育评价改革引领高职院校教育建设和发展的方向，同时也是高职院校治理体系和治理能力现代化建设的重要支撑和关键环节。高职院校要积极调整评价内容，改革评价机制，创新评价手段，构建富有时代特征的学校、教师、学生评价体系和评价标准。

（一）改革学校评价——推进治理体系与能力建设

第一，建立科学的评价体系。评价学校应该采用多元化的方式，包括学生综合素质、教育教学质量、师资队伍、校园文化等多个方面。同时，要注重过程评价和结果评价相结合，以更好地反映学校的整体办学水平和综合实力。

第二，完善职业学校的评估机制。高职院校应积极探索建立四个层面的学校评价标准，包括一流、优质、特色和合格。评价内容需包括产教融合效果、教师队伍建设状况、社会服务贡献程度、学生证书获取情况以及毕业生就业创业效果等方面。此外，高职院校需要不断完善内部的质量保证体系，并积极进行诊断与改进工作。引入第三方评价机构，建立多方位的评价体系，定期发布有关人才培养质量、社会需求适应度、社会服务贡献度以及用人单位综合评价等方面的报告，也是必要的措施。

此外，高职院校还应积极参与"双高"建设，探索高水平高职院校和高水平专业群建设的新路径，以形成示范效应和引领作用。同时，促进提质培优项目的建设，推动高职院校的教育质量高水平发展，塑造高职教育的特色和品牌。高职院校还应依托产业建设来构建专业链，确保专业设置与调整能够与产业链相互契合，并建立动态机制。此外，高职院校需要坚持"双元"协同育人的原则，与产业界共建具有地域特色的产业学院，同时加强政府、行业、企业和学校的四方融合，积极探索高层次现代学徒制度的新途径和新方法。高职院校还需要围绕专业群建设，与职业标准对接，重新构建课程体系，以培养多才多艺、富有创新精神的技术技能人才。

（二）改革教师评价——推动教学创新团队的建设

第一，坚持师德师风作为首要标准。高职院校应依据教职工师德师风考核实施方案以

及师德标兵和师德先进个人评选机制，定期进行全员和过程性的师德考核。同时，建立国家、省、市和校级四级师德先进评价体系，定期开展师德先进评选和表彰活动，以促进教师的思想政治素质和职业道德水平全面提升。高职院校还应成立专门的师德师风建设专家委员会，积极参与"寻访区域杰出教师"公益活动，发挥模范教师的示范引领作用。此外，应根据教职工师德师风考核实施方案，建立师德师风预警机制，对未达到标准的教师进行通报，并建立约谈机制，帮助年轻教师健康成长，对于多次不改进的教师则应进行岗位调整，甚至开除。

第二，强调教学成果。高职院校应根据教师参与企业实践锻炼的管理规定，实行五年一轮的企业实践锻炼制度，以促进教师及时了解企业一线岗位的标准和技术要求，积累实际工作经验。高职院校还应按照"双师"素质教师管理规定，展开"双师型"教师的认定工作。此外，应制定专业技术职务任职资格评审管理规定，进一步修订和完善绩效工资分配规定，以建立健全的教师发展机制。同时，应制定校级教师教学创新团队的评选规定，借助专业群来构建高水平教师教学创新团队，推动整体教师水平提升，并修订教授聘任管理规定，将教授承担专科生教学任务视为聘用和考核的必备条件，鼓励各二级学院优先考虑教授承担专科生教学任务。

第三，强化一线学生工作。高职院校应完善有关思政课建设和领导干部深入基层联系学生工作的实施意见和计划，确保思政课的教学工作与联系学生工作有机结合。高职院校党委书记应定期审查班子成员的任务完成情况，督促他们进行备课和与学生联系等工作，并将思政课和联系学生情况作为领导班子成员年度述职报告的重要内容之一。此外，高职院校应修订中层干部选拔任用工作规定，对于具有学生工作经验的考察对象，应给予优先考虑。还应按照要求，确保拥有足够思政课教师资源，将辅导员和班主任等学生工作经验作为青年教师职称晋升的必要条件。

第四，改善高职院校教师科研评价。高职院校应建立科研工作的分类评价标准，根据不同岗位、专业特点和研究性质制定相应的评价指标，特别关注科研贡献和科研成果的转化应用效果。应重新修订学校职称评审规定，对于取得重要理论成果、重大技术成果和对社会做出重大贡献的教师，在申请副教授及以上职称时对论文和课题不设硬性要求。

（三）改革学生评价——促进人才全方位系统建设

第一，树立科学的人才培养理念。高职院校应结合学校内部质量保障体系中的学生层面诊断和改进工作的要求，重新制定学生综合素质评价标准，并建立完善的学生综合素质评价体系。高职院校应实施学生综合素质评价，将其与各种奖项评选、党组织推荐、奖学金评定和毕业资格审核等相结合，同时进行过程管理。每学期进行学生思想品德鉴定和综合素质测评，每学年进行一次综合汇总，建立思想品德鉴定和综合素质测评的预警机制。高职院校应特别关注学生毕业时的思想品德鉴定，对不符合条件的学生不允许毕业。

第二，完善道德教育评价。高职院校应每年制定学生三年德育教育目标，并根据不同时间节点组织思想政治教育和德育教育活动。高职院校还可以引入学生管理系统，实现从新生入学、校园生活、实习就业到毕业等方面的一体化管理。通过系统平台，结合思想品德鉴定，将学生的自我评价、互相评价、家长反馈、教师评价以及实习就业单位评价等有机结合起来，作为综合素质测评的一部分。

第三，强调体育教育评价。高职院校应将体育纳入专业人才培养计划，并定期进行学生体质健康达标测试，将测试成绩纳入学生评优评先和奖学金评定的考核指标之中。高职院校还应积极推广传统体育项目，培养学生的爱国主义和集体主义精神，以增强他们的自信心。

第四，改进美育评价。高职院校应将公共艺术课程和艺术实践课程纳入专业人才培养计划，实行学分制管理，要求学生完成一定学分才能毕业。各专业应根据自身特点进一步完善美育课程体系，包括文学、绘画、舞蹈、戏剧、设计等方面。高职院校还可以通过学生社团和艺术表演等多种形式的美育活动，将学生的美育成果纳入评优评先的具体标准之中。

第五，强化劳动教育评价。高职院校应将劳动教育纳入专业人才培养计划，作为学生综合素质教育的一部分。不同专业应根据自身特点和岗位需求，确定具体的劳动教育内容，并明确实施方法。学校应建立劳动教育的评价标准和激励机制，将培养劳动素质作为学生全面发展考核的重要组成部分，并纳入学生评优评先的指标之中。

第六，严格学术标准。高职院校应按照专业人才培养计划中规定的毕业条件，严格审核学生的毕业资格。各课程组应制定课程考核方案，完善过程性和结果性考核方式。学院应加强对课堂教学的管理，将学生的考勤情况、课堂参与度和纪律等作为学生平时成绩的主要依据。高职院校还应加强对实习和实训的管理，坚持校企合作的过程性考核，实施毕业生技能达标检测制度，确保每位学生都能够达到必备技能标准，否则不允许毕业。每学年应对各专业的考试成绩进行抽测，形成年度抽测报告，以加强监督管理，确保学生的发展质量。高职院校还应积极推动1+X证书试点工作，依托教育部职业技能等级证书信息管理服务平台，推动技能证书等多种形式的学习成果互认工作。此外，高职院校应落实技能高考和扩招政策入学学生技能证书的相关学分转换工作，探索相关课程的免学和免考制度。

第七，深化考试制度改革。高职院校应坚决贯彻公平竞争、公正选拔和公开程序的招生原则，根据教育部的要求，科学制定招生专业分配计划，并根据考生的类别制定分类录取标准。高职院校应大胆探索"文化素质+职业技能"考试方法，进一步畅通中高职之间的衔接通道。通过国家学分银行管理平台，可以进行新旧专业的学分转换，允许学生自学考试，促进技能证书等多种学习成果的互认。

二、高职院校"双师型"教师的立体评价

构建科学有效的"双师型"教师评价体系，是提升"双师型"教师队伍建设水平的关键举措。"双师型"教师立体评价通过设计科学合理的指标体系对高职院校"双师型"教师发展进行多维度测量与评估，做出综合性的价值判断，其根本目的在于促进"双师型"教师素质与能力的全面发展，提高"双师型"教师队伍的建设质量。

(一)"双师型"教师立体评价的价值

教育是社会进步和发展的关键因素之一，而高素质的教师队伍则是教育体系的基石。在职业教育领域，尤其需要高水平的"双师型"教师，他们不仅具备丰富的实践经验，还拥有坚实的学科知识。因此，"双师型"教师立体评价的价值不可低估，它有助于推动职业教育师资队伍的改革和高质量发展。以下是关于"双师型"教师立体评价的关键点和结论，以展示其重要性和价值：

第一，促进"双师型"教师的自我完善：职业教育的核心任务之一是培养适应现实工作需求的技术技能人才。为了胜任这一使命，需要具备高水平职业素养和教育能力的"双师型"教师。"双师型"教师立体评价通过多维度的评估和反馈，激发了教师的自我完善欲望。教师在评价过程中能够识别出自身的优势和不足，进而主动寻求改进和成长的机会，这种积极的职业发展态度对于提升教育质量至关重要，因为它有助于确保"双师型"教师不断提高自己的教育水平，以满足高职院校和企业对教育素养和工作能力的不断增长的需求。

第二，提升技术技能人才的培养质量：技术技能人才的培养是高职院校的一项重要任务，这些人才在工作市场上扮演着关键角色，他们需要具备扎实的专业知识和实际操作能力。高素质的"双师型"教师对于培养这类人才至关重要。"双师型"教师不仅仅是知识的传递者，还是职业道德的引导者和职业技能的培养者。立体评价以立德树人为导向，强调教师的职业素养和整体素质，有助于提高高职教育的人才培养质量。通过评价体系的反馈和指导，教师能够更好地理解学生的需求，调整教学方法，确保学生在知识和技能方面

都得到全面发展，从而更好地适应社会发展需求。

第三，推动高职院校的高质量发展：高职院校作为培养技术技能人才的重要机构，其发展与国家经济社会的发展密切相关。"双师型"教师立体评价支持国家政策的实施，促进多方利益主体协同参与教师的高质量发展。评价体系协调了教师、学生和高职院校等多方的需求，有助于整体进步和协调发展。科学设计的评价体系推动职业教育在新时期实现高质量发展。它不仅能够提高教师的教育水平和教育质量，还有助于高职院校更好地满足社会对技术技能人才的需求，促进产业升级和经济发展。

（二）"双师型"教师立体评价的原则

在推动"双师型"教育模式的发展过程中，教师立体评价成为一项至关重要的任务，这项评价不仅关系到教育质量的提升，还涉及教师个体的成长和职业素养的培养。为了更好地实施"双师型"教师立体评价，我们可以依据以下四个原则进行构建，以确保评价体系的全面性和有效性。

第一，以能力为重的评价原则："双师型"教师立体评价应强调以能力为重的原则，这一原则强调评价的焦点应该放在教师的职业能力和素养上。评价内容不仅仅应包括教师的学历，还应涵盖教师的技能证书、实践经历、专业实践能力等方面。通过将能力纳入评价体系，可以更好地指导"双师型"教师的能力发展，推动他们不断提升自身的教育和技能水平。

第二，评价主体多元的评价原则：为了确保评价的客观性和公正性，评价应该由多个主体参与，包括政府、高职院校、企业、学生等，这种多元参与有助于提高评价结果的公信力，同时也可以引导教师的发展方向。政府的参与可以确保教育政策的支持，高职院校的参与可以促进教师的学术发展，企业的参与可以促进产学研合作，学生的参与可以反映教师的教育效果。多方主体的参与可以形成互补，为"双师型"教师提供有益的评价和指导。

第三，评价内容多维的评价原则：教师立体评价应包括多个维度的内容，以全面反映"双师型"教师的本质特征，这些维度可以涵盖教育教学知识、教育水平、校企合作参与情况、工作业绩等多个方面。评价要从多个角度综合考量，以全方位、多维度、立体化地对"双师型"教师进行评价，这种多维度的评价有助于更准确地把握教师的优势和不足，为他们提供有针对性的发展建议。

第四，全过程评价的评价原则：评价应贯穿于"双师型"教师发展的全过程，这意味着评价不仅要考察教师的成果和结果，还要注重过程中的行为和变化。评价的诊断改进功能应夯实，以引导教师自主审视自身素质和不断改进育人能力。同时，评价体系应具备灵活性，能够根据教师发展中的新变化和职业教育要求进行及时调整，以促进"双师型"教师的常态化自我管理和职业发展。

（三）"双师型"教师立体评价的实施

1. 强化顶层设计，优化评价保障

"双师型"教师评价工作的重要性不可低估，它是一个复杂、系统的工程，需要在国家层面提供良好的制度环境来确保其有效运行。为了实现这一目标，我们需要进行顶层设计和统筹规划，以确保"双师型"教师立体评价得以有效实施和常态化运行。

（1）制度建设是关键的一步。在这个过程中，我们应该以诊断和改进为目标，确保评价体系与教师的实际教育工作相契合。价值导向也非常重要，评价体系应该坚持正确的教育价值观，鼓励教师在教育过程中培养学生的全面素养，而不仅仅是追求分数。在整体规划和调整指标体系时，我们需要充分考虑教师的多元化教育背景和不同的教育领域。

（2）专业成长是评价工作中的一个关键方面。我们应该通过评价来提高"双师型"教师的教学业绩和专业实践能力，这可以通过引入专业发展计划和培训来实现，以帮助教师不断提升自己的教育水平。此外，鼓励"双师型"教师进行自我判断和反思，使评价内容成为他们的行为准则，这将有助于教师更好地认识自己的优势和不足，从而更好地改进和发展。

（3）评价过程的规范化和程序化也至关重要。我们需要确保评价过程是公平、透明和可验证的。建立评价监督体系，可以帮助监督评价过程的合法性和公正性。此外，还应该建立长效机制，以确保职教师资队伍的稳定和发展。

（4）实施师资队伍建设的配套政策是必不可少的。我们应该将"双师型"教师立体评价与教师管理、聘任和晋升等相结合，以确保评价结果得到合理的运用，这将激励教师不断提高自己的教育水平，同时也为师资队伍建设注入活力，推动教育事业的发展。

2. 加强校企合作，融通行业标准

加强校企合作，融通行业标准，是推动职业教育发展的一项至关重要的战略举措。行业企业在职业教育中既扮演着用人主体的角色，也是育人主体，因此，他们应当深刻认识到参与"双师型"教师立体评价的战略重要性。

（1）行业企业的发展需求直接关系到高职院校学生和教师的未来发展方向，这种关系不仅涉及就业机会，还包括技能要求和行业趋势。企业需要明确表达他们对未来员工的需求，以帮助学校调整课程和培训计划，确保学生毕业后具备行业所需的技能和知识。

（2）"双师型"教师是否能够有效地将行业企业中产生的新知识、新方法、新工艺等传授给学生，是否能够有效地运用在企业中获得的实践经验展开实践教学，需要得到行业企业中的技术专家的验证，这不仅有助于提高教育质量，还有助于确保学生毕业后能够顺利地适应行业的需求。

（3）"双师型"教师作为校企跨组织边界流动的重要桥梁，具有重要的使者活动、任务协调、关系构建和维护等角色。校企双方应该形成"双师型"教师发展的共识，通过协商交流构建多维性与融合性的评价体系，以便更好地支持"双师型"教师的发展，这种共同的努力将促进高职院校与行业企业之间的相互支持、相互依赖和共同发展。在立体评价方面，突出行业企业评价主体的角色是关键。这意味着将企业标准与学校需求相结合，以满足高职院校人才培养的需求。评价体系应该能够反映出"双师型"教师在企业实践中的表现，并为他们提供发展的指导和建议。

（4）多种校企合作方式的推广是必要的。高职院校和行业企业可以共同设计"双师型"教师立体评价方案，以确保双方的利益得到充分体现，这种深度合作将有助于提高"双师型"教师的质量，为学生提供更好的教育和培训，同时也有助于行业企业的人才储备和技术创新。

3. 重视评价意识，形成内生动力

"双师型"教师的发展不单要从外部驱动与监督，也要从教师自身出发，认识到形成自主发展的内生动力是促进"双师型"教师可持续发展的关键。教师内生性动力是"教师在教学过程中产生的提升自我、追求高质量教育教学目标的主动愿望，对于教师教学素养的提升、教育改革取得成功等具有重要意义"[1]。激发"双师型"教师的自我发展内驱力，是"双师型"教师队伍建设的重要内容。"双师型"教师立体评价的目的在于促进"双师型"教师的专业发展。一方面将"双师型"教师作为被评价者，对其提出要求；另一方面"双师型"教师也是评价的主体之一，可以通过评价结果进行自我反思、自我分析，有针对性地进行调整与完善，形成螺旋式上升的发展框架。"双师型"教师立体评价有效提升了"双师型"教师的专业发展意识，引导教师更新知识与技能，积极参与企业实践，改进教学方式方法。同时鼓励"双师型"教师发挥能动性，自发地认识到评价的诊断与导向作用，能根据评价内容和评价结果审视并提高自身能力素质。立体评价以"双师型"教师为中心，增强高职院校、行业企业、学生与"双师型"教师之间的互动，提升

---

① 杨瑞勋，和学新，班振. 教师内生性动力的意蕴及其实现 ［J］. 当代教育科学，2021（1）：87.

教师的自我管理能力。

总而言之，构建科学合理、系统全面的"双师型"教师立体评价是促进"双师型"教师长远发展的重要环节，也是保障职业教育师资队伍建设水平和质量的重要举措。在我国职业教育高质量发展的背景下，建立并落实"双师型"教师评价体系是有必要的。立体评价以自我完善和长远发展为导向，协调高职院校、行业企业、学生等多方利益主体的需求，全方位评价"双师型"教师的师德师风、专业知识、实践能力等，达成评价共识，以促进"双师型"教师持续、健康的发展。

三、高职院校行政人员专业能力评价指标体系的构建

在产业结构转型背景下，高素质技术技能人才需求激增，高职院校教育作为此类人才的主要供给侧，承担着重要使命，为经济社会发展及产业转型升级作出显著贡献。高素质技术技能人才培养的关键是要有高素质的教师队伍，全员全过程全方位做好育人工作，既要把握好教学这个育人主阵地，又不能忽视育人环境、育人氛围等辅阵地，高素质专业化管理队伍是实现"三全育人"的重要推动力量。职业教育质量治理是由多元主体共同参与而采取的一系列治理行为和活动的过程，行政人员是参与治理的重要主体。"因此，对于行政人员队伍建设开展研究，科学制订其专业能力评价指标，是深化新时代教育评价改革的应有之义。"①

（一）高职院校行政人员专业能力评价指标体系构建的主要内容

高职院校行政人员专业能力评价指标体系的准则层包括专业素养、专业知识、专业技能、专业态度4个方面，以下是对这些要素的展开论述：

第一，专业素养的指标层包括3个要素，按优先次序分别为：①政治素养：具有坚定的政治立场、正确的政治观念和端正的政治态度。②道德素养：具备良好的职业道德和社会公德。③文化素养：具备文化修养和人文情怀。

第二，专业知识的指标层包括3个要素，按优先次序分别为：①教育知识：了解高职院校教育及心理学相关理论。②管理知识：了解行政管理、学校管理等理论。③业务知识：充分了解与岗位相关的业务知识，岗位的角色与任务，与业务相关的法律、政策及规定。

第三，专业技能的指标层包括7个要素，按优先次序分别为：①分析解决能力：具备

---

① 胡俊杰，黄茂勇. 高职院校行政人员专业能力评价指标体系构建［J］. 当代职业教育，2022，（2）：104.

发现工作中存在问题的能力，分析问题产生原因的能力，具备提出问题解决问题的能力。②计划执行能力：具备工作计划的能力和工作执行的能力。③沟通表达能力：具备良好的口头及书面表达能力，较好的沟通能力，较好的谈判技巧。④组织协调能力：具备分配资源，控制、激励和协调群体活动过程，使之融合的能力。⑤团队协作能力：能够了解合作的角色以满足目标并能在校内协同合作，了解伙伴关系的作用以完成校内外的工作。⑥学习思考能力：具备对业务工作进行思考、总结及发展的能力，具备不断学习更新与业务工作相关的知识和技能的能力。⑦行政管理能力：具备资源管理的能力（设施管理、财务管理、环境管理、人力管理等），具备工作实务管理的能力（包括公文管理、流程管理、业务管理等），具备使用与工作相关的软硬件工具的能力，具备突发事件的处理能力。

第四，专业态度的指标层包括4个要素，按优先次序分别为：①责任意识：清楚了解学校及所在部门的责任并勇于承担相关职责，清楚了解自身的岗位职责并在工作中充分践行。②服务意识：具备积极主动服务的态度，提供体贴周到的服务。③纪律意识：严格遵守法律法规，执行职业操守，具备廉洁自律的意识。④创新意识：具备工作方式方法的创新意识。

此外，高职院校行政人员专业能力评价指标体系中，准则层的各指标优先次序中，专业技能排在首位，说明专业技能是行政人员能力养成的主要目标。这主要是因为，从宏观层面看，行政人员的专业技能是保证高职院校运行、发挥教书育人功能、实现完成人才培养目标的重要保障；从微观角度看，专业技能是行政人员完成岗位职责、为师生提供高质量服务的关键支撑。

（二）高职院校行政人员专业能力评价指标体系构建的实施阶段

在高职院校行政人员队伍建设的实际工作中，不同阶段的测量、评价及考核的方式也有所不同。

1. 选才阶段

高职院校人才招聘考试主要以笔试和面试为主。可先将所有指标按照科学测验方式进行分类，如分为笔试类、面试类、实操类等。在此基础上，将各能力指标重新组合，形成能力测试标准，并将指标转化为测验题目的主题内容，精准设计出测验题目的内容及途径，如要测验专业素养中的政治素养，适切测验方式为笔试，即通过主观题或客观题的方式，了解被测验者对我国基本政治问题的认识程度。将指标所对应的师生发展权重系数进行等比转化，可生成相应的评分范围进行评价，如要测验专业技能中的沟通表达能力，适切的测验方式为面试，即通过模拟谈判、无领导小组讨论等方式，了解被测验者的相应能力。值得注意的是，各地政策制度、管理方式、环境资源等各有不同，应根据实际情况对高职院校行政人员专业能力指标体系进行本土化改造与改良，才能取得更好的成效。

2. 用才阶段

高职院校行政人员轮换岗位或被选用到更高一级岗位之前，主要对其思想政治素质、实际工作表现及重要的业绩成果或贡献进行考查，考核范围相对片面，无法完全反映个人的综合素质。可先将指标体系规划出三层分数线，即基层、中层和高层；不同分数线反映相对应岗位群的基本门槛。以百分制为例，用能力指标体系对任职人员能力进行核准，将基层职位分数线设置为 60 分，中层职位 75 分，高层职位 90 分，随即对选用人员进行测验，测验题目可参照上述能力测验方式进行设计，测验结果则可作为是否能够胜任选用岗位的依据。不过，在能力核准的过程当中，也应考虑不同岗位的性质，既要符合基本门槛的分数线，又能在特殊能力需求方面有所侧重或倾斜，这样才能提高人才与岗位的匹配程度，发挥人才专长优势。

3. 育才阶段

目前高职院校对行政人员所进行的培训多与业务工作相关，或是业务更新，或是技能升级，行政人员通过业务实践积累以及业务培训学习可以变成行家里手，但在高质量内涵式发展的趋势下，其业务精湛并不意味着能够提供高水平的服务，因此，必须提高其综合素质。运用高职院校行政人员能力指标体系进行能力测验和能力核准，能够得出人才的素养、知识、能力及态度等全面数据，并以此识别出人才的能力缺位。当前，高职院校行政人员能力缺位大致有两种：一是缺乏当前任职岗位能力，仅能低质量地完成岗位任务；二是缺乏未来任职岗位能力，即为人才梯队建设打造的后备干部队伍未能具备晋升上一级岗位的能力水平。今后，高职院校在年度考核中除了工作表现，可以增加能力测验和能力核准内容。从而得到行政人员能力水平的全面数据，根据数据所反映的情况，可得出基层、中层和高层各岗位所有人员的能力缺位具体情况，为下一年度人员培训计划提供可靠依据。此外，各部门及个人也可依据数据分析结果，结合自身及岗位情况，提出进修计划，填补能力缺位，实现快速成长，达到高质量内涵式发展的要求。

此外，随着高等教育事业的改革与发展，高职院校行政人员专业能力也在不断提升，高职院校行政人员专业能力指标体系还有待进一步完善，其实际应用也有待进一步加强。高职院校行政人员是服务学校师生的重要中介，是保证学校正常运行的重要动力，是推进高职教育发展的重要力量来源，是反哺教育评价改革的重要人力资源，应该走向规范化管理道路。一是为保障其合法权益，规范其职业行为，建设高素质专业化的队伍，应对其权利与义务、资格和准入、聘任和考核、培养与培训、保障与待遇、奖惩与申诉和相关法律责任以法律法规的形式予以确立；二是要在贯彻新发展理念，构建新发展格局的高度制订该队伍发展战略等顶层设计，出台发展规划，实施落地方案，打造宏观、中观和微观等三元层次的人才队伍建设体系。在人工智能等新兴科技全面应用的趋势下，基于建设技能型社会的理念和战略，高职教育势必得到迅速发展，行政人员的专业能力也将出现替代、迁移和升级等状况，因此，高职院校行政人员专业能力指标体系还有待不断完善，其实际应用方式也有待不断尝试，需随着新时代教育评价改革发展而不断进行改造和升级。

第四节　高职院校教育质量评价的价值取向

高职教育质量评价的方法涵盖了事实判断和价值判断。历史上，事实判断一直占据主导地位，人们将高职教育质量与学业成绩、升学率以及就业率等实际数据联系在一起，相对较少关注与高职教育质量相关的价值判断。然而，价值判断在评价高职教育质量中扮演着重要的角色。一般而言，"价值判断构成了价值关系，客观存在的价值关系是产生一定价值观的基础"①。因此，人们对高职教育质量的评价和标准选择是在一定高职教育价值观的指导下进行的，这也是价值观的一种体现。

高职教育质量的正确价值观决定了人们是否采用合适的高职教育价值取向，同时也深刻影响了高职教育对国家、社会和个体发展的作用。因此，根据高职院校教育质量评价的理论基础和客观需求，高职院校教育质量评价的价值取向应该朝以下五个方向转变。

一、高职院校教育质量评价理念合发展性

评价理念是高职院校教育质量评价的思想观念或价值取向。这一理念的本质在于为教育机构提供一个全面、科学的评价框架，以确保其在未来的发展中能够持续提高教育质量。为了达到这个目标，评价理念应具备发展性，必须与高职院校教育未来的发展方向相符，同时具备预见性和判断力。

发展性评价理念强调以发展为本，倡导建构主义哲学观为基础，制定共同认可的教育发展目标。这意味着高职院校需要不断认识自我，发展自我，并完善自我，以实现不同层次的发展目标。这不仅关乎教育机构的长期健康发展，还关系到学生的终身发展和社会的进步。因此，评价理念的发展性是至关重要的，它要求评价体系能够适应时代的变化，具

---

① 杨虹.论高职院校教育质量评价的价值取向［J］.湖南工业职业技术学院学报，2022，22（4）：129.

备反思和改进的机制，以确保高职院校不断适应新的教育需求和挑战。

发展性评价强调不仅关注结果，更注重教育过程。这一点至关重要，因为教育过程是影响教育质量的关键因素之一。评价理念需要通过深入的教育研究和反馈机制来促进高职院校教育质量的不断改进。只有这样，学生才能够在充实而有意义的学习经历中获益，高职院校才能够实现其教育使命。

教育质量评价应尊重高职院校的特色，根据其自身情况制定有针对性的教育规划。高职院校之间存在差异，这些差异反映在其教育目标、师资力量、学生群体和地域文化等方面。评价理念需要灵活应对这些差异，不应一刀切，而应根据不同高职院校的特点来量身定制评价标准和方法。这有助于确保评价过程公平合理，并更好地反映各校的实际情况。

平等协商对话原则和面向未来的建议是发展性评价的重要组成部分。这意味着评价过程应该是一种合作性的努力，教育机构与评价机构之间需要进行平等的协商和对话，以共同制定评价标准和目标。这有助于建立信任，减少对教育机构的压力，同时也有助于评价体系的持续改进。面向未来的建议是指评价不仅要看到当前的问题，还要展望未来，提供可行的改进建议，以促进学校的未来发展和教育质量提升。

二、高职院校教育质量评价主体合多元性

高职院校教育质量评价是一项关键性工作，其成功与否在很大程度上依赖于评价主体的作用。评价主体可被定义为那些根据特定的教育评价标准，对高职院校的教育质量进行价值判断的机构或个人。他们在评价活动中担当着决定性的角色，包括评价问题的明确定义、评价方法的选择、评价结果的提供等职责。评价主体的重要性不容忽视，因为他们的参与确保了评价的有效性和实效性。他们通过明确的评价标准，帮助高职院校识别其教育过程中的强项和改进空间，从而提升教育质量。

第一，评价主客体关系改善。在教育领域，主客体关系的改善是一个重要而深刻的变革。以前，评价主体与评价客体之间存在着对立和不平等的关系，这种关系往往阻碍了有效的教育评价。然而，随着时间的推移，这种关系发生了积极的演变。现在，高职院校愿意更加积极地接受评价，并且更愿意积极参与评价过程。这种转变反映了高职院校对评价的认可，同时也表明他们愿意与评价机构建立协商的、合作伙伴式的关系，以共同促进教育质量的提高。

另外，评价机构也发生了变革，更加尊重评价客体，重视他们的意见和反馈。这一改变不仅体现了评价机构的开放性，还有助于建立一个更加民主和谐的评价氛围。在这种氛

围下，不同的利益相关者可以更自由地表达他们的看法和需求，共同为教育改进和提高质量贡献力量。这种主客体关系的改善是教育评价体系进步的关键之一。

第二，评价主体功能角色扩展。随着主客体关系的改善，评价主体的功能角色也发生了扩展。以前，评价主体主要扮演着评价者的角色，但现在，他们需要担负更多的责任和任务。多元评价主体已经不再仅仅是评价者，他们还需要扮演协调者、指导者和促进者的新角色。

作为协调者，评价主体需要促进共识的形成，确保评价过程中各方能够达成一致意见。他们需要协调不同利益相关者之间的利益，推动评价活动的顺利进行。此外，评价主体还需要担当指导者的角色，为评价客体提供专业的评价帮助和建议。这有助于评价客体更好地理解评价结果，并采取行动来改进教育质量。最后，评价主体还需要成为促进者，帮助评价客体认识到评价的重要性，并激发他们积极参与评价活动的兴趣。

这种功能角色的扩展使评价主体能够更全面地参与评价过程，更有效地促进教育质量的提高。

第三，评价结果质量提高。评价结果的质量对于教育质量的提高至关重要。多元评价主体的参与已经显著增强了评价活动的公平性和民主性。不再由单一的评价机构掌控，评价活动变得更加开放和透明，各方都有机会参与并影响评价过程。

特别值得注意的是，内部教育教学人员的参与也有助于评价结果的质量提高。他们更了解教育过程和课程，能够更切实地发现问题并提出建议。他们的专业知识和经验对于评价活动的深化和改进至关重要。

多元评价主体的参与也有助于提高教育教学决策的科学性。通过汇集来自不同来源的数据和意见，决策者可以做出更全面、更准确的决策，以促进教育质量的提高。

三、高职院校教育质量评价客体合自觉性

在教育质量评价的过程中，评价的主体是多元的，包括政府监管机构、学生、教职员工等多方利益相关者。尽管评价的主体多种多样，但评价客体却唯一，即高职院校本身。这一现象在评价体系中产生了一种独特的关系，要求高职院校在评价过程中积极参与，同时保持客观。

高职院校的办学质量直接关系到整个教育体系的质量。这种影响涵盖了微观和宏观两个层面。在微观层面，高职院校的教育质量直接影响着学生的学习体验和职业发展，因此，高职院校必须关注个体学生的需求和成长。而在宏观层面，高职院校的质量也与国家

和社会的发展密切相关，因为这些机构培养了未来的劳动力和专业人才。因此，高职院校的教育质量评价是一项至关重要的任务，它旨在确保这些院校在微观和宏观层面都能够履行其教育使命。

高职院校的教育质量评价主要针对这些院校本身，而不是整体教育系统。这是因为不同类型的教育机构具有不同的特点和目标，因此，需要根据其独特性质来进行评价。高职院校的评价客体是这一特定领域的教育，因此，评价过程需要针对其特定需求和挑战进行定制。

在进行教育质量评价时，评价客体需要具备一定的自觉性，理解并把握教育的价值及其价值追求。这种自觉性不仅表现为高职院校自愿执行或追求教育的长远目标，还基于教育信念、责任感和权利义务意识。高职院校必须认识到，他们不仅是教育的提供者，还是社会的一部分，对学生的未来和社会的发展承担着重要责任。

在评价客体的自觉性中，自我效能感起着重要作用。这是高职院校对自身教育行为能否产生预期结果的信念。与利己心理相对立，自我效能感强化了高职院校对于教育质量的责任感。高职院校可以通过调节平衡能力、责任、权利和利益等各方面，来激发和加强这种自我效能感。这意味着高职院校应该确保其教育目标和责任与其自身的能力和资源相匹配，以便更好地实现教育质量的提升。

此外，自我效能感与利己心理之间存在一种反比关系，它们相互抵消。当高职院校强化自我效能感时，个体的利己心理将减弱，从而更有可能为教育质量的改进而采取积极的行动。这也意味着高职院校应该重视学术道德和社会责任，以促进自我效能感的发展，减少利己心理对于教育使命的干扰。

高职院校的权利和责任应该统一，权利应与责任相匹配，以激发自觉性。这意味着高职院校不仅需要享有一定的自主权和权力，还需要对其所承担的责任负起应有的义务。只有在权利和责任相互匹配的情况下，高职院校才能更好地实现其教育目标，提高教育质量。同样，高职院校的能力和目标责任也应该统一，因为能力是自我效能感的基础，只有具备足够的能力，高职院校才能够履行其教育使命。

四、高职院校教育质量评价指标合逻辑性

所谓评价指标，是用于考核、评估高职院校教育质量及其效果的统计指标。高职院校教育质量评价指标的选取应遵循以下规律：

第一，高职院校教育质量评价指标的选取应符合高职院校人才培养目标定位。高职院

校教育质量评价一直是教育领域的重要议题，其选取的评价指标应当紧密贴合高职院校的人才培养目标定位。这一点至关重要，因为高职院校的类型和层次各不相同，其人才培养目标也有所不同。因此，在选择评价指标时，需要考虑到高职院校的基本质量要求和具体的人才合格标准，以满足不同高职院校的需求。只有这样，评价结果才能够真正反映高职院校的教育质量，为其改进和提升提供有力的依据。

高职院校的人才培养目标定位既包括基本质量要求，如教育的基础水平和专业素养，也包括具体的人才合格标准，如职业技能和综合素质。这些目标在不同高职院校之间存在差异，因此，评价指标的选择应当灵活多样，以适应不同类型和层次的高职院校的特点。只有这样，评价才能够真正发挥作用，引导高职院校朝着其人才培养目标不断迈进，不断提高教育质量。

第二，高职院校教育质量评价指标的选取应能促进高职院校教育系统协调发展。评价指标不仅要考虑到高职院校内部的因素，还要关注主体与主体、环境与环境、主体与环境之间的协调关系。只有在这种协调中，高职院校的教育系统才能够正常运行，创造良好的教育环境。

高职院校的教育系统是一个复杂的体系，涉及到多个因素和层面。评价指标的选取应当确保各因素之间的关系和谐一致，避免出现不协调的情况。这不仅包括学校内部各部门之间的协调，还包括学校与外部环境之间的协调，如与企业、社会和政府的关系。只有在这种协调中，高职院校的教育系统才能够稳步发展，为学生提供更好的教育质量和更广阔的发展空间。

第三，高职院校教育质量评价指标的选取应能合理评价高职院校教育质量。评价指标的选取应当注重评价的客观性、准确性和成效性，同时要杜绝主观性和私利性的评判思想。高职院校的教育质量评价是一项重要的社会活动，其结果直接关系到学生的未来和社会的发展。因此，评价过程必须具备高度的客观性，评价指标必须科学、客观地反映高职院校的教育实际情况。

此外，评价指标应当具备准确性，能够真实反映高职院校的教育质量水平。只有准确的评价结果才能为高职院校提供改进和提升的方向。同时，评价指标还应具备成效性，即能够评估高职院校是否达到了其教育目标，以及教育活动设计的效果如何。只有这样，评价才能够具备实际意义，对高职院校的发展产生积极影响。

五、高职院校教育质量评价方法合规范性

所谓评价方法，即在对高职院校教育质量进行评估时所采用的方式。合规范性评价方

法意味着在对高职院校教育质量进行评估时，必须符合一定的规则和标准。规范性理论关注于高职院校教育质量应该达到的标准，它提供了一种"处方"，从高职院校教育的目标出发，推导出应采取的具体措施或行为。因此，合规范性的高职院校教育质量评价方法有助于避免评价过程的盲目性或模糊性。为确保高职院校教育质量评价方法合规范性，通常需要遵循以下原则：

第一，定量评价与定性评价相结合。高职院校教育质量的评价是一项复杂而重要的任务，它直接关系到学生的成长和社会的发展。在评价这一过程中，定量评价和定性评价的结合显得尤为关键。定量评价作为一种科学测定高职院校教育质量的客观方式，具有直观性和客观性。然而，高职院校教育质量是一个多维度的概念，不容易完全用定量方式数据化。这是因为教育不仅仅是知识的传递，还涉及到学生的价值观、工匠精神、创新能力等因素，这些因素难以用数字来精确衡量。因此，评价高职院校教育质量时，应该综合考虑定量和定性评价，观察和分析评价对象的表现和现状，以全面把握教育质量。

第二，结果评价与过程评价相结合。传统的结果评价虽然有其必要性，但不能单独提高教育质量。高职院校教育是一个长期培养过程，仅仅关注结果评价，如学生成绩和就业率，无法全面反映教育的效果。因此，必须将结果评价与过程评价结合起来，贯穿整个培养过程。结果评价关注培养质量的终点，而过程评价关注质量提升的每个环节，两者应该并行不悖，共同推动教育质量的发展。

第三，学生评价和教师评价相结合。教育质量评价不能仅仅局限于学生的评价，因为教师在学生的培养中扮演着至关重要的角色。学生的学习和成长受到教师的师德师风、教学能力、理念、专业技能、创新能力等多方面的影响。因此，将学生评价和教师评价相结合是必要的。这样的综合评价能够更全面地反映教育质量的真实情况，同时也能够激励教师积极投入教育工作，提高其教育质量。

第四，质量评价和条件评价相结合。要全面评价高职院校的教育质量，不仅需要考虑教育过程和结果，还需要考虑培养条件。培养条件包括专业建设、实训条件、校企合作、师资队伍等多个方面。这些条件的好坏直接影响教育质量的提升，因此，质量评价需要与条件评价相结合。只有全面考虑高职院校的整体情况，包括教育过程、结果，以及培养条件，才能够更准确地评价教育质量，为不断提高高职院校教育质量提供有力支持。

第三篇
高职院校传统美德与教育的融合研究

第八章 高职院校中传统美德教育的实施

第一节 高职院校工作中传统美德教育的弘扬

"中华传统美德是指中华民族在几千年的社会历史实践中形成和发展起来的，为民族大多数成员所认同和接受的思想品格、价值取向和道德规范，是一个民族的心理特征、文化传统、思想情感的综合反映，是传统道德的精华"①，它潜移默化地影响着人们的思想和言行。随着社会的变化，社会主义市场经济体制的确立与发展，以及经济全球化和信息时代的到来，西方国家的生活方式、价值观念与道德规范强烈地冲击着我国传统的道德规范体系，必然会对高职学生造成极大的影响。随着中华传统美德的现代价值日益凸显和高职院校德育改革的探索，优秀传统道德教育与培养当代大学生的道德素质相结合，成为探索高职大学生思想教育的一种新途径。

一、高职院校工作中传统美德教育的弘扬方针

第一，坚持整体优化。中华民族传统道德是社会主义精神文明建设的重要内容，但不是全部。在教育中，应当坚持德育的全面性、整体性、科学性，应注意一致性和系统性，即搞好学校、家庭、单位及社区结合教育的优化，以提高德育整体性与实效性。

第二，坚持针对性。目的是提高德育实效性。贯彻这一方针，根据现代的需要，应特别注重对勤劳节俭、诚实守信、见义勇为、自强不息等意志品质方面的内容的教育；应确定不同层次的要求，由浅入深、循序渐进、因地制宜、有的放矢。

---

① 龙灿玲，胡春贤. 在高职院校学生工作中弘扬传统美德教育研究［J］. 湘潭师范学院学报（社会科学版），2009，31（4）：121.

二、高职院校工作中传统美德教育的弘扬原则

(一) 坚持历史性与时代性相统一的原则

坚持历史性与时代性相统一的原则是指在社会、政治、文化和教育等领域中，应该兼顾传统历史的积淀和当前时代的需求，确保过去的经验和价值观能够与当代社会的发展相适应。这一原则强调了对历史的尊重与对社会变革的适应之间的平衡。

第一，传承历史文化和价值观：尊重历史性意味着继承和传承历史上的文化、传统和价值观。这有助于保持社会的文化连续性，并让人们了解过去的经验，以避免历史重复。

第二，适应时代需求：时代性则要求我们适应当代社会的需求和挑战。这包括理解新兴技术、经济模式和社会变革，并为其做好准备。

第三，历史教育：在教育领域，坚持历史性与时代性相统一的原则要求教育系统传授历史知识和价值观，同时也要培养学生的现代技能和适应力。这有助于学生更好地理解过去、应对当今社会的问题，以及为未来做好准备。

第四，政策制定和法律体系：政府和法律制度需要在尊重历史的基础上，不断完善法律和政策以适应新的社会和经济条件。这有助于维护社会的稳定和公平。

第五，文化交流与对话：跨文化交流和对话可以促进历史文化的传播，并有助于不同文化之间的相互理解与合作。这也有助于弘扬文化多样性，并为全球化时代的国际交往提供框架。

(二) 坚持继承性与批判性相统一的原则

坚持继承性与批判性相统一的原则是教育和知识传承中的一个重要指导思想，这一原则强调了在教育过程中同时传承传统知识和培养学生的批判性思维能力的重要性。

第一，继承性：继承性意味着我们应该尊重和传承历史上积累的知识、文化和价值观。这包括学习和理解经典文学、历史事件、科学理论等传统领域的知识。继承性的原则强调了对过去的尊重和感激，因为这些知识和经验为今天的社会和文化提供了坚实的基础。

第二，批判性：批判性则强调培养学生的批判性思维和分析能力。这包括培养他们能够质疑、思考、评估和解决问题的能力。批判性思维使学生能够不仅仅接受传统知识，还能够挑战它，发现其中的局限性，并提出创新性的观点和解决方案。

(三) 坚持理论联系实际的原则

美德可视为一种道德准则，其形成经历了一个演进过程，必须通过实践来达成。理论

联系实际是思想政治教育的核心方法与重要原则，它基于教材内容、学生个体特征以及当今社会情境，提出具体的教育要求，以明确定义教学内容和选择思想传承的方法。坚守理论联系实际原则等同于秉持知行合一原则。知行合一要求在教育过程中将思维认知提升、道德价值观树立与道德行为养成相结合，确保言行一致、知行同构。贯彻这一原则首先，要解决"知"的问题，使受教育者明了传统美德的本质；其次，是"行"，即增强道德判断力，培养良好的道德行为习惯，这是传统美德教育的终极目标。最后，需要进行伦理道德评估，建立评价标准体系，以增进对真善美与假丑恶的道德判断能力，培养学生自我培育美德的自觉性和持久性。例如，诚实守信即是确保言行与内心思想一致，言行实事求是，强调信誉。在教育中，首要任务是使学生理解诚实守信的重要性，树立以诚实守信为光荣、不诚实守信为可耻的观念，引导个体行为与内心信念的一致性。次要任务是培养学生在与他人交往时言而有信，言出必行，信守承诺，不失信于他人。教育应强调守时、守信、守约的原则，使学生将诚信视为立身、处世的基石，并将之贯穿于今后的学习和职业生涯。

当前，我国高职教育以培养复合型高技能人才为目标，不论是在学校教育还是在校生人数方面，都已占据全国高等教育的一半以上份额。高职院校培养的学生将成为国家建设和发展的重要主力军，也是实现中华民族复兴任务的重要力量。这些学生对中华传统文化的理解和认知程度，往往会影响社会大众对此问题的关注度。中国式现代化建设要求当代高职生具备德才兼备的特质，这就需要他们不断接受中华传统文化教育，以增强民族自尊心和自豪感，从而更好地塑造自己，以适应社会和时代发展的需求，成为复合型人才。

第二节　传统美德教育在高职院校中的实施方法

传统美德教育在高职院校中的实施可以帮助学生培养道德素养、职业道德和社会责任感，为他们的职业和社会生活奠定坚实的道德基础。高职院校中实施传统美德教育的方法主要包括以下方面：

第一，课程设置：首先，在教育体系中融入一全新的道德教育模块，其内容包括但不限于道德哲学、伦理原则、职业操守等方面；其次，设立一系列相关课程，如伦理学、道德教育、公民责任等，以协助学生深入理解并掌握道德方面的知识与技能，这一系列举措旨在培养学生的道德观念，强化其伦理素养，进而促使其在社会中发挥更积极的作用。

第二，教育活动：首先，举办道德教育讲座、研讨会和座谈会，邀请专家和业界从业者分享他们的经验和观点；其次，促进学生参与志愿活动、社区服务和义工工作，培养他们的社会责任感和公益意识。

第三，导师制度：首先，为学生提供道德导师，帮助他们解决道德困惑和伦理问题，指导他们在职业生涯中做出正确的道德决策；其次，导师可以是学校的教职员工或职业领域的专业人士。

第四，奖惩机制：首先，设立奖励制度，鼓励学生积极参与道德教育和社会责任活动；其次，建立违反职业道德准则的纪律处分机制，确保学生明白违反道德规范会有后果。

第五，校园文化：首先，建立正面的校园文化，强调诚实、正直、友善和尊重；其次，通过举办道德主题的艺术展览、文化活动和演讲来传播道德价值观。

第六，实际案例分析：首先，在课程中引入真实世界的道德案例，让学生分析并讨论如何应对伦理挑战；其次，利用案例教学方法，培养学生的伦理决策能力。

第七，自我评估：首先，鼓励学生进行反思和自我评估，帮助他们认识到自己的道德观念和价值观；其次，提供机会让学生写道德日记或参加小组讨论，深化他们对伦理问题的理解。

第八，样板角色：首先，学校的教职员工和管理层应作为样板角色，展示出高尚的道德品质和职业道德；其次，鼓励校友成功的职业人士回校分享他们在职业生涯中如何坚守道德原则的经验。

第三节　基于自媒体时代的高职院校中华传统美德教育研究

一、基于自媒体时代高职院校中华传统美德教育的意义

中华传统美德是华夏民族五千多年历史文化的积淀，是中华民族优秀的道德品质，体现了优良的民族精神和高尚的民族气节，归纳了一个民族良好的行为规范准则，在高职院校将中华传统美德教育融入大学生思想教育中具有重要的意义。

第一，有助于提升学生的思想道德修养。中华传统美德代表着五千多年华夏文化的沉淀，它是中华民族杰出的道德品质的象征，承载了卓越的民族精神和高尚的民族气节。在高职院校，将仁爱孝悌、诚实守信、爱国报国、艰苦朴素、见利思义等中华传统美德融入大学生思想教育，不仅有助于提高学生的道德意识，也有助于规范他们的行为习惯。通过课堂理论学习和课外德育专题活动的熏陶，学生将更好地理解和践行这些美德，从而提高

了他们的思想道德修养，促进了健康成长和成才。

第二，有助于传承和发扬中华民族优秀文化。中华传统美德代表着五千多年来中华民族的集体智慧，是中华民族文化的珍贵遗产。高职院校的学生是国家的栋梁之材，他们肩负着传承和弘扬中华传统美德的历史使命。通过加强大学生的中华传统美德教育，不仅能够增强学生对自己民族文化的认同感和归属感，还有助于传承和发扬中华传统美德，使其在新的时代得以继续繁荣和发展。

第三，对于新时代中国特色社会主义和谐社会建设具有重要意义。广大青年是实现中华民族伟大复兴的中坚力量，也是构建新时代中国特色社会主义现代化强国的主力军。高职院校坚持立德树人，强调中华传统美德教育，有助于增强高职学生的民族文化自信，提升国民素质，促进社会和谐发展。

二、基于自媒体时代高职院校中华传统美德教育的途径

第一，坚持育人为本，提高大学生网络道德水平。高职院校应当积极引导学生遵循社会主义核心价值观，还可以通过官方微博和微信平台来进行社会主义核心价值观主题教育，以引导学生正确使用网络和培养网络文明意识。此外，还可以通过线上线下的德育专题讲座和主题教育等方式，提高大学生的网络素质和网络道德。同时，通过主题班会、主题团课、名师课堂以及精品讲座等形式来进行爱国主义教育、诚信教育、社会关爱教育和创新创意教育等专题教育活动，要将中华传统美德融入学生的内心，表现在日常行为中。此外，通过举办丰富多彩的校园活动，如辩论赛、演讲比赛、文明系列活动和高雅艺术进校园等，可以在学生参与活动的过程中潜移默化地传承中华传统文化。

第二，建设一支师德高尚的思想政治教育师资队伍。在高职院校，思政教师、辅导员和班主任等教育工作者应具备高水平的思想觉悟、道德品质和思想政治理论水平。他们应通过培训和自我学习不断提升自身的思想道德修养，深入挖掘中华传统文化的内涵和现实价值，改进教育教学方法，提高教育的针对性和有效性。同时，这些教育工作者还应以身作则，在教育过程中示范良好行为，充分发挥个人人格魅力在学生思想品德教育中的示范作用。

第三，充分利用自媒体平台开展中华传统美德教育。在校园网络文化建设方面，可以开发自媒体校园网络文化平台，通过自媒体平台来进行校园网络文化活动。这可以通过以下方式实现：首先，加强微信公众号的建设，将官方微信公众号的功能不仅限于宣传，还包括育人。各院系可以加大管理投入，制定激励措施，吸引学生的主动关注，将官方微信

公众号变成集宣传和教育于一体的平台。其次，建设校园 App 平台，创建有趣的德育天地。通过开设爱国主义教育、诚信教育、孝道等专栏，利用多媒体、音乐和网络互动等功能，增加教育的趣味性，吸引学生的兴趣。最后，开设"美德教育"微课，利用微信平台开展微课，以时事热点为主题，提高大学生的美德教育效果。

第四，改革传统教学模式，开创品德趣味课堂。"自媒体时代应改变传统单一的思想政治课教学模式，采用线上线下相结合的形式，将网络平台宣传教育与传统教学模式相结合，丰富教育形式和内容"[①]。通过开设手机课堂，将学生的手机作为教具，在传统教室内运用新的教具，开设多媒体教学内容、互动问答和情景故事等，激发学生的学习兴趣，从被动学习转变为自主学习。同时，可以实现师生线上线下的互动交流，增加课堂的趣味性和灵活性，让学生轻松地理解中华传统美德的内涵。

第五，突出当地文化特色，将当地优秀传统文化和传统美德融入大学生思想教育中，中华传统文化具有丰富多样的地域文化，每个地方都有其独特的文化和人文精神，我们可以将当地优秀的传统文化和美德融入大学生的思想教育，以彰显当地的文化特色。例如，泉州高职院校可以开发校本课程，涵盖闽南优秀传统文化、泉州特色文化和人文精神等内容。通过实践活动，如探访泉州古城和研究闽南人文精神，可以加深学生对泉州文化和人文精神的理解，增强学生对当地文化的认同感和荣誉感。

第三篇 高职院校传统美德与教育的融合研究

[①] 赖丽君，林丽蓉，陈小虹. 自媒体时代高职院校中华传统美德教育研究 [J]. 邢台职业技术学院学报，2017，34（6）：49.

第九章 高职院校传统美德与教育的融合实践

第一节 中华传统美德与教育的融合体系

一、中华传统美德与教育融合的必要性

"中华传统美德是中华优秀传统文化的重要组成部分，也是中华优秀传统文化的基本精神"①，它的内容博大精深，涵盖了社会生活的方方面面。从实质上看，是中华民族的民族精神，支撑着中华儿女勇往直前。无论是在古代，还是当今社会，中华传统美德都具有不可忽视的现实价值。在实现中华民族伟大复兴的关键时期，对于提高学生的思想道德素质具有至关重要的意义。以下从三个方面探讨新时代传统美德与教育的必要性，强调它们对于学生的思想觉悟、道德水平、文明素养以及身心健康的促进作用。

（一）中华传统美德是中华文化的精髓

要理解中华传统美德的重要性，我们必须认识到这些美德代表了中华文化的精髓，这些美德包括爱国精神、诚实守信等，这些价值观不仅贯穿于古代中国的历史文化中，也与现代社会的发展息息相关。将这些美德融入学生的教育中，有助于培养他们的道德情感和社会责任感。

第一，爱国精神是中华传统美德中的重要环节。通过教育学生热爱自己的国家，我们可以帮助他们更好地理解国家的历史和文化，激发他们为国家的繁荣和发展做出贡献的愿望，这种爱国情感不仅有助于维护国家的和平稳定，还可以推动社会的进步和发展。

第二，诚实守信是另一个重要的传统美德，这一价值观有助于塑造学生的品格，使他们成为值得信赖的人。在社会交往和职业生涯中，诚实守信是建立良好信誉和关系的基础。通过教育学生坚守诚实守信的原则，我们可以提高社会的公德，减少欺诈行为的发生。

---

① 杜娟. 新时代大学生中华传统美德教育研究 [D]. 临汾：山西师范大学，2020：10.

（二）传统美德教育有助于弘扬中华优秀传统文化

传统美德教育有助于学生弘扬中华优秀传统文化，主要包括加强对中华文化的历史观、民族观、国家观和文化观的理解。通过学习传统美德，学生可以更好地理解这些观念的深刻内涵，并将其融入自己的日常生活和价值观中。同时，强调中华文化的传承有助于提高学生的思想觉悟。他们能够更深入地思考文化传统对于社会的重要性，以及如何在现代社会中传承和发展这些传统，这种思想觉悟有助于培养学生的文明素养，使他们更好地融入多元化的社会，尊重不同文化和价值观。

此外，传统美德教育也有助于家庭美德和个人品德的建设。家庭是传统美德的基本单元，通过教育学生孝顺父母和尊重长辈，我们可以培养他们良好的家庭关系和价值观。此外，这些美德也影响个人品德的养成，使学生更加自律、有责任感，具备积极的人生态度。

（三）中华传统美德教育促进学生身心健康发展

中华传统美德教育对学生的身心健康发展具有积极的促进作用。通过美德认知与践行相结合，帮助学生树立正确的思想观念，解决人际交往和学习生活中的问题，有助于身心的协调发展。首先，教育学生传统美德，使他们更容易建立积极的人际关系。诚实守信、乐于助人等美德有助于建立互信和友谊，减少人际冲突，这种积极的社交能力有助于学生的心理健康，减少孤独感和社交焦虑。其次，传统美德也有助于解决学习和生活中的问题。自强不息、勤俭节约的美德教育能够激发学生的学习动力，使他们更有毅力地克服困难，这种积极的学习态度有助于提高学业成绩，减轻学业压力。

二、中华传统美德与教育融合的主要内容

大学生中华传统美德教育在道德教育中扮演着重要的角色，同时也被视为进行社会主义道德建设的有效途径，这一教育形式着重于传授古老的中华传统美德给受教育者，以达到传承这些美德、塑造正确的道德认知和价值观的目标。新时代下的大学生中华传统美德教育可以分为以下主要内容：

（一）爱国主义

爱国主义教育旨在引导大学生培养热爱祖国、甘愿为国家付出的思想觉悟。爱国主义被视为中华民族的社会主义核心价值观，代表着中华文化中最重要的精神财富，它是中国人民捍卫民族独立和民族尊严的强大动力。认识到国家繁荣富强与人民幸福生活息息相

关，国家统一能够带来和平安定和社会进步。在新时代，中国已取得显著的发展成就，避免了战争与温饱问题，人民生活水平不断提高。然而，国家仍在追求中华民族伟大复兴的中国梦。大学生作为国家建设的中坚力量，应当接受深刻的爱国主义教育。

强化新时代大学生的爱国主义教育需要深入开展中国特色社会主义和中国梦教育，全面了解国家情况和政策。此外，还需要弘扬民族精神和时代精神，广泛传承中华优秀传统文化，以及强调祖国统一和民族团结进步。同时，国家安全教育和国防教育也应得到加强。在新时代下，强化爱国主义教育对于振奋民族精神、凝聚全民族力量，夺取新时代中国特色社会主义伟大胜利，实现中华民族伟大复兴的中国梦，都具有重大而深远的意义。

（二）孝道文化

孝道文化是中国传统伦理思想的核心，代表着中华古代社会的根本道德准则，同时也承载了中华民族的卓越传统。孝道文化强调关爱父母长辈，尊重和照顾老人，通常是指引导子女尊重、关心、养育父母，并在他们年老时提供照料和终老关怀。在现实社会中，孝道文化不仅有助于维护人际关系的和谐，还为家庭社会的稳定贡献着重要因素。

从国家角度来看，弘扬孝道文化有助于提高国民的基本道德素养，促进当代社会的精神文明建设。然而，随着科技的飞速发展、经济水平的显著提高以及生育观念的变化，父母对子女的溺爱现象愈加普遍，因此，孝道文化教育的实效性面临一定挑战。面对社会老龄化日益加重的趋势，新时代的大学生更应该继续接受孝道文化教育，积极弘扬孝道文化，以促进人际和谐、家庭稳定，最终实现社会的和谐与稳定。

（三）勤俭节约

勤俭节约，作为中华民族的传统美德，强调了勤奋工作和生活节俭，反对奢侈和浪费。在革命和战争年代，由于科技和经济的滞后，社会物质资源稀缺，人们积极从事劳动，以俭朴的方式度过生活，这一美德在那个时期得到了广泛传承。然而，随着中国经济的迅速发展和国家实力的不断壮大，人们的物质生活显著改善，实现了人民生活从温饱不足到全面建设小康社会的历史性跨越。

作为国家未来的栋梁之材，大学生有责任继续传承和弘扬勤俭节约的美德。他们应该拒绝享乐主义，培养忧患意识，积极进取，学会自律。在生活中，他们应该理性规划物质资源的使用，抵制铺张浪费，而在学业和职业生涯中，积极努力，养成良好的工作习惯，为国家建设贡献自己的力量。

（四）诚实守信

诚以养德，信以立身，诚实守信构成了一个人在社会伦理中立足的根本准则，亦是社会普遍要求的道德准则，其核心要求个体保持忠诚与坦诚，同时，要维护信誉，信守承诺，切实履行承诺。诚实守信不仅是高尚品格的表现，亦为赢得社会尊重的不可或缺前提。新时代的大学生群体作为国家建设的主要力量，培养诚实守信的品质对于他们在社会中取得成功、对于国家未来的繁荣、对于中华传统美德的传承都具有深远的意义。因此，有必要对新时代的大学生进行诚实守信的伦理道德教育。

（五）自强不息

自强不息，既是中华民族的精神传统，亦属于传统美德之一，该原则督促个体自觉而不懈地追求自我完善，维持不间断的努力。自强不息具有深刻的时代意义。古今之成就非凡的人士均肩负着自强不息的特质。唯有个体的自主发展，方能催生自强之心。唯有秉持不屈不挠的自强不息，方能在逆境中乐观向前，刚毅坚定；唯有如此，方可立志雄图，坚守崇高理想与目标，不懈追求。自强不息体现了一个人生活的积极进取的心态。不论在古代还是现代、在革命还是建设时期，自强不息都鼓励着中华子民战胜各种困难，不懈向前。

然而，新时代的大学生出生于和平年代，享受着改善的生活条件，这一社会环境的变迁在一定程度上影响了大学生自强不息的品质养成。当代大学生往往在相对优越的条件下长大，缺乏耐劳艰苦的品质。因此，加强新时代大学生的自强不息教育显得尤为重要，这意味着大学生需深刻领会自强不息的内涵，自觉培养这一品质；必须树立崇高理想，将个人发展与国家进步相结合；必须在面对困难和挫折时不退缩，不怕吃苦，坚韧不拔，勇往直前。自强不息不仅是大学生追求个人理想的强大支撑，也是实现中华民族伟大复兴的中国梦的持续动力。

（六）宽容仁爱

宽容仁爱是中华优秀传统文化的重要组成部分，亦为中华传统美德教育的重要组成元素。自古以来，中华民族一直倡导和平与仁爱，这一核心价值观贯穿中华文化的血脉。仁爱在中华传统文化中占有核心地位，多位著名学者都倡导宽容仁爱的思想与精神，并留下了众多的警句以启迪人心。宽容仁爱要求个体拥有广阔的胸怀，少计较小节，怀有慈悲之心对待万物，这一理念强调了与他人和睦相处的观念，同时也反映了对自身的宽容和仁爱。

由此可见，新时代大学生的宽容仁爱教育的目标是培养大学生的宽广胸襟，教导他们宽容待人、乐于助人、秉持仁慈之心，与他人友好相处。同时，大学生应怀有感恩之情，理解他人的立场。通过对大学生进行宽容仁爱教育，有望促进社会的和谐稳定，为国民创造更美好的生活环境。

三、中华传统美德与教育融合的原则

（一）中华传统美德教育原则

中华传统美德教育蕴含着一系列基本准则和要求，这些原则的制定和遵循对于塑造有高尚品质的受教育者至关重要。这些原则的形成源自多年来教育者的实践经验，同时也具有一定的科学性，受到教育目标和受教育者身心发展规律的制约。

中华传统美德教育的基本准则和要求是其核心。教育者应坚守这些原则，确保教育过程的稳健和有效。这包括尊重传统价值观，培养学生的道德情感，以及传授社会责任感等要素。这些准则不仅是一种道德要求，也是塑造受教育者品格的重要工具。这些原则的制定和传承是基于教育者多年来的实践经验。他们在教育岗位上积累了丰富的经验，逐渐总结出可行的教育方法和原则。这些经验的传承是中华传统美德教育的关键，确保了教育体系的连贯性和有效性。这些原则具有一定的科学性，受到教育目标和受教育者身心发展规律的制约。教育不仅仅是一种道德灌输，还需要根据学生的年龄、认知水平和发展阶段来制定合适的教育方法。这种科学性保证了教育的针对性和有效性，使得学生更容易接受和内化这些美德原则。

（二）中华传统美德认知与中华传统美德践行相结合原则

中华传统美德认知与中华传统美德践行相结合的原则是确保教育不仅仅停留在理论层面，也能够真正影响学生的行为和品质的关键要素。合二为一是这一原则的核心。教育过程中，理论与实践应该紧密结合，不可过分偏重一边。学生需要不仅仅了解美德的理论知识，还需要在日常生活中将这些理论付诸实践，以真正体会到美德的力量。

教育者应注重系统的理论教育，同时要组织学生的行为实践。这意味着不仅要传授美德的概念，还要培养学生的批判性思维和分析能力，使他们能够在实际情境中正确应对各种道德挑战。教育的目标是培养高尚品质，使学生成为言行一致的人。这要求教育者注重学生的品德培养，帮助他们塑造出积极的价值观，不仅在言辞上表现出来，也在行为上得以体现。

现代大学生需兼顾理论知识和实践能力。不仅仅注重书本知识学习，还需要培养他们的实际能力，使他们具备解决实际问题的能力，并能够将美德付诸实践。

中华传统美德教育的最终目标是使学生将中华传统美德内化于心，外化于行，最终做到知行统一。这意味着学生应该不仅仅理解美德，还要在日常生活中贯彻这些美德，成为一个真正具备中华传统美德的人。这种内外统一是中华传统美德教育的最高境界，也是教育的最终目标。

（三）中华传统美德教育影响一致性与连贯性原则

中华传统美德教育一直以来都扮演着中国社会的重要角色，其影响深远，贯穿中国历史的各个阶段。为了确保这种教育能够持续有效地传承下去，教育者和社会必须秉承一致性与连贯性原则。

教育影响的一致性原则是确保教育内容有计划、有系统，前后连贯，循序渐进的关键。这意味着教育体系应该精心设计，确保教育不是零散的知识传授，而是一个有目标的过程。这个过程应该以学生的年龄和认知能力为基础，逐步引导他们理解和践行中华传统美德。这种渐进性的教育方式可以确保学生在成长过程中逐渐吸收这些价值观念，形成自己的品格。

教育影响的连贯性原则是确保中华传统美德教育的各个环节协同合作，保持一致的原则。这包括学校、教师、学生组织、社会、家庭等多个方面。学校应该与家庭和社会密切合作，共同承担教育责任。教师需要不断提升自己的教育水平，与学校和家庭共同制定教育计划，确保传统美德的一致性传递。学生组织也可以发挥重要作用，通过举办相关活动和课程来促进传统美德的传承。只有各个环节都密切协作，才能确保教育的连贯性和一致性。

最重要的是，这些原则也适用于大学生的成长。大学生的成长是综合多方面因素的结果，中华传统美德教育应保持一致性和连贯性，提高实效性。大学是培养人才的关键阶段，要求教育体系不仅传递知识，还要培养学生的品德和价值观。只有确保一致性和连贯性，中华传统美德教育才能在大学生群体中产生深远的影响，帮助他们成为具有高尚品德的公民。

（四）创新与发展相结合的原则

虽然中华传统美德教育有着丰富的历史沉淀，但它必须与时代和社会需求相结合，进行创新和发展，以适应现代社会的变化和学生的特质。

中华传统美德是历史沉淀的精华，但要与时代和社会需求相结合进行创新和发展。社会在不断变革，新的道德挑战和问题不断涌现。传统美德教育需要不断审视自己，适应社会的发展，以解决现实问题。这意味着传统美德的内涵应该在新时代中得以重新诠释，以满足当代社会的需求。

创新要坚守原有道德标准，掌握精神内涵，同时对教育方式和形式进行创新，以适应

第三篇　高职院校传统美德与教育的融合研究

变化的环境和受教育者的特质。这种创新不是放弃传统价值观念，而是将它们与现代教育方法相结合，以更好地传递这些价值观。例如，可以利用现代技术和互联网资源来教育学生，使传统美德更加生动和吸引人。

只有如此，新时代大学生中华传统美德教育才能有效发展并跟上时代潮流。创新和发展是保持教育活力的关键。只有坚持传统的核心价值观念，同时不断改进和创新教育方法，才能确保中华传统美德教育在新时代继续发挥其积极作用。这样，学生将不仅获得传统美德的精髓，还能够应对现代社会的挑战，成为有品德和能力的公民。

第二节　传统美德教育与职业道德教育的有机融合

"所谓中华民族传统美德就是指在中华民族的历史上存在过的、在今天仍有着生命力的优秀的道德理论、规范、行为等的总和"①。将传统美德渗入高职院校职业道德教育中，实现二者的有机融合，是一个有益探索。

一、中华传统美德教育与诚实守信教育的有机结合

诚实就是真心诚意、实事求是、不虚假、不欺诈；守信就是遵守承诺、讲究信用、注重质量和信誉。诚实守信是中华传统美德的重要内容，是中国古代先哲极为重视的道德品质和道德规范。如今，诚信同样是人们在职业活动中处理人与人之间关系的道德准则；在我国加入世界贸易组织后，市场经济的发展对企业及全社会的信用体系有了更高的要求。因此，无论是对企业还是对个人而言，诚实守信都是职业道德的重中之重，是职业道德的根本所在。高职院校在进行职业道德教育时，要充分利用中华传统美德中的教育资源，教育学生把诚信作为立身、处世之本，在今后的职业活动中，遵守信誉，言必行、行必果，这是构建良好人际关系的必备条件。

二、中华传统美德教育与勤俭节约教育的有机结合

勤劳节俭是中华民族著称于世的传统美德，既是传家之宝，又是富国之道，作为几千年来社会的共同价值取向，已成为我们民族性格中的一部分。勤劳指的是人们对于劳动的态度和品质，它要求人们热爱劳动、乐于劳动、勤奋努力，用自己的辛勤劳动创造美好的生活。中国古代强调勤劳的伦理思想极为丰富。

---

① 刘慧. 传统美德教育与职业道德教育的有机融合 [J]. 新疆职业大学学报，2008（4）：71.

随着社会生活水平的日益提高物质财富的不断丰富，部分学生对勤俭节约不够重视，因此，在对高职学生进行职业道德教育时，应大力弘扬勤俭节约精神，使他们懂得中华民族勤俭节约、艰苦奋斗的传统美德是中华民族不畏艰难、奋发向上的坚定意志的体现；引导高职学生树立正确的消费观，把勤俭节约、艰苦奋斗的传统美德融化在学生的行动和思想情感之中。

三、中华传统美德教育与敬业乐业教育的有机结合

敬业就是以恭敬、严肃、负责的态度对待工作，一丝不苟，兢兢业业，专心致志；乐业就是从内心里热爱并热心于自己所从事的职业和岗位。"敬业乐业"体现了中华民族艰苦奋斗、勤劳创业的优良传统。

敬业乐业表现了从业人员强烈的事业心和高度的社会责任感，古往今来的成功者，无不具备了这种优秀的职业品德。用优秀传统道德培育高职学生的敬业乐业精神，就是要求他们干一行、爱一行、钻一行，把本职工作视为奉献社会的基点，力争对社会有所贡献，创造业绩，同时也实现自我价值。

四、中华传统美德教育与团结友爱教育的有机结合

推崇"仁爱"精神，是中国传统道德中极为重要的内容，也是中国最重要的传统道德规范之一。仁的核心是"爱人"，就是提倡关心、同情和爱护他人。孔子曾说"夫仁者，己欲立而立人，己欲达而达人。己所不欲，勿施于人"。阐明了儒家的仁爱是由己及人，由内而外，由远及近。自己不愿意的，也不要加于他人。

此外，相互尊重、团结协作，能够适应环境，是新世纪对人才的基本要求。目前大多数高职学生是独生子女，养成了以自我为中心的思维习惯，团结友爱、互助协作的意识较弱，发扬传统道德中的"仁爱"精神，有助于他们在激烈竞争的市场经济环境中处理和协调人与社会、人与人之间的关系。在对高职学生进行职业道德教育时，我们应该充分汲取传统道德中"仁爱"精神的丰富资源，一切从关心人、尊重人、帮助人出发，使其学会与人相处，学会与人合作，具有团结友爱、互助协作的良好品质，具备与社会主义市场经济相适应的职业素养。

五、中华传统美德教育与义利观教育的有机结合

"见利思义""以义制利"或"道德至上"的价值取向在我国的传统道德中一直占重

要地位。孔子在《论语·八佾》中说:"君子喻于义,小人喻于利"。荀子也说"先义而后利者荣,先利而后义者辱。荣者常通,"辱者常穷。先哲们都认为在"义"与"利"发生矛盾时,要以"义"作为衡量取舍的标准,合乎义则取,不合乎义则舍"利"取"义",正确处理道德与金钱等利益之间的关系。因此,在高职院校开展职业道德教育,既要提高学生对职业道德规范和重要意义的认识,又要弘扬和借鉴中华民族传统美德,以史为鉴,立足现实,古为今用,将二者有机融合起来,提高教育的针对性和实效性,为社会输送具有综合素质的德才兼备的新型人才。

第三节　中华传统美德与高职"思修"课教学的融合

一、中华传统美德与高职"思修"课教学融合的必要性

第一,中华传统美德与"思修"课教学融合,有利于实现高职人才培养目标。"高职院校人才培养目标是育人为本,德育为先,把立德树人作为根本任务"①。

第二,"思修"课教学中融合中华传统美德,是思政课教学改革的必然要求。中华优秀传统美德是"社会主义核心价值观的重源泉",是中华民族的"根"和"魂",是中华民族的"精神命脉"。传统美德与"思修课"具有不可分割的内在联系,传统美德与"思修"课是魂与体的关系。一方面,中华传统美德是涵养学生社会主义核心价值观的重要源泉,传统美德为高职生思想道德教育提供了丰富的德育内容和重要的修养方法论借鉴,中华传统美德是高职生思想道德修养的重要载体;另一方面,"思修"课是传承中华传统美德的主要阵地。思想道德修养课是研究人的思想品德和心理素质发展变化规律的科学。传统文化的继承和发展离不开在思想道德修养教学中的运用,高职生思想道德教育是传播中华传统美德的有力手段。因此,让中华传统美德进教材、进课堂、进头脑,最终为高职生接受、践行,是"思修课"教学改革的必然要求。

第三,"思修"课教学中融入中华传统美德,有利于增强思想政治课教学的吸引力和实效性。传统美德教育是"思修课"教学的重要内容,中华传统美德也是社会主义道德的教育的重要思想源泉,社会主义道德是对中华传统美德的继承和发展,高职道德教育必须和中华传统美德教育有机融合,才能做到古为今用,推陈出新。目前高职院校的思想政治理论课教材是全国统编教材,理论性强,而高职生相对于普通高职院校的学生而言,基础

---

① 董天菊. 中华传统美德与高职"思修"课教学的融合研究 [J]. 教育现代化,2018,5(26):148.

较差，学习自觉性不高，因此，在教学中更需要加强教学趣味性和吸引力，课堂教学中融入中华传统美德的内容，讲好中国传统美德故事，从而使枯燥的德育理论教育以生动活泼的形式，产生"润物细无声"的作用。这不仅使学生受到传统道德的文化熏陶，更能够增强思想政治课课堂教学的思想深度。

二、高职"思修"课实践教学中融合中华传统美德的路径

（一）加强中华传统美德的系统梳理

中华传统美德，是指中国历史发展长河中积淀流传下来的优秀道德遗产。中华民族是一个以伦理为本位的社会，中华文化也是一种伦理类型的文化，这种文化突出的特征就是对德的重视，尤其是儒家思想中重要的道德观念是对"仁"的推崇，儒家思想始终把仁德置于道德体系和价值体系的首要地位，传统道德体系的主要特点是：讲仁爱、重民本、守诚信、崇正义、尚和合、求大同，这不仅具有个人道德的意义，还具有更加广泛的社会价值意义。不仅如此，中华优秀传统文化修养人的身心方面有大量实证的理论和方法，如修身养性、反躬自省、正心诚意、克己、慎独等。总之，崇仁、贵和、尊礼、利群是中华文化的核心价值。

（二）探索"思修"课内容与中华传统美德的契合点

"思修"课教材是以理想信念为基础、以爱国主义为重点、以人生价值观、道德观、法治观为主要内容，"思修"课教学内容与传统文化之间具有密切的联系，几乎每一章节都涉及传统文化，甚至有的章节专门阐述传统美德。中华传统美德博大精深，从教学实践而言，"思修"课教学内容与传统文化的内容主要有四个方面的契合。

第一，理想信念教育和爱国主义教育。理想信念教育在现代德育中具有特殊重要的地位，是道德教育的"灵魂"。传统文化当中，历来重视对志向的培养，而且古人对志向的培养，往往提升到民族与国家的高度，超越了自身的小我。在儒家文化中，"修身""齐家""治国""平天下"等文化观念，从个人做人的孝道、劝人为善，到治理家国、再到明心见性、悟道成圣，自内圣而外王。从岳母刺字，到范仲淹的先天下之忧而忧，后天下之乐而乐，再到林则徐的天下兴亡，匹夫有责，都体现了古代对理想信念教育不是局限于个人自我价值的实现，而是将个人的志向、理想与国家的兴衰，民族的荣辱紧密联系在一起，将做人由低到高，不断提升人的境界。对于如何爱国，许多文化典籍中留下了丰富的爱国教育的故事。正是这种强烈的爱国主义精神，增进了中华民族的向心力，并推动着中华民族日益走进世界舞台的中央。

第二，"三观"教育。世界观、人生观和价值观教育是思想道德修养最根本的内容，整个思想道德修养就是着眼于引导人们树立正确的世界观、人生观、价值观。中华优秀传统文化是涵养社会主义核心价值观的重要源泉。"天人合一"的自然观，主张自然和人类和谐相处。要尊重自然的发展规律，人要和自然和谐相处。儒家的价值观强调社会本位，重义轻利，注重培养优秀人格和艰苦奋斗的精神。自强不息、艰苦奋斗价值观。如《礼记》中提出，"教也者，长善而救其失"，所谓教师，应当是帮助学生发挥长处纠正学生在学习中的失误的人，又如"建国君民，教民为先"，就是把国民的善性教育放在首位。孟子的"富贵不能淫，贫贱不能移，威武不能屈，"强调人要具有坚强的独立性，形成高尚人格，要有不肯轻易认输，不屈不挠地抗争的精神，是中华民族历史发展进程中的优良传统。总之，儒家文化注重道德人格和身心修养的教育，以"仁""义""礼""智""信"为基础，将道德教育和伦理观念相融合，贴近实际生活，具有很强的实用性。其中的"三观"教育思想具有很强的现实意义。

第三，道德品质和行为规范教育。道德品质和行为规范教育是现代德育的基本内容。在社会生活领域中的社会公德，职业领域的职业道德，在家庭生活中的家庭美德，在人生成长中的个人品德，这些德育内容在传统文化中也都有所体现。五伦、五常、四维、八德说明了中华道德发展的历程。处理人与人之间伦理关系的道理和行为准则。这是人应当具备的基本道德。中华民族在五千多年文明史中积淀了高尚的传统美德和优秀的民族精神，我们必须继承祖先的足迹，把中华传统美德发扬光大。

（三）教学形式多样化

第一，发挥教师的引领作用：在课堂教学中，教师应充分发挥引领作用。这需要教师从社会主义核心价值观的要求出发，将中华优秀传统文化与现代社会相结合。教师可以通过以下方法来实现：首先，讲道理以理服人：教师应通过深入的讲解和分析，让学生理解价值观念的重要性和合理性。其次，讲故事以情感人：教师可以使用生动的故事来传达道德和爱国情感，激发学生的情感共鸣。最后，创设情境：通过模拟情境和角色扮演等方式，让学生在实际活动中体验并领悟道德观念。同时，通过历史和现代的对比阐述，使思政课更贴近学生的实际生活，让他们更容易理解和接受这些价值观念。

第二，发挥学生的主体作用：学生在思政课中应当发挥更多的主体作用，参与课堂活动，开展自我教育。为了实现这一点，可以采取以下措施：首先，分专题开展活动：以理想信念、爱国情操、人生成长、道德修养为专题，让学生主动参与讨论和分享。其次，讲好中国故事：鼓励学生分享自己的故事和成长经历，以激发对中华优秀传统文化的兴趣。

最后，学生讨论和教师点评：学生之间可以展开讨论，教师可以提供反馈和指导，形成互动学习的氛围。

第三，利用现代化教学手段：现代化教学手段对于思政课的教学非常重要。可以采用多媒体、网络手段，以及丰富的图片、音频、视频资料来支持教学。通过线上线下互动交流，将理论知识与实际情境相结合，使教育更具吸引力和时代感。例如，在中国传统节日中，可以利用多媒体展示相关文化元素，同时组织线上线下互动活动，让学生亲身体验和理解传统文化的内涵，从而增强文化自信。

第四，开展实践教学：实践教学是思政课教学的重要组成部分。学生可以通过参观非物质文化遗产、古村落和文化景点等活动，深入了解传统文化的深厚底蕴和独特魅力。这样的实践活动可以使学生更深刻地理解传统文化的内涵，同时培养他们的爱国情感和社会责任感。

第四节　优秀传统文化传承与德育效果提升的融合路径

优秀传统文化传承与德育效果提升的融合路径是当今教育和社会发展中备受关注的重要议题。传统文化作为一个国家或地区文化的精髓，不仅承载着丰富的价值观念、道德规范和社会伦理，而且对培养良好的道德品质和公民素养具有深远影响。在全球化时代，如何将传统文化融入教育体系，以提升德育效果，已经成为教育界和社会的共同关切。以下将探讨融合传统文化传承和德育提升的方法和途径，以及其在教育体系、学校文化和社会环境中的实际应用。

第一，教育课程融合。将传统文化元素融入学校的教育课程是一种关键的方法，可以帮助学生更好地了解和尊重自己的文化传统，同时培养他们的道德观念，这一方法可以通过以下方式实现：一是经典文学教育：通过教授传统文学作品，如古诗词、文言小说等，强调其中的道德教育元素。经典文学作品中常常包含丰富的伦理冲突和品德探讨，可以引导学生深入思考道德问题。二是历史教育：历史课程可以将传统文化与历史事件相结合，让学生了解文化与历史的相互关系，以及文化对社会和国家发展的影响。同时，通过教授伟大历史人物的道德品质，激励学生追求卓越的道德标准。三是哲学教育：哲学课程可以引导学生思考道德哲学问题，探讨伦理原则和道德决策的复杂性。通过哲学思辨，学生可以培养批判性思维和道德判断能力。通过将传统文化元素融入教育课程，学生不仅可以获得文化传承的知识，还可以在课堂中积极参与道德讨论和反思。

第二，传统文化传承活动和体验。组织学生参与传统文化的活动和体验是另一种促进传统文化传承和德育提升的重要途径，这种方式有助于学生更深入地理解传统文化的内涵，并在其中培养出品德。一是传统手工艺制作：传统手工艺是传统文化的重要组成部分，通过教授学生传统手工艺技能，如陶艺、木雕、刺绣等，不仅可以传承手工艺的技艺，还可以培养学生的耐心、专注和创造力。二是戏曲表演：传统戏曲是中华传统文化的瑰宝，通过学习戏曲表演，学生可以了解传统故事情节，培养表演技巧，并在演出中传递文化价值观。三是书法和绘画：书法和绘画是中华传统文化中的重要艺术形式，通过练习书法和绘画，学生可以领会艺术中的道德情感表达，培养审美情趣。通过这些文化活动和体验，学生可以亲身感受传统文化的魅力，培养品德和美感。

第三，培养孝道教育。孝道在许多亚洲文化中都被视为至高无上的道德价值观。学校可以通过讲授孝道故事、举办孝道主题的活动，培养学生对家庭和社会的责任感。孝道教育的实施可以通过以下方式：一是传统孝道故事：教授经典孝道故事，如《孟子》中的孝亲故事、《红楼梦》中的贾母孝道等，让学生了解孝道的内涵和重要性。二是孝道实践活动：组织学生参与孝道实践活动，如探访养老院、志愿者服务等，培养他们的社会责任感和对弱势群体的关怀。三是家庭教育：学校可以与家庭合作，共同推动孝道教育。通过与家长的沟通和合作，强调家庭在培养孝道的重要作用。通过培养孝道教育，学生将更好地理解家庭的重要性，培养亲情和社会责任感。

第四，道德榜样。通过介绍传统文化中的伟大人物和道德榜样，可以激励学生效仿他们的品德和行为。这可以包括历史人物、文学巨匠等。一是历史人物：学校可以通过历史课程介绍伟大历史人物，如孔子、达·芬奇、圣奥古斯丁等，让学生了解他们的生平和道德哲学。二是文学巨匠：文学作品中常常塑造了伟大的文学角色，如莎士比亚的哈姆雷特、雨果的让·瓦尔简等，通过研究这些角色，学生可以领悟文学中的伦理价值。

第五，社区参与。鼓励学生参与社区服务和义工活动是培养他们社会责任感和关怀他人的品格的有效途径。通过社区参与，学生可以亲身体验帮助他人的喜悦，并认识到自己在社会中的作用。一是社区服务项目：学校可以组织各类社区服务项目，如清理公园、义务辅导、慰问困难家庭等，鼓励学生积极参与。二是友善行为培训：学校可以开设友善行为培训课程，教导学生如何与他人互动，培养友善和关怀的品质。三是社会责任教育：通过教育课程，学校可以引导学生思考社会问题，激发他们改善社会的愿望和动力。通过社区参与，学生将更好地理解社会的复杂性，培养关怀社会和帮助他人的品质。

第六，跨文化对话。为了提高全球视野，也要鼓励学生了解其他国家和文化的传统，促进跨文化交流和理解。这将有助于培养学生的包容性和尊重多样性的品质。一是国际交流项目：学校可以开设国际交流项目，让学生有机会与来自不同文化背景的同龄人互动，了解不同文化的传统和价值观。二是跨文化研究：教育课程可以引导学生研究其他文化的传统和价值观，促进文化多元性的认知。三是跨文化对话活动：学校可以组织跨文化对话活动，让学生分享自己的文化传统，同时倾听和尊重他人的文化传统。

第七，德育评估和反馈。建立有效的德育评估机制，以跟踪学生的道德成长，并为他们提供反馈和指导，是确保德育目标得以实现的重要步骤。评估和反馈可以通过以下方式实施：一是综合评估：开发综合评估工具，评估学生的道德品质、社会责任感和公民素养。这可以包括问卷调查、项目评估、口头反馈等。二是持续反馈：为学生提供持续的反馈和指导，帮助他们改进自己的道德表现。教师和辅导员可以定期与学生进行一对一的反馈会话。三是德育课程发展：根据评估结果，不断改进德育课程，调整教育策略，以确保学生的道德成长得到有效促进。

参考文献

[1] 程碧英，商小春．中华传统美德的语义生成与传承发展［J］．南方论刊，2023（8）：83．

[2] 董天菊．中华传统美德与高职"思修"课教学的融合研究［J］．教育现代化，2018，5（26）：148．

[3] 杜娟．新时代大学生中华传统美德教育研究［D］．临汾：山西师范大学，2020：10．

[4] 段俊．基于创新教育理念的高职院校教育管理改进对策［J］．科教导刊-电子版（上旬），2021（2）：68．

[5] 高艳琴．优秀传统文化传承与高职高专院校德育效果提升融合互促路径探索［J］．中国多媒体与网络教学学报（中旬刊），2022（12）：138-141．

[6] 韩增新．高职院校传统美德教育研究［D］．石家庄：河北师范大学，2009：15．

[7] 胡俊杰，黄茂勇．高职院校行政人员专业能力评价指标体系构建［J］．当代职业教育，2022，（2）：104．

[8] 江静岚．新时期高职院校教育改革的方向及对策［J］．教育与职业，2013（32）：40．

[9] 姜金林．新时期大学生思想道德教育研究概论［M］．北京：中国水利水电出版社，2014．

[10] 赖丽君，林丽蓉，陈小虹．自媒体时代高职院校中华传统美德教育研究［J］．邢台职业技术学院学报，2017，34（6）：49．

[11] 雷云梅．浅论传统美德教育在高职院校的实施和意义［J］．企业家天地下半月刊（理论版），2009（05）：127．

[12] 李里．关于当代大学生人生价值观偏差的思考［J］．继续教育研究，2010（12）：110．

[13] 刘慧．传统美德教育与职业道德教育的有机融合［J］．新疆职业大学学报，2008（4）：71．

[14] 刘明．高职院校教育教学质量监控与保障体系的研究［D］．合肥：安徽大学，2013：29．

[15] 刘雪飞. 高职院校创新创业教育与人才培养的融合 [J]. 黎明职业大学学报，2019
（2）：68.

[16] 龙灿玲，胡春贤. 在高职院校学生工作中弘扬传统美德教育研究 [J]. 湘潭师范学
院学报（社会科学版），2009，31（4）：121.

[17] 罗亮梅. 高职院校思想政治理论课德育教育现状和改进策略 [J]. 继续教育研究，
2018，No.237（5）：89-92.

[18] 蒙冰峰. 大学生道德素质教育 [M]. 北京：社会科学文献出版社，2014.

[19] 尚晖. 论中国传统文化在大学生德育教育中的作用 [J]. 教育与职业，2008（18）：
94-96.

[20] 孙冕. 试论大学生道德教育与法制教育的融合 [J]. 学校党建与思想教育，2010
（11）：74-75.

[21] 涂桂华. 我国高职院校德育教育改革的挑战及其应对 [J]. 黑龙江畜牧兽医：下半
月，2017（2）：266-268.

[22] 王全福. 大学生道德教育的辩证思考 [J]. 教育理论与实践，2004（16）：51-52.

[23] 王人杰. 高职院校教育人才培养模式创新分析 [J]. 中国成人教育，2012
（14）：72.

[24] 魏斌. 高职院校青年教师师德师风建设内外因分析研究 [J]. 教育探索，2011（5）：
125-126.

[25] 温春继. 当代大学生人生价值观误区及对策分析 [J]. 教育与职业，2009
（29）：160.

[26] 徐箔. 我国高校德育教育存在的问题与优化研究 [D]. 吉林农业大学，2014：7
-29.

[27] 杨虹. 论高职院校教育质量评价的价值取向 [J]. 湖南工业职业技术学院学报，
2022，22（4）：129.

[28] 杨瑞勋，和学新，班振. 教师内生性动力的意蕴及其实现 [J]. 当代教育科学，
2021（1）：87.

[29] 余玉花. 简析新形势下大学生道德教育新问题 [J]. 思想教育研究，2010（6）：41
-44.

[30] 张坚强，杜苏. 全球化背景中大学生道德教育的困境与创新 [J]. 中国高教研究，
2005（2）.

[31] 张妮妮. 论地方院校内部教学质量监控体系的构建 [D]. 济南：山东师范大

学：14.

[32] 张一平. 高职院校教学管理概论［M］. 北京：北京理工大学出版，2020.

[33] 仲耀黎. 高职院校教育教学管理［M］. 合肥：中国科技大学出版社，2010.

[34] 朱宪玲. 高职院校大学生感恩教育探讨［J］. 吉林教育，2019（14）：68.